LIVROS QUE
CONSTROEM

Coleção "Gnose"

Volumes publicados:

1. As Grandes Religiões .... Félicien Challaye
2. As Sociedades Secretas .... Herman & Georg Schreiber
3. Fenômenos Ocultos .... Zsolt Aradi
4. O Poder da Meditação Transcendental .... Anthony Norvell
5. O Poder das Forças Ocultas .... Anthony Norvell
6. A Bíblia Estava Certa .... H. J. Schonfeld
7. O Ensino das Mahatmas (Teosofia) .... Alberto Lyra
8. Mistérios Cósmicos do Universo .... Adrian Clark
9. A Evolução Divina da Esfinge ao Cristo .... Édouard Schuré
10. Raizes do Oculto – A Verdadeira História de Madame H. R. Blavatsky .... Henry S. Olcoot
11. O Budismo do Buda .... Alexandra David-Neel
12. Diálogos de Confúcio
13. A Sugestão Mental .... J. Ochorowicz
14. A Magia e o Diabo no Século XX .... Alberto Lyra
15. Catecismo Budista .... Henry S. Olcott
16. Além da Razão – O Fenômeno da Sugestão .... Jean Lerède
17. Os Grandes Iniciados .... Édouard Schuré
18. A Arca da Aliança .... Michel Coquel
19. Os Caminhos do Graal .... Patrik Rivière
20. Os Mistérios da Rosa-Cruz .... Christopher McIntosh
21. Zoroastro – Religião e Filosofia .... Paul du Breuil
22. Qabalah – A Doutrina Secreta dos judeus numa Perspectiva Ocidental .... Alberto Lyra
23. A Alquimia e Seus Mistérios .... Cherry Gilchrist
24. O Poder da Magia .... Israel Regardie
25. Reencarnação e Imortalidade .... Alexandra David-Neel
26. A Religião Astral dos Pitagóricos .... Louis Rougier
27. Tao Te King / I Ching – O Caminho do Sábio .... Sórgio B. de Brito
28. A Franco-Maçonaria .... Robert Ambelain
29. O Mistério de Jesus .... Vamberto Morais
30. A Meditação pela Ioga .... Vamberto Morais
31. Retorno ao Centro .... Bede Griffiths
32. O Pensamento Védico .... Carlos Alberto Tinôco
33. A Primeira Comunidade Cristã e a Religião do Futuro .... Vamberto Morais
34. Psicologia Oriental – Os Sete Raios .... Padma Patra
35. O Tarô Esotérico – O Livro de Toth .... Julio Peradjordi
36. O Sobrenatural Através dos Tempos .... Marc André R. Keppe
37. Os Cátaros e o Catarismo .... Lucienne Julien
38. Santa Verônica e o Sudário .... Ewa Kuryluk
39. O Sentido da Vida .... Vamberto Morais
40. O Povo do Segredo .... Ernst Scott
41. Meditação ao Alcance de Todos .... Henepola Gunarátana
42. A Deusa da Compaixão e do Amor .... John Blofeld
43. A Religião do Terceiro Milênio .... Vamberto Morais
44. O Poder do Som .... Padma Patra
45. Tratado da Pedra Filosofal de Lambsprinch .... Arysio N. Santos
46. O Ocultismo Sem Mistérios .... Lorena de Manthéia
47. As Upanishads .... Carlos Alberto Tinôco
48. Parábolas para Nosso Tempo .... Vamberto Morais
49. Pense Grande .... Saly Mamede
50. O Misticismo a Luz da Ciência .... Newton Milhomens
51. Videntes de Cristo .... Adelaide P. Lessa
52. Histórias da Bíblia – Velho Testamento .... Archer W. Smith
53. Histórias da Bíblia – Novo Testamento .... Archer W. Smith
54. MT – O Despertar para o Conhecimento .... Marília de Campos
55. Manual do Místico .... Rogério Sidaoui
56. Yoga - Repensando a Tradição .... Acharya Kalyama
57. Sociedade Secreta de Jesus .... Kiko

O BUDISMO
DO BUDA

CIP-Brasil. Catalogação-na-Publicação
Câmara Brasileira do Livro, SP

D272b
David-Neel, Alexandra, 1868-1969.
O budismo do Buda / Alexandra David-Neel ;
tradução de Vera Quirino dos Santos. -- São Paulo : IBRASA, 2005.
(Coleção gnose ; 11)

1. Buda, 570 A.C.-480 2. Budismo I. Título.

85-0619
CDD-294.3

Índices para catálogo sistemático:
1. Buda e budismo : Religião 294.3
2. Budismo : Religião 294.3

Alexandra David-Neel

O BUDISMO DO BUDA

Tradução de
Vera Quirino dos Santos

2ª EDIÇÃO

IBRASA
INSTITUIÇÃO BRASILEIRA DE DIFUSÃO CULTURAL LTDA.
SÃO PAULO

Direitos desta edição reservados à

IBRASA

INSTITUIÇÃO BRASILEIRA DE DIFUSÃO CULTURAL LTDA.

Rua 13 de Maio, 446
Tel/Fax: (0xx11) 3284-8382
e-mail: ibrasa@ibrasa.com.br
home page: www.ibrasa.com.br

Nenhuma parte dessa obra poderá ser
reproduzida, por qualquer meio, sem prévio
consentimento dos editores. Excetuam-se as
citações de pequenos trechos em resenhas
para jornais, revistas ou outro veículo de
divulgação.

Copyright ©1977 by
Éditions du Rocher

Capa: Reprodução da cabeça de Buda Tang
Montagem de Carlos Cézar

Impresso em 2005

IMPRESSO NO BRASIL - PRINTED IN BRAZIL

SUMÁRIO

Introdução • 9

I. O Buda • 18

II. As Quatro Verdades • 46

III. A Meditação • 113

IV. Carma • 136

V. O Nirvana • 161

VI. A Comunidade • 187

VII. Dois Problemas Contemporâneos no Budismo Moderno • 202

Apêndice • 213

INTRODUÇÃO

A necessidade de um novo livro consagrado ao budismo pode parecer discutível. Não faltam obras sobre o assunto. São extremamente eruditas, consideravelmente metódicas, e, no entanto, em toda essa literatura, falta um manual simples, elementar, digamos, próprio a satisfazer o leitor desejoso de se instruir, mas que dispõe de pouco tempo e não possui nenhuma cultura especial preparatória.

Parece realmente inacreditável que as obras, já inúmeras atualmente, dos sábios orientalistas permaneçam inúteis e sem influência sobre o público letrado. Seria racional, agora que a Índia, graças a seu trabalho, se abre para nós com as incomparáveis riquezas de sua filosofia e de sua literatura, ceder um lugar à antigüidade ariana nos programas de nossos colégios. É lamentável que se .restrinja o horizonte dos jovens aos gregos, tão pouco expressivos quando comparados aos pensadores hindus e cujos sistemas e teorias, a maior parte das vezes, se afastam tanto de nossas concepções modernas. Isso é inadmissível, uma vez que encontramos na Índia um ensino vivo, próximo das conclusões da ciência de hoje e, ousarei mesmo dizer, da ciência de amanhã; um ensino adequado à mentalidade moderna, suscetível de se tornar um guia para os indivíduos e uma luz para a sociedade.

Decerto, sem que seja necessário nada esmolar junto às gerações passadas, nossos espíritos, em busca de luz, conseguem se desembaraçar da ganga onde os tinham enclausurado tantos séculos de opressão moral, religiosa e política. Porém, é lícito acreditar na ajuda poderosa que um ensino racional pode trazer, esclarecendo as tendências que o homem sente em si, confirmando-o no alto valor dos seus desejos de emancipação, apartando-o dos sentimentalismos afetados das religiões debilitantes, repetindo-lhe a verdade que ele pressente — mas à qual ainda não ousa aderir praticamente — que a Salvação espiritual, moral, social é obra pessoal; que em absoluto não há salvadores em qualquer domínio; que o homem está só diante da dor e que, só por suas forças, ele deve e pode vencê-la.

9

Mesmo sem entrarmos no terreno da ação prática, não é justo lamentar que o pensamento de uma raça à qual pertencemos etnograficamente nos seja completamente estranho? Ora, não há como se iludir a esse respeito: são raríssimos os homens que, tendo estudado "humanidades", também raríssimos licenciados em letras, possuem uma noção precisa ou mesmo superficial da filosofia ariana. Quantos entre eles conhecem as escolas do Nyana, do Samkhya, do Yoga ou mesmo a mais em voga, do Vedanta? E, todavia, enquanto Aristóteles, Platão, Crisipo ou Zenão pertencem a um passado, que, para nós, não pode ter mais que um interesse erudito, a filosofia ariana vive próxima de nós, cria escritores, oradores, obras sociais. Existe, entre as classes intelectuais da Índia, um modernismo vedanta e as obras de um Swâmi Vivekananda são vendidas aos milhares de exemplares. Existe um modernismo budista com intenções de realizar no Extremo Oriente uma Reforma cujo número considerável daqueles que visa e a extensão imensa dos territórios onde pode se exercer torná-la-ia infinitamente mais importante do que a de Lutero. Tudo isto é história contemporânea; história de povos que os progressos dos meios de comunicação aproximam cada vez mais de nós e com os quais temos contatos cada vez mais freqüentes; todavia, nós a ignoramos.

É indiferença ou falta de facilidade para nos instruirmos? – As duas coisas, sem dúvida! Certamente, a cota de indiferença deve ser considerada, mas contudo não sobrestimada, como se poderia pensar. Há mais pessoas do que se pode imaginar que sentem curiosidade pelas idéias filosóficas; mas, para que essa curiosidade possa ser excitada, é preciso ainda não ignorar que existe algo a conhecer, ou, pelo menos, que este algo merece nossa atenção. Ora, tal ignorância é mais ou menos geral.

Se, de um lado, a guerra russo-japonesa nos forçou, pela evidência brutal, a reconhecer que os amarelos não são absolutamente as ridículas figuras grotescas que imagináramos até então, por outro lado, permanecemos tão irredutíveis quanto no passado nas nossas falsas concepções concernentes às teorias religiosas ou às doutrinas filosóficas da Índia e do Extremo Oriente. Tudo isto, pensamos, é inútil ou absurdo: os hindus adoram vacas, os chineses fazem tilintar sinetas e queimam varinhas de incenso diante de ídolos barrigudos, os tibetanos giram as manivelas dos moinhos de orações. Nada mais existe. Além disso, é freqüente que o europeu que colheu essas informações notáveis em algum relato de viajante ou romancista, misture o todo, situando a "adoração" das vacas no Tibete, os moinhos de orações no Ceilão.

10

Para que serve, pergunta-se, ter trabalho para estudar formas tão grotescas da estupidez humana?. . .

Falta facilidade para se instruir? — Acredito que sim. Existem, repito, trabalhos notáveis, obras de orientalistas eminentes, mas suas dimensões colocam-nos fora do alcance das pessoas ocupadas, que dispõem de tempo limitado. Além do mais, uma pessoa absolutamente leiga na matéria seria incapaz de lê-los com proveito. No mais simples desses trabalhos abundam termos em sânscrito ou pali, adotados sem tradução na linguagem orientalista, as alusões a um grande número de conhecimentos conexos. Nesse meio, familiar aos iniciados, o leitor que aborda pela primeira vez estes temas ficará desorientado. E entre essas obras, qual escolher? A maioria é especializada em algum ponto de vista interessante a ser discutido, em alguma pesquisa particular para uso dos eruditos, mas não podem dar uma visão de conjunto, ao mesmo tempo clara e simples, da doutrina à qual·se consagraram.

Consideremos um leitor que se deparou com obras que tratam do budismo segundo as Escrituras e as lendas da Igreja Maaianista; seria o mesmo que estudar o cristianismo de Jesus ou dos Apóstolos através das dissertações dos gnósticos ou das revelações místicas de uma Catarina Emmerich.

Não posso negar que existe um interesse erudito em seguir a evolução de uma doutrina através de suas deformações mais extravagantes, em considerar a ação da ignorância das massas sobre ela, a ação dos elementos religiosos e sociais preexistentes nos meios onde ela penetra; nem cogito em negá-lo, visto estar muito particularmente ligada a este gênero de pesquisas, contudo, volto a repetir, é tarefa para especialista ou para amador com tempo livre, podendo dedicar a isso longas horas, longos anos.

Afora essas informações de valor, nada é oferecido ao grande público, a não ser uma literatura fantasiosa, tendo de budista apenas o nome. Nela encontramos budismos esotéricos, espíritas, teosóficos ou ocultistas, incoerentes misturas de idéias tomadas aqui e acolá. Tais obras dão uma triste impressão da doutrina do Buda e explica-se, assim, o desprezo que muita gente manifesta a seu respeito.

Tal confusão, tal ignorância são indignas de cérebros cultos.

Ao homem, à mulher, ocupados com seus afazeres, à juventude estudiosa a quem a imensa extensão dos programas de estudos atuais torna a tarefa tão árdua, convém apresentar, em um pequeno número de páginas, a própria essência do sistema filosófico que queremos lhes descrever, limitando-nos a indicar sumariamente seus detalhes acessórios.

Sendo o budismo uma das filosofias orientais cujo nome é o mais familiar aos ocidentais e constituindo, por suas diversas formas religiosas, a Igreja mais considerável do globo, seria conveniente começar por ele uma série de estudos consagrados ao pensamento oriental. As aproximações indicadas a princípio, entre a doutrina do Buda e nossas teorias modernas, justificariam essa prioridade.

O budismo que será exposto nesta obra não é o desta ou daquela seita particular[1], é, tanto quanto as pesquisas dos exegetas permitem nos aproximar, o budismo do Buda, aquele que os reformistas ou os "modernistas", para empregar um termo expressivo que se tornou corrente, querem fazer prevalecer no Oriente e, mais recentemente, divulgar no Ocidente[2]. Imitaremos aqueles cristãos que, desejosos de conhecer o ensinamento do Mestre, não se dirigem nem aos Pares da Igreja, nem aos manuais dos diferentes credos, mas utilizam o Evangelho. Este método é o único bom.

Assim como não se pode afirmar que cada palavra atribuída a Jesus pelos Evangelhos tenha sido realmente pronunciada por ele, também não se pode garantir a autenticidade textual daquelas que os textos atribuem ao Buda. Mas sendo que eles nos levam às tradições mais antigas, as mais próximas ao desaparecimento do Mestre, podemos ter alguma garantia de estarmos perto da verdade e de reproduzirmos, se não os termos exatos, pelo menos o espírito real dos discursos que ele dirigia aos seus discípulos.

Enfim, os elementos desta exposição foram reunidos de acordo com as indicações fornecidas por eminentes personalidades do mundo budista. Portanto, nela encontraremos, não uma análise minuciosa dos textos das velhas Escrituras, mas um budismo vivo, aquele que os eruditos, promotores do atual movimento de renascimento, consideram conforme ao espírito da doutrina primitiva.

---

1. Sabemos que o budismo, como o cristianismo, se divide em diversas igrejas, ou, mais exatamente, no que concerne ao budismo, em várias Escolas, que se subdividem em numerosas seitas. Assim, podemos apontar: a Escola do Hinaiana ou do "pequeno veículo", chamada Igreja do Sul porque seus adeptos se encontram principalmente no Ceilão, na Birmânia, etc. – esta escola é considerada ortodoxa e conserva as mais antigas tradições – ; a Escola Maaiana ou do "grande veículo", constituindo a Igreja do Norte; e a Escola Tantra, derivada da última e especialmente representada pela Igreja Lamaica do Tibete.

2. Sabemos que já existe um pequeno número de budistas espalhados pelos diversos países da Europa e da América.

Apesar de possuírem conhecimento infinitamente mais profundo que o meu, muitos orientalistas só perceberam o aspecto externo do budismo. Eles o descreveram e analisaram admiravelmente, mas deixando-o com uma aparência inerte de cadáver. Ora, o budismo não é absolutamente um fóssil. Aqueles que penetraram em sua essência íntima e que se deixaram, por sua vez, penetrar por seu espírito, conhecem a vida que ele é capaz de irradiar. Vida especial, diferente do entusiasmo próprio ao cristianismo, mas tão elevada em seu estóico agnosticismo, tão capaz de uma influência saudável e forte.

O budismo não alimenta a sentimentalidade, a religiosidade, ele não fala ao coração, conforme o sentido comum deste termo. Não quer nossas emoções, nossas efusões, ele as desencoraja, refuta-as como fraquezas prejudiciais e vãs. Seu ensinamento dirige-se apenas à razão, suas práticas piedosas são o estudo e a meditação, e sua Salvação é um processo estritamente intelectual.

Se considerarmos o verdadeiro budismo, o do Buda, duvido que seja passível de um crescimento considerável. O exemplo aí está para nos provar o que os 500 milhões de adeptos que o reivindicam fizeram da doutrina primitiva. E não poderia ter sido de outra maneira. Nascidas de uma elite de hindus instruídos, as teorias budistas suprimem precisamente tudo o que constitui a vida e o atrativo das religiões populares: o cenário, a encenação e o lado sentimental. Elas anulam as superstições que sustentam e interessam às multidões, o aparato exterior do culto que deslumbra. Reconhecemos que o budismo do Buda é para espíritos esclarecidos, mas constatamos, ao mesmo tempo, que uma doutrina como a do Evangelho que, embora longe de dar ao raciocínio e à inteligência o papel primordial que lhes atribui o budismo, também fracassou em sua tentativa de conquistar o mundo. O dia em que as massas invadiram o círculo estreito dos primeiros discípulos marcou, não sua conversão ao cristianismo, mas a conversão do cristianismo ao paganismo. Contudo, tratava-se, e isso foi bastante repetido, de um ensinamento destinado aos simples, aos humildes... Erro. A espiritualidade dos Evangelhos está ainda muito acima das necessidades pueris dos povos. Consideremos o paganismo da Igreja romana, da Igreja grega, e os compararemos ao da Igreja lamaica do Tibete, ao de certas seitas japonesas: reencontraremos, com espanto, concepções e práticas idênticas. Não se trata de questionar a idéia inicial da doutrina cujo nome alberga estas manifestações, nem para procurar nela os elementos cuja evolução gradual produziu estas configurações tão distantes de teorias primitivas. Seria errar a maior parte das vezes. Antes de mais nada, é necessário ver aí a ação de uma mentalidade inferior, correspondendo a um determinado grau de evolução humana e apresentando-se de maneira mais ou menos idêntica em todos os pontos do mundo, apenas com divergências de formas exteriores, requeridas por diferentes civilizações: o ídolo com um rosto mais ou menos ovalado ou arredondado, os olhos mais ou menos cerrados, as vestimentas dos sacerdotes são de cores diversas e as genuflexões dos fiéis são executadas de diferentes maneiras... mas o estado de alma destes é equivalente.

O Buda havia previsto a impossibilidade que a maioria dos homens teria em captar o sentido de seu ensinamento. Um comovente relato das Escrituras descreve a hesitação que se apoderou dele no momento de começar sua pregação:

Para a humanidade que se agita aqui embaixo no turbilhão do mundo, serão coisas difíceis de compreender, a lei de causalidade, o encadeamento das causas e efeitos. E será ainda mais difícil compreender a dissolução de todas as formações[3], a rejeição de todo o substrato da existência[4], a destruição do desejo, a abstinência da paixão, a paz do coração, o Nirvana. Se eu pregar esta doutrina e os homens não forem absolutamente capazes de compreendê-la, nada restará, senão a fadiga e a tristeza para mim...

Por que eu revelaria ao mundo aquilo que adquiri em combates penosos? Esta verdade é incompreensível àqueles que alimentam o desejo e a raiva. É coisa difícil de captar, profunda, oculta ao espírito grosseiro. Não podem vê-la aqueles cuja cobiça envolve a mente em profundas trevas[5].

Mas aquele que deveria ser o apóstolo da compaixão, por excelência, não poderia deixar-se deter por tais considerações. Houvesse apenas um único ser no mundo, suscetível de receber a palavra salvadora, mesmo que ela levasse apenas um ao caminho que conduz à libertação da dor, nenhuma aflição seria suficientemente grande para atingir este único ouvinte inteligente. E o Buda, considerando, em pensamento, o mundo e a humanidade, viu a divergência profunda entre as mentalidades humanas.

---

3. Os *sankharas*, ver explicação deste termo na pág. 73.
4. Os *upadhis*, ver explicação deste termo nas págs. 111 e 155.
5. *Mahavagga.*

Ele percebeu os espíritos obtusos, as almas baixas, mas também os espíritos vivos, as almas puras com preocupações elevadas e, rejeitando toda hesitação, concluiu seu debate íntimo com estas palavras que consagravam e caracterizavam seu apostolado:

Que seja aberta a todos a porta do Eterno[6], *aquele que tem ouvidos que ouça!...*[7]

O que poderíamos acrescentar a essas palavras? Não se trata de esoterismo nem de misticismo, nem de desprezo aristocrático dos inteligentes por seus irmãos dotados de faculdades menos desenvolvidas. Tocamos o limite imposto pela natureza: aquele que não tem ouvidos não pode ouvir.

Como acabamos de ver, o relato comporta uma dupla lição: sem dúvida, é difícil voltar para o raciocínio, o estudo, a meditação intelectual, a alma de homens dominados pela cobiça pueril e pelo amor aos prazeres grosseiros. É difícil pedir um esforço pessoal às pessoas habituadas a andar entre os limites das leis estabelecidas, é difícil corrigir aqueles que, rebanho fraco, capazes somente de obediência, dormitam prosternados diante dos altares; mas, perdidos na multidão, realizando maquinalmente seus atos e vivendo sua vida, há seres cuja consciência uma só palavra pronunciada judiciosamente poderá despertar. Quantos são eles? ... Não importa. Aquele que conhece a palavra salvadora não pode calar-se sem decair. Aliás, o budismo não admite, de forma alguma, a sur dez definitiva e irremediável, não conhece os infernos eternos. Um princípio de perfectibilidade reside, de acordo com ele, em todas as coisas. Nós não faremos um Newton do primeiro infeliz que encontrarmos em nosso caminho, mas podemos elevar o nível de sua mentalidade, destruir, nele, alguns erros, transmitir-lhe algumas noções justas, e fazê-lo assim avançar um passo no caminho da evolução.

Ampliar o círculo de conhecimentos de outrem, desenvolver os espíritos é o dever religioso que se impõe ao budista como complemento de sua própria procura do Saber. Uma imensa caridade, a compaixão universal, dirigida a todo sofrimento divino, humano ou animal, que faz do

---

6. O Eterno, ou seja, o domínio do Real e do Permanente em oposição à impermanência e à ilusão, que são qualidades inerentes ao nosso mundo. Estas teorias serão explicadas no decorrer da obra.

7. *Mahavagga.*

15

budismo, doutrina aristocrática, muito mais do que do cristianismo, religião dos humildes, um instrumento de redenção e de salvação terrestre para os pequenos e os fracos, vem juntar-se a este dever. Uma absoluta tolerância domina, enfim, este programa de ação do discípulo.

Após vinte e cinco séculos que a primeira pregação de Buda elevou-se perto do Ganges, no Parque das Gazelas, quaisquer que tenham sido as aberrações metafísicas nas quais se deixaram levar aqueles que reivindicam seu nome, qualquer que seja a decadência intelectual onde caíram certas seitas, o princípio de tolerância, o total respeito pelas convicções de outrem jamais foram violados. Mesmo nas épocas em que soberanos poderosos, adeptos entusiastas do budismo, depositavam sua confiança absoluta em seus apóstolos, nenhum deles, nenhum chefe destas comunidades de monges que se mostraram às vezes tão distanciados da elevada mentalidade do Mestre, cederam à tentação de usar violência contra seus adversários. Jamais conheceram outro meio de persuasão que não fosse a palavra, jamais impuseram, pela força, uma aceitação aparente de idéias às quais o espírito não se tivesse livremente entregue. Retomando o poder após períodos de perseguições sangrentas, jamais, enfim, exerceram represálias brutais. Este fato, único na história, mais notável ainda por parte de uma doutrina que engloba raças muito diversas e o número colossal de aproximadamente 500 milhões de adeptos, constitui para o budismo uma alta superioridade moral, um título ao respeito universal dos pensadores. Ele pode também atenuar a severidade de nosso julgamento sobre as multidões, budistas de nome, cuja superstição atrairia, de bom grado, nossa zombaria e nosso desprezo. Muitas vezes, no que me diz respeito, em obscuros mosteiros, em humildes pagodes de vilarejos, a evocação destes anais virgens de sangue derramado deteve o sorriso, o dar de ombros que suscitavam a puerilidade dos altares e a ignorância de meus hospedeiros. Sobre a religiosidade mesquinha desses tristes discípulos do grande sábio da Índia, como um manto glorioso encobrindo sua miséria mental, se estendiam duas idéias: a absoluta tolerância, jamais desmentida, e a noção ainda viva, mesmo nas piores decadências da doutrina, da salvação pelo saber e pela inteligência. Uma indulgência infinita se apoderava de mim, por esse ambiente ingênuo e, com emoção, eu saudava o poder único do budismo que, em tão pobres adeptos, soubera triunfar um ideal que nenhuma outra filosofia, nenhuma outra religião haviam podido fazer prevalecer.

Esta é a doutrina que vamos estudar em suas linhas mestras. Se a alguns leitores desagradam a severidade, o desapego de toda esperança fundada nos homens ou nos Deuses, a renúncia desdenhosa às recompensas dos paraísos, a aceitação nobre de nossa solidão na luta contra a dor universal; se, em poucas palavras, suas preferências os conduzem a teorias menos austeras, a um misticismo sentimental menos áspero, nenhum deles poderá, creio eu, arrepender-se de ter, com o conhecimento do budismo, conhecido uma das mais elevadas manifestações do pensamento humano.

CAPÍTULO I

O BUDA

Toda obra consagrada ao estudo de uma doutrina filosófica ou de uma religião começa, geralmente, pela biografia de seu fundador. Embora o budismo primitivo tenha se mostrado extremamente desprovido de curiosidade pelas circunstâncias particulares e pessoais da vida do Buda e muito apartado de tudo o que nele não dizia respeito à pregação da Lei, nós seguiremos o costume. Todavia, antes de abordar este tema, convém definir claramente a palavra Buda, tão erroneamente interpretada pela maioria dos ocidentais.

Parece supérfluo declarar que o termo Buda não é um nome próprio[1]. E, apesar disso, quantas pessoas ainda o consideram como tal!

Buda é um qualificativo que define o estado espiritual daqueles que conquistaram o *Bodhi*, isto é, o conhecimento superior e total. Inúmeras traduções foram propostas nas línguas européias. Elas tentaram, no que concerne ao francês, inutilmente resumir em uma única palavra o sentido exato que se tratava de reproduzir. "O Despertado", "O Iluminado", "O Sábio" nos deixam longe da idéia absolutamente precisa expressa pelos hindus. O Buda é, literalmente, *Aquele que sabe*. Esta tradução em forma de perífrase é, aliás, adotada pelos orientalistas modernos. É encontrada na obra do professor Oldenberg[2], que propõe, simul-

---

1. Jamais se deve dizer Buda, mas *o* Buda.
2. *Le Bouddha, sa vie, sa doctrine, sa communauté*. Traduzido do alemão por P. Foucher, professor na Sorbonne. Prefácio de Sylvain Lévi, professor do Collège de France, 2ª edição, 1904, in-8. F. Alcan, editor.

18

taneamente, uma outra forma destinada a exprimir a mesma idéia: "Aquele que despertou". A simplicidade da primeira forma, a maneira pela qual ela exprime, sem ambigüidade, o valor exato da denominação, deve, creio eu, fazer-nos preferi-la a qualquer outra.

O fundador do budismo não detém a posse exclusiva do título de Buda. Os budistas admitem que, no decorrer dos séculos, outras personagens atingiram este eminente estágio de evolução. As lendas da Escola Setentrional nos dão até seus nomes. São vinte e quatro, dos quais o primeiro foi Dipankara, muito venerado na Igreja lamaica. Entre os predecessores do Buda histórico, os seis últimos são particularmente mais conhecidos. São chamados, respectivamente: Vipacyi, Cikhi, Viçvabhu, Krakucchanda, Kanakamuni e Kacyapa. O fundador do budismo, Gautama, situa-se depois de Kacyapa e seu sucessor previsto é Maitreya. Os cinco Budas, de Krakucchanda a Maitreya, são considerados como pertencentes ao período atual da Terra. Seus predecessores viveram em outras idades do mundo[3].

As explicações precedentes bastarão, sem dúvida, para compreender a situação exata do Buda no budismo. Ela não é única e nada tem de sobrenatural. Se a doutrina original ignora estas como que dinastias de budas, a idéia de que o *Bodhi* foi no passado e será no futuro conquistado por outros, além de seu fundador, está absolutamente sedimentada.

Fica então bem claro o quanto é errônea a opinião daqueles que consideram o Buda como o Deus dos budistas. Veremos mais adiante o lugar que podem ter um Deus ou deuses no espírito dos budistas, mas, desde já é necessário rejeitar a idéia de assimilar o Buda a uma divindade qualquer e de ver nele algo mais do que um homem muito superior, sábio entre os sábios, mas puramente humano, um modelo muito perfeito que cada um de nós pode reproduzir, como ele próprio nos exorta, mas nunca um protetor supraterrestre e um distribuidor de graças miraculosas.

Sidarta Gautama é uma personagem histórica. Se algumas dúvidas surgiram a esse respeito, se alguns sábios orientalistas foram levados a ver nele uma figura imaginária ou um mito solar, provavelmente é preci-

---

3. Esta explicação é dada aproximadamente, na impossibilidade de expor aqui as teorias das seitas místicas sobre o assunto. Nenhum dos cinco budas, que se diz terem vivido na Terra, tem existência histórica.

so atribuir sua opinião à natureza dos documentos de que dispunham.

O budismo foi revelado ao Ocidente por obras que pertenciam a uma época distante daquela em que viveu o Buda e pelas Escolas que tinham adotado um grande número de deuses, de teorias, de lendas e de práticas de origem brâmane. Sobrevivências de idéias vedantas, alguma coisa do misticismo goguista* e, no que concerne ao budismo do Tibete e da China, um vestígio deixado pelos cultos nacionais, completavam a mistura. Não é de surpreender que tais documentos tenham inspirado uma concepção pouco justa do budismo àqueles que os estudaram antes de terem podido tomar contato com as Escrituras do Sul.

O professor Oldenberg, em sua notável obra sobre o Buda, revelou, com uma profunda erudição, o caráter verdadeiramente histórico do fundador do budismo.

Seria útil mencionar as opiniões que se poderiam encontrar a respeito da pessoa do Buda. Mas, ainda melhor que as sábias constelações dos eruditos, o relato das circunstâncias tradicionais da vida do grande filósofo hindu nos dará a impressão de uma existência realmente vivida e nos deixará, sem dúvida, algum pasmo pela habilidade daqueles que puderam, em pormenores tão naturais, persistir em encontrar os símbolos de mitos complicados.

Aquele que deveria ser o Buda nasceu em meados do século VI antes da nossa era, em Kapilavasthu, aldeia situada na região norte da Índia, próxima ao território do atual Nepal. É habitualmente considerado filho de rei, mas esta opinião parece sem fundamento. A poderosa casa dos Sakyas, à qual pertenciam seu pai, Suddhodana e sua mãe Maya, pertencia à alta aristocracia militar. Suddhodana foi, provavelmente, uma espécie de príncipe feudal, um chefe de clã, mas nada nos autoriza a considerá-lo um verdadeiro monarca. Segundo a tradição, sua mãe deu à luz quando estava no Bosque Lumbini, perto de Kapilavasthu, em uma

---

* *Goguismo:* de GOG (Ezequiel: 38 e 39; Apocalipse: XX, 7-10), rei de Magog, região da Europa, ao Norte do Ponto Euxino, habitada pelos Citas que, por sua crueldade, são tomados como símbolo da violência contra o povo de Deus, e pela derrota sofrida, como um sinal profético da derrota de todos os inimigos do nome de Deus. (N. da T.)

destas vastas propriedades onde os ricos hindus passavam o verão. Ela morreu oito dias após o nascimento de seu filho, que foi educado pela irmã da defunta, Mahapajapati, segunda mulher de Suddhodana.

O menino recebeu o nome próprio (equivalente ao nosso prenome) de Sidarta, mas é geralmente mais conhecido pelo nome de Gautama, pelo qual sua família particular se distinguia da grande linhagem principesca dos Sakyas.

Para finalizar a questão do nome que devemos dar, corretamente, ao Buda, acrescentemos que o de Sakyamuni, o mais usado no Ocidente significa "o asceta da família dos Sakyas". É usado apenas em poesia e nas obras posteriores às redações que nos transmitem a tradição primitiva.

Nada sabemos da infância ou da juventude de Sidarta Gautama. Lendas engenhosas e belas ou narrativas semelhantes às do bramanismo tentam preencher esta lacuna. Seu estudo é curioso, muito interessante, mas não pode ter lugar numa biografia que pretende abrigar, tanto quanto possível, a verdade histórica.

Podemos representar o futuro Buda levando a vida luxuosa dos jovens de sua condição social:

"Naquela época, escreve Oldenberg, um jovem rico e bem-nascido, para levar uma vida confortável e de acordo com sua posição, não devia possuir menos de três palácios, cada um deles com características particulares: eram feitos para serem habitados alternadamente, de acordo com as estações; havia um palácio de inverno, um de verão, e um para a estação das chuvas. A tradição pretende que o futuro Buda também passou os anos de sua juventude em três palácios semelhantes; sua vida prosseguia sobre este mesmo fundo de ricos e maravilhosos cenários dos quais se cercava, tal como hoje, na Índia, as mansões dos nobres; são os jardins plenos de sombra, com tanques de lótus em cuja superfície ondulam suavemente, como num leito flutuante, flores multicolores que brilham ao sol e, à noite, espalham ao longe seus perfumes; são também os grandes parques fora da cidade onde se vai de carro ou a dorso de elefante e onde, longe do barulho do mundo, sob a sombra das grandes árvores copadas, mangueiras, *pippalas* e *sâlas*, encontra-se, desde o limiar, repouso e solidão[4]."

---

4. Oldenberg: *Le Bouddha* (F. Alcan).

A descrição é vivida para aqueles que conhecem a Índia. É num cenário como esse que podemos evocar a imagem de Sidarta Gautama, criança precocemente meditativa, jovem preocupado desde muito cedo com o angustiante problema da dor e da existência, tal como o entrevê além das muralhas dos palácios paternos e da serenidade dos parques silenciosos; tal como o pressente sob o fausto, o orgulho e a alegria aparente daqueles que o cercam. Tal retrato, conforme a tradição e também à verossimilhança; podemos crer, à realidade.

Deixando sempre de lado as lendas pródigas em pormenores, nós nos contentaremos em assinalar, segundo a tradição lacônica dos ortodoxos, que o Buda se casou e teve um filho chamado Rahula.

Foi após seu casamento que se instalou a crise decisiva que viria a transformar o simples pensador em filósofo ilustre, colocar seu nome nos lábios de multidões incontáveis e fazer dele, de acordo com a expressão consagrada: "o Bem-aventurado, o muito sábio, o perfeitamente iluminado[5]."

Como se produziu esta crise? Quais acontecimentos a determinaram? Quais foram seus episódios? — Nada se sabe. Sidarta Gautama jamais cogitou em narrar a si próprio, e seus primeiros discípulos imitaram sua reserva, seu desprezo, às vezes austero e altivo, pela personalidade. Esperávamos um quadro dramático: páginas comoventes narrando os conflitos, as dúvidas do filósofo no momento da decisão suprema e eis-nos decepcionados, tal como ficaremos toda vez que nossa fraqueza sentimental buscar no budismo a volúpia banal das emoções fáceis.

O Buda deixou sua moradia, sua jovem esposa e seu filho, rejeitou tudo aquilo que constituíra sua vida passada e, só, de mãos vazias, com a roupa miserável de um religioso mendicante, partiu em direção à meditação, à busca do Saber libertador. Tudo que os primeiros budistas acreditaram dever consagrar a este evento são algumas breves linhas:

O asceta Gautama, jovem, em seus verdes anos, no vigor e na flor da juventude, na primavera da vida, deixou sua casa para levar uma vida errante. O asceta Gautama, apesar da vontade de seu pai e sua mãe[6],

---

5. De acordo com a clássica fórmula de homenagem à memória do Mestre, empregada pelos budistas: *Namo lassa Bhagavato Arahato Samma-Sambuddhassa.*
6. Sua mãe adotiva.

apesar das lágrimas que eles derramaram, raspou seus cabelos e a barba, vestiu roupas amarelas[7] e deixou sua casa para levar uma vida errante.

E ainda:

É uma rigorosa sujeição a vida na casa, um estado de impureza; a liberdade está no abandono da casa; como ele pensava assim, abandonou sua casa[8].

Isto é tudo... Era bastante para os filósofos, era muito pouco para as multidões; muito pouco, sobretudo, para os poetas, dos quais a Índia é fecunda.

A forma concisa dos primeiros relatos, seu desprezo por toda encenação despertam a admiração respeitosa do pensador, mas o drama sonhado pelos poetas, cantado por eles de maneira tão magistral, atrai irresistivelmente todos aqueles que, amantes da arte, buscam a beleza do gesto material até nas manifestações da vida moral. Lutaríamos mal contra o encanto. Mais vale ceder, entreabrindo por um breve instante a porta para além da qual se estende, como um canteiro cintilante de flores exuberantes, o campo infinito da literatura budista. Pobres frases muito frias, que traem a riqueza das imagens hindus e o fervor solene do relato resumirão mal o poema. Talvez serão suficientes, entretanto, para despertar em alguns o desejo de tomar contato com obras que todo erudito deveria conhecer, para demonstrar àqueles que ignoravam ainda que o budismo, mesmo quando se abandona às fantasias da imaginação, é capaz de conceber algo ainda melhor que as fábulas ridículas recolhidas pelos viajantes crédulos entre a plebe da China ou de Aname.

Em vão Suddhodana multiplicou ao redor de seu filho os prazeres, as festas, tudo o que acreditava ser passível de comover o espírito e os sentidos do rapaz, de prendê-lo à vida brilhante à qual seu nascimento o destinava. De nada serviu. Sidarta, sem rebelião violenta, conformou-se com os atos tradicionais que o costume impõe aos ricos *kshatryas*[9]. Aos

---

7. A propósito da vida e das observâncias externas dos religiosos e ascetas hindus, ver capítulo VI, O Sangha.

8. Citado por Oldenberg: *Le Bouddha*.

9. Os *kshatryas* formam a segunda casta da Índia; na ordem dos graus hierárquicos, representam a nobreza militar.

familiares que se preocupavam com suas meditações solitárias e com seu afastamento dos divertimentos violentos, ele mostrou, numa espécie de torneio, que o manejo das armas e os jogos de destreza lhe eram familiares. Casou-se e, segundo o costume, formou o séquito da esposa com lindas jovens, musicistas ou dançarinas que povoavam seu palácio... Mas, distraído e desdenhoso, o futuro Buda sofre; nem os prazeres do orgulho, nem a volúpia dos sentidos podiam retê-lo. Seu pensamento está em outra parte.

Três encontros trágicos colocaram-no sucessivamente diante da velhice, da doença, da morte. Ele pesou o valor da existência. Viu o sofrimento rondando sem tréguas ao redor dos seres e a insignificância de nossos dias passando em direção ao horror da dissolução final: "Então, toda a alegria inerente à juventude, toda a alegria de viver inerente à vida dissiparam-se nele[10]."

"Que motivo há para rir, que alegria há neste mundo?... Cercados de trevas, não procurariam vocês uma luz?" diria mais tarde o *Dhammapada*. O desejo de encontrar essa luz condutora cresce a cada dia na alma de Sidarta. Para ele próprio, para todos os seres fechados dentro da roda dolorosa das existências que renascem sem cessar[11], encontrar a saída libertadora que leva ao repouso, à extinção do sofrimento, esse é o sonho cuja obsessão o sufoca.

O rapaz dirigiu-se a algum parque, próximo à cidade; ao longo do caminho encontrou um religioso errante e o desejo de uma vida semelhante, sem amarras, unicamente consagrada à procura da libertação reavivou-se nele. No momento em que, mergulhado em suas meditações, subiu de novo em seu carro, anunciaram-lhe o nascimento de seu filho: "Nasceu meu Rahula, disse ele, é uma cadeia que está forjada para mim", e a inquietação tomou conta dele. Já não demorou muito em decidir-se, enquanto que ao seu redor multiplicam-se os vínculos que prendem à vida familiar, aos interesses do mundo, a esta vida cujo fruto é sempre a dor.

---

10. *Anguttara Nikaya*.
11. Esta eterna sucessão de existências através de múltiplas transformações é o que os hindus chamam de *samsara*. Encontramos este termo com freqüência.

24

O jovem *kshatrya* é belo, as famílias nobres proclamam seus méritos, os talentos incomuns que ele demonstrou e seu saber prematuro. Do alto do terraço de sua morada, uma princesa contempla, retornando à sua carruagem, aquele cuja reputação orgulha Kapilavasthu e exclama:

Bem-aventurada a mãe, bem-aventurado o pai que possuem tal filho; bem-aventurada a esposa que possui tal esposo!

Sidarta ouve-a e pensa:

Sim, ela disse certo. Ao coração da mãe, quando ela contempla um tal filho, desce uma paz benfazeja; ao coração do pai e ao coração da esposa desce uma paz benfazeja. Mas, quando, em seu próprio coração chegará a paz que traz a felicidade?...

Suddhodana, que sente escapar-lhe o filho, recomendou às mulheres não perderem de vista o jovem senhor, distraí-lo com danças, cantos, jogos renovados sem cessar. Assim, desde sua volta, no palácio ressoam músicas alegres. Nos apartamentos particulares, as mulheres vestidas com diáfanas musselines ficam imóveis ao redor das dançarinas cobertas de jóias. É o quadro que oferecem ainda, nos dias de festa, os aposentos das mulheres dos ricos marajás contemporâneos: imensas salas com paredes de mármore, guirlandas de flores penduradas nos arcos, as fumaças perfumadas dos braseiros minúsculos onde queima o pó de sândalo e a volúpia perturbadora dos bailados que imitam os amores celestiais dos *apsaras**.

Quantas vezes o rapaz contemplou este espetáculo! Hoje, com o coração vazio da cobiça da carne, adormece sem ter dirigido um olhar a toda essa alegria sensual que chega até ele e o convida.

No meio da noite ele acorda. Cansadas, as mulheres adormeceram. Cada uma jaz onde o sono a surpreendeu, estendida sobre o tapete ou enfiada entre as almofadas dos divãs. Os instrumentos das musicistas caíram a seu lado, nos dedos das dançarinas ainda permanecem as flores, os véus cintilantes. Entre elas, "algumas balbuciam dormindo, ou-

---

*Apsaras – dançarinas celestiais (N. da T.)

tras, pela boca aberta deixam escorrer sua saliva, outras ainda, inconscientes dos seus movimentos, exibem sua nudez num abandono sem graça".

Sidarta tem a impressão que um ossário se estende diante dele, um campo de cremação onde horríveis cadáveres esperam a fogueira. O horror se apodera dele, não tardará mais:

Agora ou nunca, é preciso que eu parta para o grande começo!

Levanta-se, vai ter com seu escudeiro, Chanda, que vigia a porta de seus aposentos: "Parto esta noite, diz ele, vá selar meu cavalo". Entretanto, enquanto Chanda executa sua ordem, a lembrança do filho recém-nascido, que ele ainda não vira, o detém. Dirige-se ao quarto de sua mulher. A jovem mãe dorme sobre um leito coberto de flores, com uma das mãos pousada sobre a cabeça da criança: "Se quero ver meu filho, pensa ele, será necessário afastar a mão da princesa, ela acordará e isto será um empecilho para minha partida... Voltarei quando me tornar um Buda, e então verei meu filho".

Diante do pórtico do palácio, Chanda espera com o cavalo Kanthaka. Misteriosas influências adormecem os guardas, anulam o ruído dos passos fugitivos. As portas da muralha externa se abrem sozinhas, como se abrem também as portas da cidade, e ei-los, na noite, na estrada deserta.

O futuro buda cavalga várias horas — ou vários dias — depois chega às margens de um rio. Então, desce de sua montaria, despoja-se das jóias, devolve-as junto com o cavalo pelo escudeiro, ordenando-lhe que volte para Kapilavasthu; em seguida corta os cabelos e a barba, dá de esmola suas ricas roupas a um mendigo que passa, veste-se com os trapos que este abandona e fica só com seu pensamento, sua vontade inabalável de vencer a dor, de encontrar o caminho que leva, para além da vida e da morte, "à outra margem", ao Nirvana[12].

De acordo com a tradição, o Buda tinha então vinte e nove anos.

Talvez nenhum dos pormenores deste relato seja verídico. O "Modernismo" budista, como dissemos, na austera rigidez de seu método crítico, não quer guardar nada disso.

---

12. Cf. *Lalita Vistara*.

Quer ele tenha escapado furtivamente à noite, no fim de uma festa, ou então já dia alto, após um adeus aos seus, quer tenha abertamente atravessado as portas da cidade, não importa. Por mais simplesmente que se possa encarar o episódio, chega sempre o momento onde o entusiasmo da luta passada, o esforço material da partida efetivada, no vazio e na solidão moral que seguem as decisões desse gênero, Sidarta Gautama encontrou-se abandonado a si mesmo diante da estrada que se estendia muda e enigmática em direção ao desconhecido.

A angústia mental de um momento como esse parecerá bastante pungente aos pensadores para permitir-lhes, sem a ajuda de qualquer ficção dramática, tirar daí um impressionante exemplo. Ela será suficiente para satisfazer o desejo de emoção daqueles para quem o interesse oferecido pelas idéias ainda não reina sozinho, daqueles para quem a necessidade de admiração, a volúpia, difícil de vencer, da emoção religiosa levam sempre aos mestres e aos heróis.

Sidarta Gautama, obedecendo ao costume da época, pensou, em primeiro lugar, em instruir-se junto a algum filósofo de renome. Numerosos eram então (e numerosos ainda o são em nossos dias) os pequenos agrupamentos onde, reunidos livremente sob a direção de um Mestre, alguns discípulos realizavam, pelo estudo e pela meditação, suas buscas filosóficas e psíquicas. Oradores sutis, hábeis inventores de doutrinas apuradíssimas mantinham escola em jardins floridos ou na orla dos bosques próximos da cidade. Mais longe, à solidão, dirigiam-se os místicos racionalistas, os taumaturgos materialistas e os anacoretas ateus, tão desconcertantes para a nossa mentalidade ocidental. A floresta hindu, tristemente devastada hoje, transformou-se assim em Tebaída, onde, longe do calor ardente das planícies devoradas pelo sol, no frescor perfumado das grandes árvores, das fontes claras, dos tanques ornados de lótus, as horas passavam doces e calmas, divididas entre a contemplação e as discussões filosóficas tão caras aos brâmanes.

De acordo com as Escrituras, o futuro Buda dirigiu-se sucessivamente a Arata Kalama e a Rudraka. O primeiro residia em Vaiçali, o segundo em Rajagriha. Com os dois mostrou-se discípulo atento, pronto a captar o ensinamento dado. Arata Kalama e depois Rudraka ofereceram-lhe dividir com eles a direção espiritual e a instrução de seus adeptos. Entre os condiscípulos de Gautama, alguns já haviam reconhecido sua superioridade sobre mestre comum e estavam muito particularmente ligados a ele. Mas o futuro Buda não buscava a admiração dos letrados nem a celebridade. Sob os discursos brilhantes e a retórica sutil de Arata Kalama e de Rudraka, ele descobriu a mesma ignorância, a mesma impotência e, sucessivamente, abandonou a ambos. Desgostoso com essas duas tentativas infrutíferas, desistiu de recomeçar uma nova experiência junto a um outro filósofo e resolveu contar apenas consigo mesmo para chegar à luz que buscava. Retirou-se então para a mais profunda solidão, para entregar-se às suas reflexões. Cinco de seus antigos companheiros abandonaram Rudraka para segui-lo e se tornaram testemunhas de seus novos esforços.

Inicialmente, entregou-se a meditações prolongadas, sentado imóvel, "torturando, pressionando fortemente seu pensamento", como contam as antigas obras, em sua linguagem metafórica. Não chegava a nada. Em meio a tantas teorias que ouvira anunciar, a tantas vertentes e variações que sua própria mente extraía delas, Sidarta Gautama não encontrava a idéia-mestra, a doutrina definitiva capaz de lhe dar a impressão da certeza e suscetível de quebrar a roda dos renascimentos dolorosos onde os seres estão presos.

De acordo com as tradições de sua época, ele procurou então nas mortificações o desenvolvimento de suas faculdades intelectuais e espirituais. Nisso, até igualou e sobrepujou os mais famosos ascetas cuja memória a Índia preservou. À sua volta, seus cinco companheiros observavam muito admirados seus jejuns terríveis, esperando o momento em que, finalmente vitorioso, tendo conquistado a verdade que perseguia, lhes revelaria. Sua esperança foi frustrada.

Parece interessante observar aqui o caráter profunda e cientificamente racional, pode-se dizer, da narrativa budista. É em conseqüência de tentativas semelhantes, que situam seus santos fora da natureza, em todos os casos, fora da norma habitual, que as religiões facilmente colocam o milagre, que demonstra o triunfo desses santos. O desprezo pelas condições naturais da existência, a violência imposta ao instinto e às necessidades engrandecem, segundo elas, o indivíduo, elevam-no à percepção de um mundo superior[13]. Estamos tão acostumados a este procedi-

---

13. A estrutura desta obra não permite considerar aqui a concepção hindu anterior ao budismo e que ainda subsiste, do ascetismo e das austeridades (tapas). Concepção muito diferente daquela que o Catolicismo tornou familiar para nós. As flagelações dos ascetas da Índia não têm, em absoluto, por fim a expiação de pecados cometidos pelo próprio penitente, ou ainda uma expiação oferecida, por procuração, para as faltas de outrem. Elas são um método que visa conquistar *alguma coisa:* geralmente, poderes extraordinários sobre a matéria. Existe a esse respeito uma teoria complicada, difícil de ser compreendida e que não foi, até o presente momento, bem definida pelos ocidentais.

mento que, mesmo incrédulos, sua extravagância apenas nos desagrada e, talvez, a despeito das críticas superficiais e das zombarias fáceis prodigalizadas ao ascetismo, muitos acharão o método budista insuficientemente dramático e muito materialista.

Com o corpo ancilosado pela imobilidade de uma postura rígida conservada durante longos dias, extenuado pelo jejum, enquanto seus companheiros, ansiosos, aguardam para ver resplandecer em sua fronte uma luz triunfante, seus olhos iluminarem-se com o reflexo da luz suprema, finalmente desperta e seus lábios tão longamente devotados ao silêncio proclamarem sua conquista gloriosa, é à fraqueza banal, ao desfalecimento puro e simples que Gautama sucumbe. Uma síncope prolongada derruba inerte aquele que atentou contra as leis diretrizes da vida animal e o cérebro nutrido com um sangue muito fraco, furtando-se à sua função e traindo a expectativa daquele que o debilitou, deixa o pensador sem pensamento.

Conclusão natural, verídica, por onde passa o sopro da sinceridade de uma doutrina forte o bastante para refutar a incoerente fantasia das aventuras miraculosas.

Voltando a si, Gautama compreende a lição. Perdeu seu tempo, nenhuma revelação lhe veio durante a dura disciplina. Não é enfraquecendo os órgãos de percepção do ser humano, diminuindo sua acuidade que ele pode avançar em direção a um desenvolvimento superior. Sentidos mais desenvolvidos que os nossos, até mesmo novos só podem emanar da evolução progressiva dos que possuímos, e não de seu aniquilamento. Um corpo são é o único apto a produzir um pensamento forte, aguçado, penetrante, capaz de percepções, de análises, de deduções, de descobertas sólidas e seguras. E o futuro Buda, consciente do erro dos métodos ascéticos, consciente de sua própria aberração, come alimentos nutritivos em quantidade adequada, restaura seu corpo enfraquecido. . .

Para as cinco testemunhas atentas que o observavam, esta mudança de atitude demonstra sua decadência. Ele é apenas um vil desertor que a sensualidade venceu. . . Qual a necessidade de permanecer ainda junto dele? Não soube atingir o *Conhecimento* procurado, embora, fiel às tradições da santidade, imitando os exemplos dos ermitões célebres, flagelasse sua carne reduzindo sua alimentação a "um único grão de arroz por dia[14]". Não será agora, que bebe leite, come bolachas com mantei-

---

14. É a imagem exagerada com que a tradição representa a severidade extrema dos jejuns do Buda.

ga, frutas e todos os alimentos puros permitidos aos leigos, que ele alcançará a grande vitória!... E desprezando sua fraqueza e sua derrota, os cinco companheiros o abandonaram...

Voltam então as horas de solidão na floresta ruidosa, os inúmeros conflitos trágicos. Tanto entre a ramagem dos banianos gigantescos, que mergulha nos céus, como entre o tapete de plantas minúsculas estendido sob seus pés, Gautama contempla sempre o eterno drama da vida e da morte, a dor que se prende às agregações de elementos e o horror das desagregações. Finalmente, uma noite, enquanto meditava sentado ao pé de um *pippala*[15], véus rasgam-se diante de seus olhos, uma sucessão de estados de consciência cada vez mais amplos e lúcidos levaram-no a romper os limites estreitos e ilusórios da "personalidade". Uma visão mais profunda da existência, movimento incessante e perpétua transformação, revelou-lhe o segredo do *Sofrimento*, da *Causa do Sofrimento*, da *Supressão do Sofrimento*, do *Caminho que conduz à Supressão do Sofrimento*[16]. O mistério do Nirvana desvendou-se para ele. Sidarta Gautama tornara-se um Buda.

Essa é, segundo a simplicidade da tradição primitiva, a estória das buscas do grande sábio da Índia e da noite memorável em que, junto às margens de Neranjarâ[17], nasceu o pensamento inspirador do budismo cujas diversas Escolas deveriam conquistar milhões de fiéis.

É preciso dizer que este episódio inspirou as mais extravagantes lendas? Algumas páginas das Escrituras setentrionais fazem da iniciação do Buda uma espécie de magia extraordinária na qual intervêm, cada um por sua vez, os deuses, os espíritos dos infernos, os elementos e os astros. Ao redor do Bem-aventurado, inabalável em seu assento de relva, desenrolam-se e confundem-se numa sarabanda insensata do céu e da terra as cenas mais fantásticas que jamais pôde conceber a imaginação oriental em delírio[18].

Os primeiros discípulos ignoravam estas elucubrações. Preocupados unicamente com o ensinamento de seu Mestre, com uma indiferença que nos espanta, davam pouca atenção às circunstâncias particulares de sua vida, mesmo às referentes à sua conquista do *Bodhi*, que pareciam a nossas mentes imbuídas do culto da personalidade, dever constituir o ponto central de um ensinamento religioso, uma fonte por excelência da edificação e uma patética base para a pregação.

---

15. *Ficus religiosa* (figueira).
16. São as "Quatro Verdades", a base do budismo.
17. A tradição situa este episódio na cidade de Buddha Gaya.
18. Poderão ser consultados, principalmente, os relatos do *Mahâvastu*.

30

O budismo moderno observa a mesma reserva. Ele indica a tradição digna de fé e verossímil em todos os seus pormenores[19]; narrando a vitória intelectual do Buda absolutamente não faz disso um dogma.

Ao arrebatamento que seguiu sua iluminação, sucede no íntimo do Buda um conflito cujo relato tão profundamente humano e vivenciado acarreta, quase à nossa revelia, a confiança e a aceitação de sua autenticidade. Não foi unicamente por sua salvação pessoal que Gautama desejou o Conhecimento. A imensa compaixão que sempre experimentou pela miséria dos seres mergulhados na dor, bem mais que o desejo de sua própria libertação, afastou-o de seu lar em busca da saída que permitisse escapar ao sofrimento. Ora, agora, seu primeiro objetivo fora conseguido: *ele sabe,* ele está *liberto.* Resta-lhe voltar-se para a massa dos seres que a dor afoga e mostrar-lhe o caminho da bem-aventurança. Mas, exatamente porque ele adquiriu uma percepção mais nítida da enfermidade do espírito humano, da puerilidade, da rudeza de alma daqueles a quem deve se dirigir e porque distingue, ao mesmo tempo, a complexidade e a natureza árdua do ensinamento que lhes traz, seu entusiasmo transforma-se em desalento. Como abordar uma missão como essa?... Os homens compreenderiam a idéia que se impôs a ele nessa noite decisiva, sob a árvore da *Bodhi?*

Eis os termos nos quais o *Mahavagga* nos descreve esta luta interior do Buda, hesitante em deixar a floresta para retornar, como apóstolo, para a agitação das cidades.

"O Bem-aventurado[20] sentou-se ao pé de um baniano."
"Então, ao espírito do Bem-aventurado que se encontrava só, isolado na solidão, veio este pensamento: descobri esta verdade profunda, difí-

---

19. "A crítica histórica não pode, onde há somente probabilidades, estabelecer certezas. Que cada um decida ou abstenha-se de decidir, como lhe aprouver; que nos seja permitido professar a opinião de que o relato sobre a maneira pela qual o descendente dos Sakyas tornou-se o Buda é um verdadeiro fragmento de história". (Oldenberg; *Le Bouddha,* pág. 115 da edição francesa.)
20. Bem-aventurado (Bhagavad) é um dos títulos que se dá freqüentemente ao Buda nas Escrituras. Os hindus atribuem-no também a Vishnu, em algumas de suas encarnações.

cil de perceber, difícil de compreender, que enche o coração de paz, sublime, que supera qualquer pensamento, incompreensível, que só o sábio pode captar. No turbilhão do mundo agita-se a humanidade entregue à cobiça, toda voltada para a ambição e que encontra no mundo seu prazer. Para a humanidade que se agita no turbilhão do mundo, será difícil compreender a lei da causalidade, o encadeamento das causas e dos efeitos; e será também muito difícil compreender a extinção de todas as formações[21], a rejeição daquilo em que se baseia a existência da personalidade[22], a extinção da cobiça, a abstinência de paixão, a paz do coração, o Nirvana! Se eu prego esta doutrina e os homens não são capazes de compreendê-la, restará apenas a fadiga e a tristeza para mim."

"E então, ao espírito do Bem-aventurado apresentou-se esta estrofe que ninguém ainda ouvira:

"Por que eu haveria de revelar o que compreendi a duras penas? Esta doutrina será incompreensível àqueles dominados pelo desejo e pelo ódio. Entregues à cobiça, cercados de trevas eles não poderão atingir esta verdade contrária (a suas tendências), difícil de alcançar, profunda, inacessível ao espírito rude."

"Enquanto o Bem-aventurado assim refletia, estava propenso, em seu íntimo, a permanecer em estado de quietude e não pregar a doutrina."

"Então Brahma Sahampati[23] conheceu por meio do pensamento as reflexões que nasciam no espírito do Bem-aventurado e ele pensou: "Ai

---

21. Os *sankhâras,* ver pág. 73.
22. Os *upadhis* foram traduzidos por *substrata of existence* na versão inglesa de Oldenberg e Rhys Davids *(Sacred Books of the East,* vol. XIII, pág. 85).
23. O autor do relato atribui a Brahma Sahampati as meditações que o próprio Buda poderia ter feito. Era uma maneira de introduzir no episódio um elemento maravilhoso que, acreditava-se, devia realçar-lhe a importância. Brahma Sahampati é o primeiro dos deuses brâmanes. Não se deve confundir esta divindade pessoal com o Brahma neutro que significa o Ser em Si, a Substância Universal. Esta narrativa mostra a idéia que os budistas tinham do mais importante dos Deuses. Eles o tratavam, assim como todas as divindades, com igual deferência fraterna, sem pensar em fazer ato de adoração ou de submissão para com ele. No que concerne aos Budas, eles estão acima de Brahma. Aquele que possui o *Conhecimento* é superior aos Deuses.

de mim, o mundo perecerá, o mundo se arruinará se o Tathagata, o Santo, o Samma-sambuddha²⁴ se predispõe a permanecer em quietude e a não pregar a doutrina."

"Então, Brahma Sahampati deixou o céu de Brahman tão rapidamente quanto um homem forte estende seu braço dobrado ou dobra seu braço estendido e apareceu diante do Bem-aventurado."

"E Brahma Sahampati tirou seu manto, descobrindo um de seus ombros²⁵, ajoelhou-se sobre o joelho direito, saudou com as mãos postas o Bem-aventurado e falou-lhe com estas palavras: "Queira, ó Mestre, o Bem-aventurado, pregar a doutrina, queira o Perfeito pregar a doutrina. Existem seres nos quais os olhos do espírito estão encobertos por uma leve poeira, mas se eles não ouvirem a pregação da doutrina, não se salvarão: esses abraçarão a doutrina."

"Assim falou Brahma Sahampati; apenas dissera estas palavras prosseguiu assim: "No país de Magadha reinava até o presente momento uma lei impura proclamada por homens corrompidos. Abre para nós a porta do Saber, faz-nos ouvir, ó muito Puro, a verdade que descobriste. Aquele que se mantém em pé no cume dos rochedos da montanha estende ao longe sua vista sobre todo o povo que o cerca. Do mesmo modo, ó Sábio, eleva-te também muito alto, até a mais alta morada da verdade. Ó tu que vês tudo, baixa teus olhos sobre a humanidade perdida em meio ao sofrimento, dominada pelo nascimento e pela velhice. De pé, ó herói, ó vitorioso. Caminha através do mundo, ó chefe dos peregrinos que libertou a si mesmo. Prega, ó Bem-aventurado; haverá quem compreenda tua palavra."

"Quando o Bem-aventurado ouviu a súplica de Brama, cheio de compaixão pelos seres, olhou o mundo com olhos de um buda²⁶."

---

24. As palavras *Tathagata* e *Samma-sambuddha* são freqüentemente traduzidas por o *Perfeito*, o *Supremo Buda*. Talvez seja preferível conservar os termos originais, difíceis de se traduzir sem o uso de paráfrase. *Tathagata* tem, para os budistas, o significado de "Aquele que veio como. . ." ou "Aquele que veio do mesmo modo que . . .", subentende-se: os outros budas que o precederam. É um título que pertence a todos os Budas. Um *Samma-sambuddha* é um Buda universal ou Buda de compaixão, isto é, um Buda que pregou a doutrina da Libertação. Estes são diferenciados dos *Pratekyas buddha* (Paccekabuddha, em pali) que conquistaram o Conhecimento, mas limitaram-se a gozar sua salvação pessoal, sem pregar a doutrina.

25. Era um sinal de respeito.

26. Com o olho de um Buda, isto é, uma visão perfeita à qual nada escapa, uma clarividência espiritual perfeita.

"Como num tanque de lótus, entre as rosas das águas, lótus azuis, lótus brancos nascidos na água, crescendo na água, uns não emergem e florescem no fundo, outros[27] se elevam até a superfície da água e outros emergem e a água não molha mais sua flor; do mesmo modo também, quando o Bem-aventurado, com o olhar de um Buda, lançou o olhar sobre o mundo, ele percebeu seres cujo olho espiritual[28] estava apenas encoberto com uma poeira leve, e outros cujo olho espiritual estava recoberto com uma poeira espessa, seres de um espírito vivo e seres de um espírito obtuso, seres com um caráter nobre e seres com um caráter baixo, seres fáceis de instruir e seres difíceis de instruir, muitos que viviam com temor ao pensamento do outro mundo e de seus pecados."

"E quando ele viu essas coisas, dedicou a Brahma Sahampati a estrofe seguinte:

"Que seja aberta a porta do Eterno[29]! Aquele que tem ouvidos que ouça!

"Eu cogitava na minha pesada tarefa; é por isso, ó Brahma, que eu ainda não anunciei aos homens a doce e salutar Lei."

"Então Brahma Sahampati compreendeu: "O Bem-aventurado atendeu minha prece, ele pregará a doutrina." E inclinou-se diante do Bem-aventurado, deu uma volta ao redor dele, o lado direito voltado para ele[30] e desapareceu[31]."

Decidido a começar sua pregação, o Buda pensa primeiro em seus antigos mestres, Arata Kalama e Rudraka. Mentes como as deles estarão aptas a compreendê-lo, mas enquanto se propunha a encontrá-los, foi informado de que ambos haviam morrido durante sua permanência na floresta[32].

---

27. O texto repete sempre: "entre as rosas das águas, lótus azuis, lótus brancos, etc."

28. O autor compara a inteligência dos indivíduos a um olho encoberto com uma poeira leve, fácil de retirar e cuja visão se tornaria em seguida nítida e clara, ou a um olho sobre o qual tanta poeira teria se acumulado que produziria a cegueira completa.

29. Ver nota na pág. 15.

30. Era um cerimonial que demonstrava grande respeito ao saudar e sair.

31. *Mahâvagga* I, 5.

32. Uma tradição que certamente não pode ser aceita como um relato histórico exato pretende que Arata Kalama tenha morrido sete dias antes que o Buda cogitasse em voltar para junto dele e Rudraka, na véspera desse dia.

Como seus mestres já não pertenciam mais a este mundo, o Buda pensa em seus antigos companheiros, os cinco ascetas que o seguiram no seu retiro. Estes o abandonaram, é verdade, mas o Bem-aventurado sabe a quais motivos obedeciam. Ele está em condições, hoje, de demonstrar-lhes o erro que cometeram, ao considerar as austeridades excessivas como o caminho que conduz à sabedoria. Se ele conhecia a fraqueza de algumas de suas concepções, soube também, durante os anos passados com eles, apreciar o seu valor intelectual. Outras razões concorreram ainda em favor desta escolha. Sente-se aí a timidez inevitável de uma primeira tentativa, a quase impossibilidade moral em que se encontra o jovem Mestre, de ir procurar desconhecidos para lhes expor a doutrina que acaba de constituir e, por fim, a dificuldade em agir só em empresas desse gênero, que leva o novo apóstolo a apoiar-se em um grupo simpático antes de começar sua grande missão.

Sem querer, por um ato de fé que seria temerário considerar como absolutamente autênticos todos os fatos da tradição budista, pode-se, uma vez mais, observar o natural, o cunho profundamente humano daqueles que compõem suas linhas principais. Parece difícil não guardar, principalmente aqui, a impressão de cenas e pensamentos vivenciados.

O Buda, tendo sabido que seus antigos companheiros[33] encontravam-se no Parque das Gazelas (Isipatana)[34], perto de Benares, dirigiu-se para lá para encontrá-los.

Nesse local tem lugar o episódio mais marcante do budismo, a primeira pregação do Buda, a proclamação das *Quatro Verdades* que formam a base do ensinamento budista e constituem por si sós, podemos dizer, a doutrina autêntica, sendo que todas as outras teorias podem ser consideradas como desenvolvimentos desta idéia inicial, pensamentos filosóficos pessoais, absolutamente não comprometem a *fé* de um budista.

---

33. Eles se chamavam: Kondanya, Vappa, Bhaddiya, Mahânâma e Assajit.

34. Nos livros budistas encontraremos o Parque das Gazelas designado com os nomes de Isipatana, Mrigadâva, Rishipatana.

"O Mrigadâva ou Parque das Gazelas é um lindo bosque que cobre uma extensão de aproximadamente meia milha (inglesa) e se estende desde a grande torre de Dhamek, ao Norte, até a embocadura do Chankundi, no Sul." (Cunnigham, Ach, Reports I).

Retomamos o relato do *Mahavagga:*

"O Bem-aventurado, viajando de pousada em pousada, chega a Benares, ao Parque das Gazelas Isipatana, ao local onde se encontravam os cinco religiosos. E os cinco religiosos divisaram de longe o Bem-aventurado que se aproximava. Quando o viram, comentaram entre si: "Amigos, eis o asceta Gautama que vive na abundância, que renunciou aos seus esforços e voltou a viver na abundância. Não lhe desejemos as boas-vindas, não nos levantemos para recebê-lo, não o desembaracemos de sua sacola de esmolas nem de seu manto; mas preparemos-lhe um assento, que ele se sente, se desejar."

"Mas, quanto mais o Buda se aproximava dos cinco monges, mais ainda eles sentiam fraquejar sua resolução. Eles foram ao encontro do Bem-aventurado, ajudaram-no a tirar seu manto e sua sacola de esmolas, trouxeram-lhe água para os pés, um banco, um tamborete para os pés e uma toalha. E o Bem-aventurado, tendo-se sentado, lavou seus pés[35]."

Depois de cumpridas as primeiras obrigações de hospitalidade para com ele, o Buda aborda imediatamente o assunto que o traz ali.

"... Ouvi atentamente, religiosos, o eterno[36] foi encontrado. Ensinar-vos-ei a doutrina. Se seguirdes o caminho que vos indico, em pouco tempo alcançareis o mais alto propósito da santidade, aquele pelo qual os jovens de famílias nobres abandonam sua morada e adotam a vida religiosa[37]; nesta vida desfrutareis da verdade, conhecê-la-eis e vê-la-eis vós mesmos face a face".

Depois que ele falou assim, os cinco religiosos disseram ao Bem-aventurado: "Amigo, antigamente, apesar de tuas austeridades, não pudeste atingir a suprema ciência e o perfeito Conhecimento. Como queres tu, agora que renunciaste aos teus esforços, que voltaste a viver na abundância, alcançar a suprema ciência e o perfeito Conhecimento?"

---

35. Devido ao costume dos orientais que calçam os pés nus em sandálias ou chinelos ou andam descalços, o seu primeiro cuidado ao chegar numa casa é o de lavar os pés.

36. O *eterno* tem o mesmo sentido que no trecho anterior: o estado oposto ao da impermanência.

37. Sobre a vida religiosa da Índia, ver capítulo VI.

E o Bem-aventurado lhes disse: "O Tathagata, ó religiosos, não renunciou aos seus esforços, não voltou a viver na abundância. Ouvi bem, o eterno foi encontrado. Se seguirdes o caminho que vos indico, em pouco tempo atingireis o mais alto propósito da santidade, aquele pelo qual os jovens de famílias nobres abandonam sua morada e abraçam a vida religiosa; nesta vida desfrutareis da verdade, conhecê-la-eis e vê-la-eis vós mesmos face a face..."

... E o Bem-aventurado continuou: "Existem dois extremos dos quais aquele que vive religiosamente deve afastar-se. Um, é uma vida toda voltada à sensualidade e ao prazer; isto é desprezível, grosseiro e vão. O outro, é uma vida de mortificações; esta é dolorosa e inútil. O Tathagata evitou estes dois extremos e por aí ele encontrou o Caminho do Meio que conduz à clarividência, à sabedoria, à tranqüilidade, ao saber, ao conhecimento perfeito, ao Nirvana..."

"... E este Nobre Caminho, com oito ramificações, que se chamam: fé reta, vontade reta, palavra reta, ação reta, meios de existência retos, esforço reto, atenção reta, meditação reta[38]..."

"... Eis a Nobre Verdade no que diz respeito ao Sofrimento: o nascimento é sofrimento, a velhice é sofrimento, a doença é sofrimento, a morte é sofrimento, estar unido àquilo que não se ama é sofrimento, estar separado do que se ama é sofrimento, não realizar sua vontade é sofrimento. Em resumo, os cinco elementos que constituem nosso ser são sofrimento[39]."

Eis a Nobre Verdade concernente à Origem do sofrimento: É esta sede que conduz de renascimento em renascimento, acompanhada pela cobiça e pela paixão, esta avidez que, aqui e ali, está perpetuamente em busca de satisfação. É o desejo de satisfação da paixão, a sede da vida eterna, de felicidade individual neste mundo ou em um outro.

Eis a Nobre Verdade concernente à Destruição do sofrimento: É o aniquilamento total, absoluto desta sede; a libertação do desejo.

---

38. Reto, ou seja, razoável, terminado, perfeito, correto e justo em todos os pontos. Ver, quanto ao sentido da expressão que qualifica os oito termos acima, as explicações dadas na pág. 95.

39. Isto é: o corpo, as sensações, as representações, as formações (ou tendências) e o conhecimento. Eles geram o sofrimento através do apego, da avidez que nasce deles e que, por sua vez, os considera como objeto.

*Eis a Nobre Verdade concernente ao Caminho que conduz à Destrui-
ção do sofrimento: É este Nobre Caminho com oito ramificações que se
chamam: fé reta, vontade reta, palavra reta, ação reta, meios de existência retos, esforço reto, atenção reta, meditação reta[40]."*

Após este discurso que ainda compreende outros desenvolvimentos,
Kondanya adere à doutrina do Buda e, depois de um intervalo de alguns
dias, os outros religiosos, após novas conversações, adotam-na por sua vez.
"Vinde, ó discípulos, lhes diz o Bem-aventurado, vivei uma vida santa para pôr fim a todo sofrimento."
O Sangha[41] está fundado. O Buda vai começar a longa série de pregações. Conforme a tradição, ele tem nesse momento trinta e cinco anos.
Durante aproximadamente cinqüenta anos a partir desse dia, ele espa-
lhará a boa palavra da Libertação e seu sucesso será considerável. Entretanto, nos é impossível reconstruir algum acontecimento muito preciso
que tenha ocorrido durante esse lapso de tempo. Não ousaríamos sequer relatar aqui um único dos inúmeros discursos que o Bem-aventurado deve ter pronunciado. Não por falta de narrativas, muito pelo contrário, elas são abundantes mas compostas após o desaparecimento do
Mestre, e muitas vezes devem ter sido floreadas a partir da essência dos
discursos conservados pela tradição. Os textos budistas nos mostrarão,
de preferência, tanto as diferentes fases do pensamento dos budistas
como o pensamento do próprio Buda.
Nessa obscuridade, o melhor, o único método a seguir é nos referir-
mos aos poucos pontos que formam a base da doutrina do Buda, que
resgatamos às mais antigas redações[42] datadas de uma época relativamente próxima à sua morte, quando a tradição original ainda era conservada por muitas pessoas para que se pudesse ter alterado seriamente
o sentido de seu ensinamento. Será preciso ater-nos a este sistema
quando abordarmos o exame da doutrina budista. Por agora, a biografia
se interrompe diante da intricada confusão dos relatos manifestamente

---

40. *Mahâvagga* I, 6.
41. O Sangha é o conjunto dos discípulos do Buda. Poderíamos dizer Igreja
budista universal, se a palavra Igreja pudesse ser corretamente empregada falando-
se de budismo.
42. Aquelas que podemos pelo menos considerar como tais, dentro de certa
margem de verossimilhança.

lendários ou compostos a propósito de uma idéia ou de uma prática que se tratava de justificar, fazendo-as ser expressas ou decretadas pelo Buda. Todas as regras de disciplina dos monges são engendradas a partir de contos semelhantes[43].

Na realidade, sabemos que o ensinamento de Sidarta Gautama atrai a elite das populações entre as quais permaneceu. Séquito muito diferente daquele que nos é mostrado nos Evangelhos: são brâmanes filósofos, príncipes, nobres, ricos burgueses, sábios que vêm a ele, que incorporam-se diretamente à sua comitiva ou, mesmo permanecendo no mundo, manifestam-lhe uma viva simpatia.

A classe social à qual o Buda pertencia por nascimento influía talvez um pouco na composição de sua comitiva, mas era, sobretudo, a essência filosófica do seu discurso que exigia ouvintes de espírito culto, que determinava o caráter aristocrático de seus primeiros discípulos. Naquela época, o budismo ainda não se tornara uma religião e as massas ignorantes da Índia não teriam absolutamente encontrado aí os elementos materiais capazes de cativá-las.

Interrompidas com permanências mais ou menos prolongadas nas cidades onde ele ensinava, as peregrinações do Buda duravam o tempo das secas, isto é, três quartos do ano. Quando chegava a estação das chuvas, o Mestre se retirava[44] para uma das residências rodeadas de vastos par-

---

43. Apesar da antigüidade da redação do *Vinaya* que os contém. Não obstante, pode-se pensar que nem sempre as tradições mais antigas foram escritas em primeiro lugar, quando se estabeleceram as Escrituras. A questão das origens budistas permanecerá, sem dúvida, sempre mergulhada na obscuridade. É bom lembrar que este assunto tem apenas um interesse histórico. Os budistas não procuram nenhuma revelação sobrenatural nos seus livros santos e como a palavra do Buda não tem para eles nenhuma característica extra-humana, eles podem escolher de acordo com sua vontade os textos próprios para a sua edificação sem se preocupar com a sua origem. A regra diz que aquilo que é contrário à razão não deve ser considerado como pertencente à Doutrina do Mestre.

44. A estação das chuvas é a época em que a terra, irrigada após meses de seca, permite que as sementes germinem, que toda a vegetação renasça. Com as plantas, multidões de insetos e de animais desenvolvem-se também. Os religiosos devem ter cuidado para não destruir nenhuma vida, e não esmagar milhares delas sob seus passos ao percorrer o país. Por esta razão, eles passam o período das chuvas em retiro. O Buda seguia o costume corrente. Aliás, é lícito pensar que, ao lado deste motivo oficial, razões de higiene, a dificuldade e o lado penoso das viagens na época das enchentes dos rios e sob as tempestades contínuas determinaram esta prática comum a todas as seitas.

ques, oferecidas à Comunidade por leigos ricos. Cita-se particularmente entre elas a Jetavana, doada pelo rico mercador Anathapindika, e a Veluvana, presente do rei Bimbisâra.

Em dados momentos, uma multidão considerável se comprimia aí para ouvir o Buda, ou um de seus principais discípulos, explicar a doutrina ou sustentar uma discussão com um filósofo de uma outra seita. Numerosos eram os que, subitamente esclarecidos por seus discursos, descobriam o "Caminho que conduz à Libertação" e, freqüentemente, no fim da pregação, podia-se ver ouvintes se adiantarem em direção ao Mestre para, publicamente, aderirem ao seu ensinamento. Depois, a multidão já dispersa, o silêncio tornava a cair sob as ramagens sombrias das árvores gigantescas, a imensa habitação era envolvida por uma quietude serena. Recolhidos em suas celas, os religiosos repetiam em suas mentes os discursos pronunciados, os problemas considerados, as controvérsias sustentadas, enquanto a chuva quente e pesada dos trópicos cantava monótona sobre a vegetação espessa, embalando suas meditações.

Contou-se também que Sidarta Gautama voltou a visitar seu pai Suddhodana e o converteu; que reviu a esposa, a tia que lhe servira de mãe e o filho Rahula, que se tornou seu discípulo e que, mais tarde, as duas mulheres igualmente abraçaram a vida religiosa. Fala-se ainda das divergências que se estabeleceram entre os discípulos e do ciúme de Devadatta, primo do Buda que, depois de ter tentado em vão suplantar seu célebre parente, atentou várias vezes contra sua vida.

Aí se limitam as indicações dignas de nossa confiança e para reencontrar os elementos de uma narração que nos seja possível considerar histórica é preciso que nos transportemos até os últimos meses da vida do Buda.

O Mestre é octogenário. Vigoroso, incansável, continuou, até esta idade avançada, sua vida errante. É entre suas longas caminhadas missionárias que lhe vem a consciência de seu cansaço e de seu fim próximo.

"Escutai, irmãos, disse ele a seus discípulos, todas as coisas compostas devem desagregar-se. Trabalhai com afinco para a vossa salvação. Deitar-me-ei sem retorno dentro em pouco. Daqui a três meses estarei morto."

"Meus anos chegaram a seu termo, minha vida chega a seu fim. Eu vos deixo. Parto repousando só em mim. Sede diligentes, meus irmãos,

santos, ponderados. Sede firmes em vossas resoluções. Velai por vosso próprio coração. Aquele que não se cansa, mas que se mantém firmemente nesta verdade e nesta lei atravessará o oceano da vida e dará fim ao sofrimento[45]."

Feita esta advertência a seus fiéis companheiros, continua suas pregações e viagens. Não podemos melhor relatar a história destes últimos dias do Buda, senão seguindo a tradição, na narração do *Mahaparinibbana Sutta.*

"O Bem-aventurado, depois de uma estada em Bhoga-gama, dirigiu-se a Pava e deteve-se em um pequeno bosque de mangueiras, propriedade de Kunda, o ferreiro[46]."

"Então, Kunda, o artesão em metal, ao saber que o Bem-aventurado havia chegado a Pava e que se detivera em seu bosque de mangueiras, dirigiu-se até ele, saudou-o e sentou-se respeitosamente a seu lado. Assim que sentou, o Bem-aventurado integrou-o, estimulou seus pensamentos e o encheu de alegria com seus discursos religiosos. Depois de tê-lo ouvido, Kunda dirigiu-se ao Bem-aventurado dizendo: "O Bem-aventurado me dará a honra, amanhã, de comer em minha casa, juntamente com os irmãos?" E o Bem-aventurado, por meio de seu silêncio, manifestou sua aprovação."

"Então, Kunda, vendo que o Bem-aventurado aceitava seu convite, levantou-se, inclinou-se diante dele e retirou-se."

Terminada a noite, Kunda, o artesão em metal, preparou em sua casa arroz-doce, bolos e um prato de javali. Em seguida, anunciou ao Bem-aventurado que o momento era chegado, dizendo: "A hora é chegada, Senhor, e a comida está pronta. E o Bem-aventurado vestiu-se muito cedo e veio com os irmãos à morada de Kunda."

O Buda come os alimentos servidos e depois, antes de se separar de seus anfitriões, dirige-lhes um discurso, como costuma fazer ao fim de semelhantes reuniões e deixa a casa. Esta deveria ser sua última refeição, e o

---

45. *Mahaparinibbana Sutta* III, 66.
46. Kunda é geralmente considerado como aquele que exerce o ofício de ferreiro, mas este "artesão em metal" pode perfeitamente ter sido ourives ou caldeireiro.

teto do ferreiro Kunda, sob o qual, desprezando as leis da sociedade hindu, ele, nobre Kshatrya, aceitara uma hospitalidade familiar, deveria ser também o último a abrigá-lo.

Depois que o Bem-aventurado comeu os alimentos preparados por Kunda, caiu gravemente enfermo, com uma violenta disenteria. Dores mortais o acometeram, mas, perfeitamente senhor de si, ele as suportou sem se queixar. E dirigindo-se a Ananda, disse-lhe: "Vem, Ananda, partamos para Kusinara."

A caminhada é difícil para o ancião enfermo, ele se detém à beira do caminho, sob uma árvore.

"Dobra meu manto, rogo-te, Ananda, coloca-o sob meu corpo; estou cansado e quero repousar."

Entretanto, quando apresenta-se alguém para discutir com ele, reencontra sua energia para manter a conversação. Em seguida, cogitando em que seus discípulos poderiam pensar em admoestar Kunda, por causa da refeição, causa imediata de seus sofrimentos e, como previa, de sua morte, chama seu primo e fiel Ananda e pede-lhe que vele para que ninguém perturbe seu último anfitrião.

Um pouco refeito, por um último esforço, ele continuou seu caminho e chega às margens do rio Hiranyavati, num pequeno bosque de Sâlas[47], e aí a fadiga retorna:

"Estou cansado, Ananda, prepara-me um leito, te peço, gostaria de me deitar."

Havia nesse lugar, relatam os comentários do texto canônico, uma espécie de mesa baixa ou bancada longa de madeira ou de pedra, sombreada por três sândalos. Ananda estendeu aí uma coberta e seu Mestre se deitou calmo, a mente lúcida, em plena posse de si mesmo.

Sidarta Gautama chegara à última etapa de sua longa carreira.

Seu primo informa-se:

"Mestre, que deveremos fazer com seus despojos?"

---

47. O *sâla* é o sândalo branco.

42

Este cuidado em reverenciar um morto venerado com funerais dignos pode convir ao zelo piedoso de homens do mundo e denotar seus louváveis sentimentos. Porém, o verdadeiro filósofo, como deve ser o discípulo do Buda, imbuído de sua doutrina, recusou, com a sentimentalidade das efusões vãs, o amor pelo cerimonial e pelos ritos. Ele pode olhar um cadáver sem dissimulá-lo com flores e tratá-lo como um amontoado desprezível de carnes em decomposição, a forma que fora um Mestre admirado e amado.

"Que os irmãos não se preocupem absolutamente em tributar-me honrarias, Ananda. Sede cuidadoso, eu vos suplico, Ananda, em vosso próprio interesse. Devotai-vos ao vosso próprio bem. Há homens sábios entre os nobres e os brâmanes, chefes de família que acreditam em mim, eles se encarregarão de meus funerais."

Mas a dor do discípulo é muito profunda, ele afasta-se para lhe dar livre curso:

"Ai de mim! Eu fico e o Mestre se vai, justo quando eu ainda tinha tanto que aprender com ele; ele se vai, logo ele, que era tão bom!..."

O Buda, notando a ausência do seu parente e compreendendo a causa, o faz chamar e quando ele chega junto de si censura-lhe docemente a perturbação que sua morte lhe provoca:

"Chega, Ananda! Não te perturbes! Não te disse tantas vezes que está na natureza das coisas que estão mais próximas de nós e que nos são mais caras, que devamos delas nos separar, deixá-las, privarmo-nos delas? Como seria possível, Ananda, que aquele que nasceu, existiu, ser composto, que contém inerente em si mesmo o princípio de sua dissolução, como seria possível que uma tal coisa não se dissolva? Isto não pode ser!
Há muito tempo, Ananda, tens estado muito próximo de mim pelas ações, palavras, pensamentos de afeto, de benevolência. Tu praticaste o bem. Persiste atentamente e logo tu estarás liberto dos grandes males: da sensualidade, da individualidade[48], da ilusão, da ignorância."

---

48. Com referência à teoria da individualidade, ver capítulo II, pág. 56.

Pouco depois, apresenta-se um religioso de uma outra seita, chamado *Subhadda*. Tinha ouvido falar do Buda e tendo sabido que ele parara no Bosque dos Sândalos quis vê-lo para esclarecer certas dúvidas filosóficas. Os discípulos querem mandá-lo embora e poupar à fraqueza de seu Mestre o cansaço de uma conversação, mas este os ouve e chamando Ananda pede-lhe que deixe aproximar-se o recém-chegado.

"Não mandem Subhadda embora. Seja o que for que ele queira me perguntar, é animado por um desejo de instruir-se que ele deseja interrogar-me, e não para me causar aborrecimento. Devo então responder às suas perguntas."

Afastando logo as dissertações inúteis de Subhadda, o Buda desenvolve num discurso que parece um resumo de sua primeira pregação a vida de retidão, fundamento de sua doutrina e, convencido de que ele encontrara uma verdade maior que a dos metafísicos, dos retóricos ou dos brâmanes ritualistas, Subhadda roga-lhe que o admita entre seus discípulos.

Finalmente, o Buda, sabendo quanto é difícil ao homem a destruição de todo apego idólatra, a negação de toda devoção sentimental, conhecendo sua necessidade de deuses antropomórficos ou de mestres humanos deificados, sua incapacidade para viver só sua vida religiosa, dirige-se a Ananda.

"Pode ser, Ananda, que este pensamento nasça em vós. A palavra do Mestre não existe mais; não temos mais Mestre. Em absoluto, não é assim que se deve pensar. A verdade, a lei que eu ensinei a todos, será vosso Mestre quando eu tiver desaparecido."

Uma frase desprovida de ênfase, relembrando, uma vez mais, a lei da perpétua transformação dos agregados, que serviu de tema a tantos de seus discursos, encerra a pregação do Mestre. Os sábios não dispensam à morte a importância que lhe confere o homem comum e há muito tempo que aquele cuja forma visível vai diluir-se contemplou, para além dos limites da vida e da morte, a Realidade da Existência:

"Ouvi-me, meus irmãos, eu vo-lo digo, a dissolução é inerente a todas as formações! Trabalhai sem descanso para vossa salvação!"

Foram suas últimas palavras.

Alguns dias depois, quando nascia o sol, os nobres de Kusinara levantaram uma fogueira às portas da cidade e aí cremaram os restos do Buda, com o cerimonial adotado para os reis[49].

---

49. Segundo a tradição, o Buda tinha oitenta e um anos.

CAPÍTULO II

AS QUATRO VERDADES

> Assim como o vasto mar está impregnado de
> um único sabor, o do sal, ó discípulos, também
> esta doutrina e esta disciplina estão impregna-
> das de um único sabor: o da Libertação.
>
> *Kullavagga*

É clássico começar um estudo da doutrina budista pela exposição das Quatro Verdades. Estas contêm, de fato, todo o espírito do budismo, nos revelam, ao mesmo tempo, seu propósito e a natureza de seus meios de ação; constituem, pode-se dizer, a chave sem a qual ele permanece incompreensível para nós. Segundo a tradição, estas verdades foram enunciadas pelo Buda no discurso do Parque das Gazelas, por onde começa sua pregação.

As probabilidades nos levam a crer que este discurso realmente foi pronunciado pelo Buda, se não textualmente, como citado pelas obras canônicas, pelo menos com um sentido idêntico. Mas, mesmo que o episódio fosse inventado, não teríamos nele um documento menos precioso no que concerne às concepções nas quais os primeiros budistas basearam sua doutrina. É tudo o que nosso estudo deve pretender.

Como já podemos perceber na primeira parte do discurso que con tém a exposição das Quatro Verdades, dada no capítulo anterior, absolutamente não nos encontramos diante de um sistema que tem a pretensão de nos esclarecer sobre a origem do mundo e sobre a natureza da Causa primordial. Não se trata de revelação feita ao homem por uma divindade, nenhuma alusão a um poder extra-humano, nenhuma promessa de ajuda sobrenatural aparecem no discurso do Buda. Trata-se de uma luta do homem contra o sofrimento que o sufoca, de uma luta que ele deve enfrentar só, e da qual ele pode sair vencedor por meios puramente humanos.

A partir deste primeiro contato com o ensinamento budista, compreendemos que ele não nos trará dogmas, nem verdades absolutas, mas simplesmente um plano de conduta que ele julga conveniente para dirigir cada um de nós à conquista da paz, à libertação da dor, ao Nirvana.

Na realidade, as Quatro Verdades não exprimem nenhuma verdade, se compreendemos esta palavra em seu significado comum, de fato demonstrado ou revelado. Afora a afirmação da possibilidade, existente para nós, de sermos os próprios agentes de nossa libertação, as Quatro Verdades são apenas a exposição de um método de salvação. O próprio budismo, aliás, não pretendeu jamais ser outra coisa. Os modernistas insistem cuidadosamente no termo *método*. Nós o encontraremos nas obras dos propagandistas mais autorizados na Escola ortodoxa:

"Do começo ao fim, sempre, o budismo será um método, pelo qual o sofrimento é banido, a libertação da dor consumada. Não era inteiramente incorreto, quando, às vezes, foi chamado de "Metodismo asiático". Os paralelos entre o budismo e o metodismo de Wesley talvez sejam mesmo maiores do que parecem à primeira vista. O budismo manifestou-se nos seus primórdios como um espírito poderoso e vivificante surgindo das ossadas ressequidas do velho bramanismo[1]. Entretanto, o paralelo termina aí. O método do Buda é um método de salvação pela inteligência e pelo saber, e não pela emoção[2]."

Esta característica do método budista se manifesta imediatamente, no encadeamento das Quatro Verdades.

---

1. Assim como o metodismo, estimulado desde sua origem por uma espiritualidade muito pura, surgindo entre o cristianismo degenerado e corrompido de sua época.
2. Maung Nee: *"Lotus Blossom"*.

A PRIMEIRA VERDADE

O SOFRIMENTO

"Eis a Nobre Verdade que concerne ao Sofrimento: o nascimento é sofrimento, a velhice é sofrimento, a doença é sofrimento, a morte é sofrimento, estar unido àquilo que não se ama é sofrimento, estar separado daquilo que se ama é sofrimento, não realizar seu desejo é sofrimento. Em resumo, os cinco elementos que constituem nosso ser são sofrimento."

O senso comum vê o budismo como uma doutrina pessimista. Ousar sustentar o contrário parece temerário. O mínimo que se arrisca é passar por um ignorante, que conhece mal o tema de que se trata. No entanto, não podemos deixar de constatar que esta reputação de pessimismo foi atribuída à doutrina do Buda unicamente por não-budistas. Nenhum de seus adeptos, desde os primeiros discípulos até os que, hoje, enviam seus missionários à Europa e América, jamais o concebeu sob o aspecto mórbido e lúgubre que os ocidentais foram induzidos a encontrar nele.

A evidência está aí. As obras budistas, desde os simples tratados de moral ortodoxos até as obras mais abstratas dos metafísicos maaianas, não contêm nenhum traço desta desesperança aflitiva que se quer impor como companheira aos budistas.

O povo dos países budistas é sobretudo alegre, e seu culto, muito simples, que a necessidade de exteriorização os fez inventar,é impregnado de um caráter alegre. Aqueles que viram as lanternas e as festas ingênuas dos dias de lua-cheia[3] não puderam certamente descobrir nada de

---

3. O dia de lua-cheia é uma espécie de grande domingo mensal para os budistas. Os dias equivalentes aos nossos domingos situam-se, para eles, na lua-nova, no quarto-crescente, na lua-cheia e no quarto-minguante, mas o da lua-cheia é o mais importante.

triste. E se, da multidão, vamos até os intelectuais, a esses escritores, estes eruditos versados no conhecimento dos textos palis e sânscritos, vamos encontrá-los circunspectos em sua filosofia, mas nunca entristecidos por ela.

A todas as objeções que se poderiam fazer contra esta maneira de ver, opondo-lhe as afirmações de personalidades eminentes em filosofia e doutas em matéria orientalista, pode-se responder, mantendo um profundo respeito por sua ciência, de maneira categórica com os testemunhos dados pelos próprios budistas. Concordar-se-á que, melhor do que ninguém, eles estão em condições de saber se o pessimismo deprime seu espírito e se, na doutrina de seu Mestre, eles encontraram somente um hino fúnebre embalando sua indolência desesperada e seu niilismo prostrado. E como, de uma maneira formal, eles nos respondem não ter nada em comum com tal estado de espírito, é forçoso nos render e reconhecer nosso erro.

O budismo fala muito do sofrimento. É ele que é apresentado inicialmente às nossas meditações, através da primeira das Quatro Verdades. Sem dúvida é preciso reconhecer que aí está a causa de nosso prolongado desprezo.

Logo que o budismo estabeleceu, no começo de seu ensinamento, a existência do sofrimento, ele registra um fato que não podemos deixar de constatar, a menos que sejamos cegos e desprovidos de razão.

O otimismo desejado, das pessoas que declaram estar tudo bem, tudo admirável e tudo perfeito, é uma simples atitude filosófica. Que os males, as deformidades, que somos forçados a tocar com o dedo todos os dias de nossa vida, possam contribuir para alguma perfeição final, que a totalidade dos gritos de dor que ressoam, individualmente, de uma maneira tão lancinante em nossos ouvidos, formem com sua união algum acorde com uma harmonia sublime: a tese é sustentável. Isso não impede que ela nos conduza ao terreno da metafísica e que, a despeito das hipóteses mais ou menos plausíveis que ela nos inspirará, nossos sentidos, nossa inteligência humana continuarão a constatar, a experienciar este fato irrefutável: o sofrimento *existe* para os seres humanos, nenhum deles pode se subtrair.

Percorramos os hospitais, a escória da sociedade e consideremos o horror da decrepitude lenta, o dos grandes cataclismos, passemos em seguida ao campo ilimitado da dor moral: as separações, os ódios, os lutos; lancemos um olhar penetrante na natureza — não um olhar superficial de artista que se encanta com um raio de sol, com um canto de passarinho, com uma asa matizada de borboleta, mas um olhar perscrutador do homem de ciência — e veremos o drama por toda parte, a luta terrível que abriga cada pétala perfumada da flor que admiramos, cada brotinho da campina; combate desenfreado e sem tréguas, império cuja origem não concebemos, nem seu termo.

Não há nesse quadro nada de muito especial que provoque em nós arroubos de alegria. Se ser pessimista é ter contemplado e reconhecido a existência do sofrimento, nenhum de nós pode evitar de sê-lo. Encontra-se, evidentemente, um número bem grande de pessoas que, frente a este sofrimento que não podem ignorar, usam o estratagema simplista emprestado do avestruz, que enfia a cabeça na areia para não ver o caçador se aproximar, convencendo-se, talvez, por um momento, que escapou à perseguição porque não o vê mais. Essas pessoas, fácil ou voluntariamente esquecidas daquilo que experimentaram ontem e daquilo que as espera amanhã, bastante egoístas, também, para não serem atingidas pela angústia dos que os cercam, proclamam no intervalo entre duas dores que a vida é boa, bela e que vivê-la são delícias. A opinião delas tem somente o valor de uma opinião. Que a vida pareça amável, a despeito de todas as misérias que acumula em nosso caminho, é questão de sensação pessoal. Daí não se pode deduzir que o sofrimento não exista, que não domine na verdade a existência de todos os seres e que culmine com a morte terrível.

Mas a constatação, mesmo a mais perspicaz e a mais minuciosa, da existência do sofrimento é suficiente para atribuir a um homem ou a uma doutrina o título de pessimista? — É duvidoso. O pessimismo é resultado desta constatação. Ele consiste na atitude tomada pelo indivíduo, depois que se desdobrou diante dele, com uma intensidade mais ou menos grande, a visão do sofrimento onipresente. Por isso ele fica acabrunhado, abandona-se inerte às angústias inevitáveis que a vida lhe reserva, olha com a mesma apatia a angústia do outro; quando enfim acredita na fatalidade irremediável do sofrimento constatado, ele se reergue, declara-lhe guerra, esforça-se por triunfar sobre ele, e esta conclusão, com uma energia talvez presunçosa, não poderia de nenhuma maneira ser taxada de pessimismo.

Quando Sidarta Gautama compreendeu plenamente todo o horror da existência, seu coração absolutamente não soçobrou num desespero estéril, como o de Eclesiastes, a angústia não o atira, prosternado e implorando misericórdia, diante dos poderes divinos. Ao renunciar à sua morada principesca, que parece à maioria como conseqüência de um sentimento místico, há a audácia de um singular e formidável desafio.

Só, unicamente com a força de sua inteligência, ele buscará a saída que permite escapar à dor, indissoluvelmente ligada a toda existência individual. Ele tentará atravessar esta corrente tempestuosa das perpétuas formações e dissoluções onde se manifesta a vida da matéria, o *samsâra*, o círculo eterno, o turbilhão sem limites, de cujo pensamento está impregnada a filosofia de seu país e que as crenças populares ilustram pelas transmigrações e metempsicoses pueris. Ele tentará esta evasão titânica, não para a sua própria salvação apenas, mas, sobretudo, para a da multidão de seres cuja lamentável miséria ele contemplou com seus olhos de sábio. Implorar piedade para eles ou para si, ele nem sequer cogita. Que podem os Deuses? Por mais esplêndidas que possam ser suas moradas celestes, por mais elevadas que possam ser suas vidas, estão, como as nossas, submetidas às mesmas leis da decrepitude e da dissolução. Eles são nossos irmãos gigantes, nossos irmãos sublimes; tiranos temíveis, talvez. . . talvez protetores compassivos, mas, absolutamente, não salvaram o mundo do sofrimento, eles mesmos não se libertaram.

Ideal mesquinho, o de um renascimento em uma destas hospedarias paradisíacas: os *swargas*[4]! Saber, compreender, conhecer, passar para além da "outra margem", lá onde se contempla o outro aspecto das coisas, onde a agitação aparece como serenidade e a imutabilidade se separa do transitório, esta vitória é possível ao homem?. . . O Buda acreditou nisso e, triunfante, voltou-se para nós para "fazer os seres atravessarem o oceano da existência e estabelecê-los no bem-estar e na calma isenta de febre", para dar "ao mundo, envolto pelas trevas da ignorância e da inquietação, a bela luz da melhor ciência[5]".

Em seus estudos sobre o budismo, os ocidentais detiveram-se demoradamente na consciência profunda que os budistas tiveram do sofrimento universal, negligenciando que cada um deles está, a exemplo de seu Mestre, empenhado em um combate extraordinário e único de temeridade cujo fim, paradoxal para nós, é a supressão do sofrimento.

Qualquer opinião sobre a singularidade do empreendimento. sobre a extravagância de uma fé total na possibilidade de sair vencedor, deve reconhecer que esta luta fantástica do homem revoltado contra um estado de coisas que parece ser a lei imutável das criaturas nos leva muitíssimo longe do pessimismo.

---

4. Os *swargas* são os paraísos, moradas dos Deuses brâmanes.
5. *Lalita Vistara*, XIII, 126, 131.

O sofrimento, no qual se obstinam as meditações budistas – pretendeu-se ainda – não tem nada em comum com as dores comuns da existência. É uma espécie de sofrimento metafísico, a "dor de Mundo" *(Weltschmerz)* da filosofia alemã.

É difícil acreditar que um pensador do porte do Buda não tenha extrapolado, em sua percepção da dor, os limites dos sofrimentos materiais e banais. Mas, exatamente, contrariando o que nos contam, ele falou apenas deles, evitando, tanto aí como em tudo mais, tudo o que pudesse conduzir seu ensinamento à especulação.

"A velhice é sofrimento, a doença é sofrimento, a morte é sofrimento, estar unido àquilo que não se ama é sofrimento, estar separado daquilo que se ama é sofrimento, não realizar seu desejo é sofrimento."

Este enunciado se refere mais aos sofrimentos triviais, comuns a todos. E, se a união com o que não se ama, a separação do que se ama, a não-realização dos desejos podem englobar transcendentes sofrimentos filosóficos, não é menos certo que estas três categorias aplicam-se de imediato às dores mais mesquinhas da vida cotidiana.

Acabar com *todo* sofrimento é, evidentemente, o objetivo final da doutrina – veremos adiante suas teorias a este respeito – mas até lá, tanto para nós como para os outros, ela nos incita a prosseguir, a destruir as dores isoladas. Sua moral é apenas uma espécie de higiene destinada a permitir o desenvolvimento de nossas faculdades mentais e seu grande preceito da compaixão universal tende a destruir, em nós, as causas do sofrimento no outro. Seu ensinamento fundamental, "toda dor emana da ignorância", e a obrigação decorrente do discípulo trabalhar para dissipar – em todos os domínios – sua ignorância pessoal atacam, em nós, de uma maneira eficaz, as causas de nosso próprio sofrimento.

Quanto a esse Buda que a literatura ocidental se deleitou em pintar com o aspecto de um indolente sonhador, de um niilista elegante, desdenhando a vacuidade do esforço, esta rápida nota biográfica que consagramos ao grande filósofo hindu deve fazer justiça. Uma tal personagem é desconhecida no mundo budista. O apóstolo que passa cinqüenta anos de sua vida em perpétuas caminhadas missionárias, que morreu com mais de oitenta anos à beira da estrada que seguia a pé, levando a "boa Lei da Libertação" a novos ouvintes e cuja última palavra a seus discípulos foi: "Trabalhem sem descanso", não parece nada com o anêmico desencantado pelo qual se pretende substituí-lo.

52

Assim, ao tomar contato com o espírito budista deveremos, muitas vezes, destruir as lendas mais reputadas a seu respeito e nos habituarmos a considerar esta religião, tida como do entorpecimento e da inação, como uma escola muito rigorosa de estóica energia, de inquebrantável perseverança e de singular audácia.

A SEGUNDA VERDADE

A CAUSA DO SOFRIMENTO

O método lógico do budismo, o lugar ocupado em suas teorias pela lei da Causalidade já aparecem no enunciado da segunda Verdade. Sendo conhecido o sofrimento, aquele que deseje escapar dele deve procurar sua causa, pois enquanto esta existir será inútil pretender que sua existência se manifeste por meio de seus efeitos.

Então, qual é a causa do sofrimento? — Se considerarmos cada fato doloroso em particular, a lei da Causalidade nos permitirá responder que cada um deles é o produto natural de um encontro, de uma combinação de elementos determinados por movimentos ou ações anteriores, cujo encadeamento remonta no tempo e se perde no incognoscível das origens. Se propusermos a questão de uma maneira mais geral, perguntando por que os seres se entregam a esta seqüência de atos que só lhes trazem dor, a resposta do budismo é breve e categórica: é o desejo, o desejo gerado pela ignorância que os induz ao erro.

Não, absolutamente, porque a natureza do homem seja má em sua essência ou corrompida em conseqüência de uma catástrofe de ordem espiritual, como o pecado original, que abriga um coração, os sentidos, um espírito perpetuamente ofegantes sob a pressão do desejo. A existência do desejo é o fruto de um processo racional, ela é um resultado lógico. Podemos mesmo ir mais longe e declará-lo legítimo em si e legítimo nos atos pelos quais o homem tende a realizá-lo no domínio do concreto. Será suficiente para nós, por isto, considerar o termo legítimo, afastando dele toda idéia de moral arbitrária. O desejo e a procura de sua satisfação são legítimos como manifestações normais e naturais da individualidade. Lançar-lhe o anátema, como se fez na maioria das religiões, é inútil e ilógico. Pedir ao indivíduo constituído como entidade pessoal, distinta das individualidades que o cercam, que reprima o instinto de extensão que o leva a apreender no ambiente aquilo que poderá de forma útil acrescentar para a conservação e o crescimento do seu "eu" é uma empreitada ilusória, tanto quanto a de recusar aos sentidos, nascidos do contato com os objetos exteriores e purificados pela repetição secular das sensações que obtêm daí, o exercício da função que os criou e a faculdade de usar a experiência adquirida para buscar os contatos agradáveis e fugir das aproximações penosas.

O Buda foi inimigo irreconciliável do ascetismo, num país onde este dominava a consciência religiosa com uma força da qual, as mais violentas manifestações da fé cristã, aquelas que povoaram de anacoretas a areia de Tebaída, não podem dar senão uma pálida idéia. Não é pois, absolutamente, um preceito de sacrifício que nós ouvimos sair de seus lábios.

Os desejos que nos amarram, que nos arrastam numa corrida eterna de decepções dolorosas são a conseqüência lógica de uma concepção falsa. Sim, as deduções, no âmbito do raciocínio e as sensações, no plano físico, se encadeiam segundo um método rigorosamente exato, mas aqui pode ocorrer como em certos cálculos onde tudo é perfeito e justo, salvo os termos básicos sobre os quais o matemático exercitou-se. É lógico, considerando-se nossa concepção do indivíduo e do universo, que o desejo se manifeste em nós. Arrancá-lo violentamente, torturando nossa carne e nossa alma, é romper a harmonia existente entre esta concepção e as sensações, os sentimentos que ela acarreta. Eis aí uma mutilação nefasta e estéril. Longe de elevar aquele que a pratica, ela, freqüentemente, apenas o diminui, extingue a pálida chama de vida sensível inferior que o animava para deixá-lo inerte, cadáver prematuro, prostrado longe da "Senda" onde se exerce o esforço viril e consciente dos discípulos do Buda.

A teoria da ignorância como fonte do sofrimento já era antiga, quando o Buda lhe deu destaque em seu ensinamento. Entretanto, os místicos e os metafísicos, por causa de freqüentes exageros, perderam seu sentido simples. A ignorância tornou-se para eles uma espécie de força personificada, de natureza misteriosa. Estaríamos errados – a menos que não pretendamos um estudo especial das deformações do pensamento budista nas diferentes seitas originárias da Escola primitiva – em nos deter nas tendências análogas que poderíamos encontrar entre os doutores das Escolas maaianas ou tantras. A idéia original, aquela

54

que o budismo moderno retomou, é infinitamente simples. O termo ignorância deve ser entendido segundo sua acepção mais comum: a falta de conhecimento. Ignorância de quê? perguntaríamos. — Ignorância do todo e ignorância do pormenor ao mesmo tempo. Quando os budistas afirmam que a ignorância é a causa do sofrimento, certamente eles consideram a dor na sua raiz, ou, pelo menos, no que julgam como tal, mas não deixam de seguir sua teoria em suas aplicações mais especiais, mais imediatamente tangíveis, mais elementares, poderíamos dizer.

O sofrimento do homem é o fruto da ignorância em que ele se encontra, da natureza dos elementos que o cercam e de sua própria natureza. Quem não sabe que o fogo queima e coloca sua mão na chama se queima: a natureza do fogo é queimar. Na falta deste conhecimento, o ignorante sofreu a dor da queimadura[6]. Este exemplo infantil dá uma idéia muito nítida da concepção budista. Ao ignorar as leis que regem as coisas, entra-se em contato com elas de uma maneira anormal, nos equivocamos a propósito do uso que podemos fazer delas; a dor resulta disso. Isso, tanto no plano puramente material como no âmbito psíquico.

Certamente, seria demais se, por um conhecimento perfeito das leis de nosso ambiente, só tomássemos contato com ele de acordo com o método racional, que deduziríamos dessas leis; mas a natureza da sensação determinada pelo contato não depende só do objeto tocado, depende sobretudo da sensibilidade particular daquele que o toca. De fato, todo o drama da vida se desenrola exclusivamente em nós pelas impressões recebidas através de nossos sentidos. Podemos acreditar mesmo que existe alguma coisa fora de nós, mas a isso deve limitar-se a afirmação sugerida por nossa sensação. O que é esta alguma coisa? — Sabemos apenas o que a conformação e a acuidade de nossos sentidos nos permitem dela perceber. Se estes sentidos fossem diferentes, eles nos mostrariam os elementos externos sob um aspecto muito diferente também. Na realidade, caminhamos em plena fantasmagoria. Desta ausência de conhecimento real só podem nascer inquietação, confusão e dor.

Mas é preciso ir mais longe. Esta dualidade do espectador que diz "Eu" e considera como absolutamente distintos dele os objetos percebidos por ele, não é ela própria uma ilusão e a suprema, a mais funesta das ilusões?...

---

6. Este exemplo é extraído de um opúsculo budista.

Embora exista uma diferença acentuada entre as teorias vedantas, que falam de identificação do princípio da individualidade *(ego)* com o *Atman* supremo, e a doutrina budista que nega a personalidade, fica evidente que o pensamento da unidade da existência, comum a toda a Índia, não é estranho ao budismo. Veremos qual forma particular ela adquire em seu ensinamento.

AS TRÊS CARACTERÍSTICAS

IMPERMANÊNCIA — DOR — NÃO-PERSONALIDADE

A doutrina budista não se divide em uma série de concepções filosóficas ou de dogmas independentes que se possam classificar paralelamente. Ela forma um conjunto compacto, onde todas as idéias se sustentam, têm a mesma importância, cada uma delas compreendendo todas as outras, e, conseqüentemente, deveriam ser apresentadas todas, de uma só vez, como se apresentam à mente dos budistas instruídos e conscientes, todas, de uma só vez. Diante da impossibilidade desta apresentação simultânea dos elementos do pensamento budista, é inevitável que às vezes misturemos nossas explicações, passemos a um segundo tópico antes de ter esgotado o primeiro, porque a compreensão deste não pode privar-se da luz que o segundo espalha sobre ele. Assim, julgamos útil, para a compreensão daquilo que seguirá, intercalar, no meio do estudo das Quatro Verdades, o estudo das três características:

"Todas as formações são impermanentes.
"Todas as formações têm como qualidade inerente a dor.
"Todas as formações são sem realidade substancial, sem 'ego' ".

Aqui, ainda, seria um erro ver três fórmulas requerendo três comentários distintos. A idéia da doutrina é *una:* os seres são desprovidos de *personalidade em si,* porque eles são um agregado *impermanente* de elementos instáveis e é de sua impermanência que vem a *dor,* consideravelmente aumentada pela ilusão que eles têm de sua permanência, isto é, da existência real de seu "Eu" e o desejo que os domina nesta vida individual que eles sonham em prolongar para a eternidade, neste mundo ou em qualquer outro.

Eis os termos nos quais o Buda se exprime no Parque das Gazelas:

"O corpo (a forma corporal, Rupa) não é o "Eu", ó Bhikkhus[7]. Se ele fosse o "Eu", não poderia estar sujeito à doença (que o faz definhar, que o diminui) e deveríamos poder dizer: "Que meu corpo seja de tal maneira ou que ele não seja de tal maneira." Mas como o corpo não é o "Eu", resulta que o corpo está sujeito à doença e que não possamos dizer: "Que meu corpo seja de tal maneira ou que meu corpo não seja de tal maneira".

O mesmo raciocínio se repete a propósito das sensações *(Vedana)*, da percepção ou das idéias abstratas *(Sañña)*, das realizações, isto é, as tendências, as potencialidades *(Sankharas)*, e da consciência *(Viññana)*, conseqüentemente, para cada um dos elementos que, segundo a filosofia hindu, constituem por seu número a personalidade humana (estes são designados pelo título coletivo de *Skandhas).*

Em seguida, a mesma idéia é exposta, de uma outra forma:

"O que vós achais, ó discípulos; o corpo é permanente ou impermanente?
— Ele é impermanente, Senhor.
— E aquilo que é impermanente é um motivo de júbilo ou de dor?
— Um motivo de dor[8].
— Aquilo que é impermanente, sujeito à dor, sujeito à mutação, é possível dizer, ao considerá-lo: Isto é meu, eu sou isto, isto é meu "Eu"?
— É impossível, Senhor."

Como na passagem anterior, o raciocínio se renova a propósito de cada um dos elementos constitutivos da personalidade e a conclusão do discurso nos reconduz à supressão do desejo e às Quatro Verdades.

---

7. *Bhikkhu* significa mendigo. É o nome dado aos religiosos que renunciam à posse de um bem qualquer e pedem seus alimentos à caridade dos leigos.
8. No sentido em que a supressão da existência, o declínio, sua diminuição causada pela impermanência, é dolorosa por causa *daquilo* que *existe*.

"*... Refletindo sobre estas coisas, um discípulo, instruído, inteligente, cansa-se do corpo, cansa-se da sensação, cansa-se da percepção, cansa-se dos* sankharas, *cansa-se da consciência. Cansado de todas estas coisas, a paixão o abandona, pela ausência de paixão ele libertou-se e quando está livre torna-se consciente de que está livre e compreende que os renascimentos esgotaram-se, que a santidade consumou-se, o dever realizou-se e que não se produzirá mais volta neste mundo.*"

Com efeito, o Sábio que terá compreendido, não por uma simples anuência cerebral, mas por uma convicção experimentada e vivida, a verdade desta impermanência de tudo o que ele considerou como *ele* e *dele*, cansar-se-á desta mobilidade, desta inconsistência das coisas. Atacada em suas raízes, a mais sólida de suas concepções, esta fé que subsiste à derrocada de todas as outras: a fé na existência de nosso "Eu", o homem vai senti-la vacilar. Não será mais, somente, esta limitação de permanência a longo prazo, o "tudo acabado com a morte" do velho materialismo simplista que se impora a ele, mas a visão de um movimento perpétuo, de uma transformação ininterrupta, de uma espécie de turbilhão de átomos se unindo, separando-se conforme o ritmo vertiginoso de ações e de reações que se sucedem sem trégua, sem que o homem nunca possa "reconhecer-se idêntico durante o espaço de duas respirações."

A vertigem experimentada ao sentir todo apoio se desmoronar, toda base desfazer-se na torrente circulatória da substância e da vida, este aspecto tão diferente sob o qual a existência se manifestará a ele conduzirão o homem a uma outra atitude para com ela como para com a cobiça resultante do "Eu" e tendo o "Eu" por objeto.

Notemos que o budismo nunca procura contrariar o instinto, violentá-lo. Seu método consiste em persuadir o homem a entregar-se a investigações perseverantes sobre a natureza real dos objetos que ele percebe, a refletir e a extrair, dos conhecimentos assim adquiridos, deduções racionais aplicáveis à sua regra de conduta. Seria incorreto dizer que o budismo esclarece aquele que se dirige a ele. Ele somente o incita a esclarecer-se a si próprio, apresentando-lhe a inteligência como o único caminho capaz de conduzir à libertação do sofrimento, à bem-aventurança.

Não convém esperar do ensinamento budista descrições de ordem metafísica que venham completar a teoria da impermanência e da negação da personalidade. Que novo horizonte se descobre aos olhos daquele que, entre as inumeráveis transformações e amálgamas da substância, compreendeu plenamente sua essência única, a *Identidade*, cuja idéia domina toda a filosofia hindu?... Estes poucos que chegaram até aí podem ter consciência disso. Declarações a esse respeito, a respeito da causa de nossa impossibilidade de submetê-las à experimentação, degeneraram finalmente em dogma e nossa adesão, em ato de fé. O budismo despreza tanto um como outro.

Examinemos a maneira como se exprimem os antigos doutores budistas quando abordam esta questão da personalidade — considerada por eles como da mais alta importância.

Encontramos na obra intitulada *Milindapañha* (As Dúvidas do Rei Milinda)[9] um diálogo, cujos trechos principais são os seguintes:

"O rei, ao visitar Nagasena, perguntou-lhe: "Como te chamam, ó reverendo, qual é teu nome?"

"Eu me chamo Nagasena, ó rei, é chamando-me assim que se dirigem a mim. Os pais dão um nome a seus filhos, mas este nome — Nagasena ou qualquer outro — é apenas uma designação geralmente empregada, uma palavra com a qual estão de acordo para designar alguém. O ego permanente encoberto pelos fenômenos não existe.

Então o rei apelou para o testemunho dos presentes: "Nagasena, diz ele, pretende que seu nome não representa uma individualidade permanente; podemos concordar com essa teoria?" E voltando-se para Nagasena, lhe diz:

— Mestre, se não há individualidade oculta nos fenômenos[10]*, então, quem consegue para vós aquilo de que necessitais: roupas, alimento, moradia, medicamentos para os enfermos? Quem usufrui de todas essas coisas? Quem vive na retidão e na justiça? Quem se dedica à meditação?*

---

9. Esta obra que possuímos em pali e que faz parte das obras adotadas pela escola hinaiana, foi escrita originalmente (provavelmente em sânscrito) no Norte da Índia, por volta do começo da nossa era. Compreende uma série de diálogos entre o rei Milinda (o príncipe grego Menandro) e um célebre apóstolo do budismo: Nagasena. O rei submete a este último as dúvidas que sente sobre diversos pontos da doutrina e o filósofo lhe responde. Estes diálogos são, evidentemente, inventados. Servem de pretexto às discussões contidas na obra, que foi composta para responder às necessidades do debate numa época em que, como observa o professor Oldenberg, o paralelo entre os gregos hábeis em manipular a palavra e habituados às disputas filosóficas e os dialéticos hindus devia originar múltiplas e acaloradas discussões.

10. Quer dizer, em suma, se não há uma pessoa duradoura sob o aspecto material dos seres e suas manifestações de atividade.

Quem atinge o objetivo da Senda virtuosa, a sabedoria, o Nirvana? E quem mata, quem rouba? Quem vive no mal, na sensualidade, que mente, que se entrega à intemperança? Se é assim *(assim como o pretende Nagasena), não há mais mérito ou demérito; não há mais homem que provoque boas e más ações e ninguém mais tampouco que as pratique; não há nem fruto, nem resultado de um bom ou de um mau Karma*[11]. *Se alguém te matasse, ó mui Reverendo Nagasena, então não seria um assassino*[12]. *Resulta também que os mestres e os doutores de tua Ordem são indivíduos ilusórios e que a ordenação que se recebe dela não é na realidade conferida a ninguém*[13]. *Tu dizes que teus irmãos têm o hábito de se dirigirem a ti, chamando-te Nagasena. O que é Nagasena? Queres dizer que teus cabelos são Nagasena?*

– *Eu não disse isso, ó grande rei.*

– *Ou os pêlos do corpo, talvez?*

– *Certamente, não.*

– *Ou então são as unhas, os dentes, a pele, a carne, os nervos, os ossos, a medula, os rins, o coração, o fígado, o ventre, os intestinos, o estômago, os excrementos, a bile, os humores, o pus, o sangue, a transpiração, a gordura, as lágrimas, o soro, o óleo que lubrifica as juntas, a urina ou o cérebro são Nagasena?*

E a cada uma destas coisas Nagasena respondeu não.

– *É a forma exterior* (Rupa) *Nagasena? Ou as sensações* (Vedana), *ou as idéias* (Sañña), *ou as realizações, as tendências* (Sankharas), *ou a consciência* (Viññana) *são Nagasena?*

E a cada uma dessas coisas ele também respondeu não.

– *Então, é o conjunto do nome, do corpo, das sensações, das representações, das formações e da consciência, isso é Nagasena?*

– *Não, grande rei.*

– *Nagasena é alguma coisa fora dos cinco Skandhas*[14]*?*

E mais uma vez ele respondeu não.

---

11. Entende-se por Karma, aqui, a lei da Causalidade considerada como a ação que ela exerce sobre os indivíduos que sofrem os resultados felizes ou dolorosos dos atos que praticaram: ver capítulo IV.

12. O rei subentende que: uma vez que Nagasena é apenas um nome que não comporta uma individualidade, o assassino não poderia subtrair a existência de quem não existe e por essa mesma razão não seria um assassino.

13. O rei continua a mesma idéia exposta acima.

14. Os cinco *skandhas* são os elementos da personalidade, tais como se expôs acima: nome e corpo, sensação, representação, tendências e consciência.

60

— *Assim, Mestre, não importa para onde eu me dirija, eu não posso, em nenhum lugar, descobrir Nagasena. Uma palavra, eis o que é Nagasena. Contudo, quem é então este Nagasena que eu vejo diante de mim?... Quando tu falas de Nagasena tu mentes, Mestre, não existe Nagasena.*

E o venerável Nagasena respondeu ao rei:

— *Estás habituado, ó rei, a um bem-estar muito grande, a um luxo muito grande. Se caminhasses sobre um chão quente, sobre a areia escaldante e encontrasses sob teus pés pedras pontiagudas e cascalho, estes te machucariam e, como teu corpo sofreria, teu espírito se perturbaria e tu sentirias uma sensação de sofrimento corporal. Como vieste aqui? A pé ou num carro?*

— *Eu não vim a pé, Mestre, vim de carro.*

— *Se tu vieste de carro, ó rei, então explica-me o que é vir de carro. Falando desta maneira, tu mentes. O que é então este carro?...*

Palavra por palavra, o filósofo vai repetir as perguntas que o rei lhe fazia há pouco e levá-lo a respostas idênticas às que ele lhe dera: o carro, não é o timão, nem as rodas, nem o cofre, nem a canga. Não são todas essas partes, nem qualquer coisa fora delas e ele concluiu com as mesmas palavras que seu real interlocutor:

— *Uma simples palavra, ó rei, eis o carro. Tu dizes: "Vim de carro." Falando desta maneira tu mentes. O que é então este carro?...*

E o rei lhe responde:

— *Para indicar a reunião do timão, do eixo, das rodas, do cofre, da barra, emprega-se correntemente, como um termo compreendido por todos, o nome, a denominação, a expressão "carro".*

— *Muito bem, ó rei, compreendeste perfeitamente o significado de "carro". Do mesmo modo, também, em relação à reunião das diversas espécies de matéria orgânica que entram na composição do corpo e aos elementos constitutivos do ser, emprega-se como um termo compreendido por todos, o nome, a denominação, a expressão Nagasena (Nagasena, neste caso ou qualquer outro nome, noutro caso), mas* sujeito, *no sentido absoluto do termo, não se encontra aqui.*

Assim disse a religiosa Vagira na presença do Bhagavad:
— Assim como empregamos a palavra "carro" onde coexistem suas
diversas partes, também quando os elementos constitutivos estão reuni-
dos, falamos de um "ser"[15].

No texto de onde o autor das *Dúvidas do Rei Milinda* extraiu esta citação, julga-se que a religiosa tenha respondido a Mara, a personagem
simbólica que personifica o Mal: o Satanás das Escrituras budistas.

— Por quem a personalidade é criada? pergunda Mara. A pessoa que
aí nasce, onde está? Onde está a pessoa que vai embora?
— Dizes que há uma pessoa, responde Vagira, tua doutrina é falsa. Há
somente um amontoado de formações mutáveis, não se encontra indiví-
duo[16].

E ela continua, por meio da comparação do carro.

Com "o amontoado de formações mutáveis" que percebia a douta religiosa, nós nos aproximamos da forma usada pelos modernistas, no
enunciado de suas teorias. Antes de abordar o exame das demonstrações
contemporâneas da doutrina mestra da ortodoxia budista, apontamos
ainda os seguintes pensamentos:

O homem, ignorante da Doutrina, que sustentasse o corpo para seu
"Eu", estaria, ainda, mais próximo da verdade, ó discípulos, do que se
ele sustentasse o espírito para este "Eu". Uma certa continuidade apa-
rente se manifesta no corpo. Parece permanecer um ano, dez anos, cem
anos; mas aquilo que é chamado mente, pensamento, consciência vem e
vai numa transformação incessante e perpétua. Como um macaco no
meio da selva se prende a um galho, abandona-o e pula para um outro,
igualmente, ó discípulos, o que é chamado mente, pensamento, cons-
ciência vem e vai numa transformação incessante e perpétua[17].

Era oportuno citar esta comparação do "carro" que é clássica no budismo. O autor das *Dúvidas do Rei Milinda* não a inventou. Ele simples-

---

15. *Dúvidas do Rei Milinda*, II, i, 1.
16. *Bhikkhuni-Samyutta, Samyutta Nikâya* citada por Windisch: *Mârâ und Buddha* e Oldenberg: *Le Bouddha.*
17. *Samyutta-Nikâya.*

mente desenvolveu, como vimos, uma idéia extraída de textos anteriores e que gozava, provavelmente, já há longo tempo, da popularidade que conservou até nossos dias. Evidentemente, não podemos dizer se o próprio Buda serviu-se dessa imagem.

O Mestre fixou-se, sobretudo, no caráter transitório de todas as formações. A personalidade parecia-lhe um fenômeno momentâneo no meio da multidão dos fenômenos que se engendram e se dissipam no turbilhão da matéria. De quantas personalidades ínfimas é a personalidade humana reunião e produto? Ela é, por sua vez, alguma coisa além de uma célula numa outra personalidade mais vasta, cuja consciência nos escapa, como a consciência do conjunto humano escapa, na verdade, às celulas que o compõem?. . . Eis o horizonte que ele deixava entrever a seus discípulos, sem jamais, aliás, oferecer-lhes teorias categóricas que teriam estado em desacordo com o agnosticismo de seu método.

O sentimento profundo do movimento, da instabilidade, da criação e da destruição contínuas, que constituem a vida e o mundo sensível, o Buda o possuiu no mais alto grau. Uma bolha de água que aparece por um instante na superfície de uma torrente rápida, eis o que é, para ele, a personalidade. Um turbilhão que atrai para si, em virtude de certas leis, elementos extraídos do ambiente e de onde escapam outros elementos atraídos pelo ambiente, esta é a maneira como ele concebe a vida individual. A ilusão nos esconde esta permuta perpétua e recíproca entre o que aparece para nós como seres distintos e isolados movendo-se numa espécie de espaço vazio. Nós não vemos, nesse vazio, o fundo comum de substância de onde eles emergem, onde eles afundam como as bolhas d'água nas ondas da torrente. Não diferenciamos os nascimentos e as mortes múltiplas, que, a cada instante, seja tranqüilamente, seja violentamente, ocorrem em nós. O ancião não é o mesmo que a criança nascida oitenta anos antes, uma ilusão faz com que eles pareçam idênticos. Não há mais, no ancião, uma única parcela da matéria que formou, outrora, a criança que ele foi. A memória, este grande vínculo da personalidade, vínculo que lhe dá sua mais forte aparência de realidade, não existe para ligar ao octogenário o recém-nascido de outrora, pois nenhuma das sensações experimentadas por ele é gravada no cérebro do ancião. *Este* não se recorda de ter *sido aquele,* tanto quanto nós não nos lembramos dos agregados anteriores ao nosso nascimento, quais as células, átomos, quaisquer partículas com qualquer nome com que se queira designá-las, e que hoje formam nosso "Eu" físico, psíquico e espiritual.

A importância dada pelo budismo a esta questão da personalidade justificará, sem dúvida, uma citação um pouco longa, destinada a apresentar-nos a maneira moderna como é interpretada por um cientista hindu, o professor Lakshmi Narasu, numa obra recente[18].

"As opiniões expressas com relação à personalidade humana, sua natureza e seu destino, foram as mais variadas. O bramanismo, o jainismo, o cristianismo e o islamismo, que são as mais importantes religiões animistas da Terra, ensinam que a personalidade de um homem é sua alma (atman, pudgala, pneuma, psyché), *que se une ao corpo quando do seu nascimento e o deixa por ocasião da sua morte. A alma, dizem, constitui o invisível, o imaterial "ego" que se conhece a si próprio como "Eu", permanece o mesmo entre tudo o que é mutável. Ele é o receptor (e o conservador) do conhecimento, do saber através das cinco portas de entrada, a visão, a audição, o olfato, o paladar e o tato. Ele é o agente daquilo que há de ativo, de consciente nos movimentos de nossos diversos órgãos motores. Ele é o senhor, não somente de nosso corpo, mas também de nossa mente. Embora não possa ser visto pelo olho nem atingido pela palavra, nem apreendido pela mente, sua existência é percebida pela fé: "Ele não é apreendido pela palavra, nem pelo pensamento, nem pela vista", disse o* Kathaka Upanishad*, "ele é"; por esta única palavra, ele pode ser compreendido e não de qualquer outra maneira. Por aquele único que* ele escolheu, *ele é compreendido; a ele, o* atman *revela sua natureza." Sem uma alma, não pode existir imortalidade, e, sem imortalidade, a vida não é digna de ser vivida. A existência de uma alma pode, por si só, assegurar a cada indivíduo o fruto de suas ações; sem uma alma, não pode haver recompensa num paraíso, nem castigo num inferno. Sem uma alma, não pode existir recompensa para as ações de alguém pela transmigração, e sem a transmigração como será possível justificar as diferenças existentes entre os homens no que concerne seus dons naturais, seu caráter, sua situação, seu destino?*

O Dharma[19] *do Bem-aventurado ensina que esta concepção animista, a crença em uma alma ou "ego" permanente é o mais pernicioso dos*

---

18. P. Lakshmi Narasu: *The Essence of Buddhism.*

*Upanishads: os 108 livros sagrados hindus, posteriores aos Vedas (N. da T.).

19. *Dharma*, a Lei, é a palavra clássica que designa a doutrina pregada pelo Buda.

erros, a mais enganadora das ilusões, que arrastará irremediavelmente suas vítimas aos mais profundos abismos da dor. Satkayadrishti, *a crença em um "Eu" transcendental, é bem o primeiro vínculo que se tem de romper antes de poder colocar o pé no "caminho das oito ramificações". A crença em um "Eu" permanente deve, naturalmente, produzir apego por ele e este apego deve necessariamente engendrar o egoísmo e a sede de prazer, aqui, na Terra ou além, no Céu. Resulta que esta distinção de um "Eu" permanente não pode ser uma condição favorável à libertação da dor (...)*

(...) O Bem-aventurado disse ao rei Bimbisara: "Aquele que compreende a natureza de seu "Eu" e compreende como seus sentidos agem (compreende o mecanismo dos sentidos) não encontra lugar algum para o " 'Eu' nem terreno algum para uma suposição como essa. O mundo pertence à idéia do "Eu" e dela nascem as falsas percepções. Uns dizem: o " 'Eu' continua após a morte", outros dizem: "ele perece". Todos estão errados. Se o "Eu" é perecível, os resultados por cuja obtenção as pessoas lutam perecerão também e, então, a libertação será sem mérito. Se, como pretendem os outros, o "Eu" não perece, ele deve sempre ser idêntico e imutável. Então os efeitos morais, a salvação seriam inúteis porque eles não poderiam ter nenhuma ação tentando mudar o que, por essência, não seria modificável. Mas, como vemos acontecer por toda parte, em cada pessoa, manifestações de alegria e sinais de dor, como podemos falar de um ser imutável?..."

Acostumados, como somos, a absolutamente não considerar as modificações de nossa mentalidade na questão da imortalidade da alma, a argumentação acima talvez nos desoriente. A imortalidade de nossa personalidade parece, a nós, poder coexistir com as mudanças — mudanças de idéia, de tendências — que constatamos nela. Um hindu não pode admitir esta concepção. Para ele, a modificação marca um *fim* ao mesmo tempo que um *começo*. O fim ou a morte da idéia, da tendência, do sentimento que desaparece, o nascimento daquilo pelo qual ele é substituído. Assim, morre uma parte ou a totalidade de uma personalidade, enquanto que uma invasão de elementos novos vem formar uma nova fração de personalidade ou uma personalidade completa. A expressão popular: "Não é mais o *mesmo* homem" corresponde, no seu sentido ambíguo, a uma realidade profunda. O bêbado convertido por uma sociedade evangélica, que vemos bebendo água, assíduo no trabalho e cantando cânticos nas assembléias religiosas, não é o *mesmo* indivíduo que anteriormente passava seus dias no cabaré, gritando e blasfemando e que se jogava, embotado, no riacho. E uma vez que, desta forma, existe morte parcial, cisão, rejeição de elementos, adjunção de outros elementos, não se trata, mesmo nesta vida, de permanência para a personalidade.

Sabe-se que os brâmanes, para superar esta dificuldade, que eles conheciam e não podiam evitar, imaginaram vários "Eu". O *ego* superior, em ligação direta com o Parabraham, a Alma Universal ou Substância Una, da qual ele seria uma emanação, distinguia-se do princípio espiritual, correspondendo mais ou menos ao que chamamos alma[20].

"A falsa crença em um "Eu", continua o professor Narasu, tem sua origem na concepção errônea da unidade das coisas compostas. Uma coisa (guni) não pode ser separada de suas qualidades (guna) só em idéia, não em realidade. As qualidades de uma coisa podem ser retiradas e a coisa permanecer intacta? Não há dúvida que podemos, em pensamento, separar o calor do fogo e pensar a respeito, mas é possível para nós fazê-lo na realidade? Sendo o calor retirado do fogo, será que aquilo que chamamos fogo existiria ainda?. . . Do mesmo modo que uma casa é o resultado de uma combinação especial de todas as suas partes, paredes, teto, alicerces, etc., também a personalidade é esta atividade especial que se manifesta como uma combinação da ação dos órgãos dos sentidos, dos órgãos motores, das percepções, idéias e volições."

O autor cita, então, a comparação do carro, tal como a vimos, anteriormente, exposta por Nagasena ao rei Milinda, depois continua, lembrando uma passagem do *Visuddhimagga* de Bhuddagosha:

"Dizem que há uma entidade viva que anda, que permanece imóvel. Isso não existe. É assim que as pessoas falam de um carro que anda ou pára, embora não exista nada semelhante na realidade. Quando o condutor atrelou quatro bois ao carro e os conduz, então, por uma simples

---

20. "Quando falamos do *Si*, em sânscrito *atman*, devemos sempre nos lembrar de que não é o que se chama comumente de "Eu", mas algo muito diferente. . . Traduzir *Atman* por alma, como fazem muitos eruditos, não é exato, pois alma significa tantas coisas, a alma animal, a alma perspectiva e a alma pensante e, todas, segundo o Vedanta (filosofia dos brâmanes), são perecíveis, não-eternas e não constituem o *Si*. (Max Muller: *Introduction à la philosophie Vedanta*, p. 100). É este *Atman* em união direta com o Atman Supremo, do qual ele é uma emanação, que constitui o *ego* superior, enquanto que aquilo que designamos pela palavra alma equivaleria, de preferência, ao *manas* dos vedas.

66

convenção de linguagem, podemos falar de um carro andando ou parando. Da mesma maneira, o corpo, em relação à sua falta de inteligência, parece-se com o carro, os estímulos provenientes dos pensamentos parecem-se com os bois, o pensamento parece-se com o condutor. Quando nasce a idéia de andar ou a de permanecer imóvel, o elemento correspondente ao estímulo nervoso nasce e se manifesta num ou noutro destes atos (o movimento ou a imobilidade) que se imagina ser, assim, o resultado da atividade da mente e da atividade nervosa. . .

"... Disso não se deve deduzir que o budismo negue a existência de um "Eu" construído com os elementos extraídos da experiência, da memória e reagindo sobre esses elementos: "O que é a personalidade?" perguntava um monge à religiosa Dhammadinna. Esta respondia: "A personalidade consiste em cinco elementos de estímulo vital. O homem é um organismo constituído pelos cinco skandhas. Cada um deles é um grupo de processos psíquicos. Rupa representa a totalidade das sensações e das idéias pertencente ao corpo; Vedana, os estados momentâneos da emoção; Vignâna os pensamentos; Samjna a memória e a imaginação; Samskâra as disposições ou inclinações. . ."

"... A identidade (da personalidade) conforme está dito no Kutadanta Sutra é constituída pela continuidade, assim como se considera um rio, uma fonte, como um objeto sempre idêntico, embora a água que os constitui se renove continuamente, ou como se considera como uma mesma chama, a chama da lamparina em diversos momentos, embora ela tenha sido formada por uma sucessão de partículas diferentes do pavio e do óleo. . ."*

O professor Narasu, ao terminar o capítulo que ele dedica à personalidade, insiste sobre o erro que se comete ao separá-la de suas obras. Não se pode, declara ele, considerar, no homem, um princípio imóvel, inativo, por cujo comando se realizam os atos, enquanto ele próprio permanece isolado. O que constitui a personalidade é precisamente uma soma de atos materiais, psíquicos, espirituais. Para nós é impossível conceber uma individualidade sem forma, sem pensamento, sem manifestação de energia em nenhum âmbito e de nenhum ponto de vista. Em resumo, a personalidade se define, para este autor, como um fenômeno produzido pela reunião de fenômenos múltiplos, intimamente ligados e coordenados entre si.

Num manual com características mais religiosas que a obra do professor Narasu, a questão da personalidade é diretamente exposta dentro da concepção que indicamos acima, por ser a ela que se atém o Buda: a impermanência equivale à não-individualidade. A expressão "Anicca" (em pali, impermanente) refere-se à natureza ilusória, perpetuamente mutável, dos fenômenos alheios ao homem. A expressão "Anatta" (sem *ego*) exprime a mesma ordem de idéias em relação aos fenômenos internos que se produzem no próprio homem.

A idéia de que possamos separar o homem dos outros seres vivos, atribuindo apenas a ele um princípio espiritual e imortal[21], parece, também, à autora deste tratado, profundamente pueril. É incontestável que existam entre os seres diferenças quanto à organização e ao desenvolvimento de suas faculdades psíquicas, tanto quanto a suas formas externas; mas, segundo a opinião hindu, é indiscutível que são diferenças quantitativas e qualitativas, determinantes da ordem ocupada na sucessão dos seres e que a lei fundamental que preside sua organização permanece universalmente a mesma. Disso resulta que, se existe, no homem, um princípio espiritual imortal, isto é, permanente na essência e duração, o mesmo princípio deve achar-se em todos os seres, animais, plantas e mesmo minerais, pois sabe-se que os hindus não admitem de maneira alguma corpos absolutamente inertes e inanimados e vêem a vida em tudo e em toda parte, em suas manifestações e sob seus mais diversos aspectos.

Mas a Índia tampouco considerou, jamais, a existência sob o aspecto único, só admitido pelo Ocidente. Ela não cava um abismo entre a vida e a morte. Cada um dos elementos desta dupla inseparável é uma fase — tão real quanto a fase oposta — da existência: "Eu sou o Ser e o Não-Ser, a imortalidade e a morte", revela Krishna-Vishnu a Arjuna, no célebre poema vedanta, o Bhagavad-Gitâ.

As tendências de Maung Nee[22] mostram-se claramente na escolha que ele faz de uma citação tirada de uma obra do professor R. K. Duncan, para ilustrar suas teorias sobre a impermanência da personalidade:

"Nós acreditamos, nós devemos acreditar, hoje, que toda coisa, no universo dos mundos e das estrelas, é constituída por átomos em quan-

---

21. A idéia de *imortalidade* não é compreensível pelo pensamento hindu. O que começou não pode ser sem fim. Nossa concepção de alma existente para sempre no futuro, ainda que tenha *vindo da existência* no passado, lhe é estranha. A Índia fala de *eternidade* ou de *impermanência*.
22. É o pseudônimo de um religioso budista, autor do tratado mencionado.

68

tidade x, y ou z. *Os homens, as mulheres e os elefantes, os anéis de Júpiter e os anéis de Saturno são apenas enxames de átomos animados por um movimento perpétuo sofrendo incessantes transformações.*

"*Cada ação mecânica do ar, da terra, do fogo, da água; cada ato humano – ato criminoso, ato de amor ou de bravura – não é produto das relações e combinações nos enxames de átomos entre si? Por exemplo, um enxame de átomos vibrantes, brilhantes, marciais é chamado de soldado e, imediatamente, alguns milhares de quilômetros mais longe, nos campos da África do Sul, este enxame se dissolve. Ele se dissolve por causa de seu encontro com um outro pequeno enxame, chamado chumbo. Que fantasmagoria é esta dança dos átomos! Eles se reúnem, vibram, se agrupam, se combinam; disso resulta uma mulher, uma flor, um melro ou um gafanhoto. Mas, amanhã a imagem da dança terminou e os átomos são levados para longe, alguns deles estão nos germens de febre que puseram fim à dança, outros, na "verde cabeleira da tumba", e outros, ainda, levados aos antípodas pelos ventos do oceano. As formações nascidas deste incessante movimento das coisas e as lágrimas que elas derramam:*

"*Assim como a neve sobre a superfície poeirenta do Deserto*
"*Brilha apenas uma ou duas horas e desaparece[23]*
passam fugidias, e a dança eterna continua[24].

"*O que precede, acrescenta Maung Nee, está em completo acordo com a concepção do Buda que, há muitos séculos atrás, perto de Benares, viu a impermanência, a dor, a falta de substancialidade em si, de toda existência, baixa ou elevada, medíocre ou sublime.*

"*Reconhecer esta verdade, não à maneira de uma simples opinião intelectual, mas possuindo-a, interiorizando-a por uma convicção total e consciente de todo o ser, é ter atingido a sabedoria, ter colocado o pé na senda que conduz a um repouso, a uma quietude íntima tais, que não poderão jamais conhecê-los aqueles que permanecem afastados dela.*

"*Somente na real compreensão da existência pode ser encontrado um refúgio certo e seguro contra a febre e a agitação da vida que, até*

---

23. Like snow upon the Desert's dusty Face
    Lighting a little hour or two, is gone!
24. R. K. Duncan: *The New Knowledge.*

então, traz em si a ilusão e é dominada por ela. E, para além desta paz alcança-se o êxtase da identificação com a essência da própria verdade, cuja melhor definição é o silêncio[25]."

Esta última frase nos aproxima do misticismo budista — pois a despeito da rigidez e do racionalismo austero da doutrina, há um misticismo budista —, mas o autor apressa-se em terminar. Assim será, cada vez que o assunto vier a ser abordado. As expansões públicas do misticismo são chocantes para o budismo, que mantém estritamente encerrado no segredo mais absoluto de cada ser tudo aquilo que foge ao domínio do conhecimento, da demonstração e da experimentação, comum a todos os homens.

Como vemos, esta doutrina da impermanência ou da não-personalidade elucida com uma luz especial as Quatro Verdades. De maneira alguma se as concebe, tanto no budismo primitivo, como no budismo dos modernistas, sem o complemento necessário que lhes traz a teoria da impermanência. Por meio desta última compreendemos como pode operar-se logicamente, sem cair no ascetismo, a destruição da cobiça pelas diversas manifestações da vida individual, a cobiça dos sentidos e do espírito, todas essas formas do desejo de ser, de durar, de desenvolver-se neste estado que nos parece o da individualidade, da unidade, da estabilidade, quando, na realidade, é a sua antítese.

Em resumo, quando o budismo declara que a causa do sofrimento é o desejo e lhe atribui como causa a ignorância, esta ignorância é, em última análise, a do caráter impermanente e sem realidade, em si, das agregações dos elementos. É a falta de compreensão das "Três Características[26]". Esta opinião sobressai nas explicações e declarações formais dos budistas contemporâneos mais autorizados. Consideraremos posteriormente os horizontes que nos abre a compreensão budista da não-personalidade, pois, por mais que se tenha repetido e ainda se repita, o sonho budista não é, absolutamente, o aniquilamento e jamais o foi.

---

25. Maung Nee: *Lotus Blossom.*
26. A fórmula clássica das "Características" no budismo do Sul é, em pali: *Sabbe sankhara anicca — Sabbe sankhaar dukrhah — Sabbe sankaka anatta.* Todas as formações são impermanentes — Todas as formações são sujeitas à dor — Todas as formações são sem "ego". Ela é freqüentemente repetida pelos fiéis.

O MUNDO DA DOR, DA IMPERMANÊNCIA E DA ILUSÃO

De onde vem esta ilusão da personalidade? Como ela se perpetua? Percebê-la-emos pela cadeia da "Dependência das Origens" *(Pattica-samuppado)*, cujos elos extremos se unem para formar a roda dos renascimentos, a roda da dor:

"Da ignorância (avijja) *dependem as "realizações" (formações)* (sankhara).
"Das "realizações" depende o conhecimento (viññana).
"Do conhecimento dependem os nomes-e-corpos (nama-rupa).
"Dos nomes-e-corpos dependem os seis domínios (salayatanas) *(os cinco sentidos e a mente e seu campo respectivo de investigação).*
"Dos seis domínios depende o contato (phasso).
"Do contato depende a sensação (vedana).
"Da sensação depende a sede (tanha) *(o desejo).*
"Da sede depende o apego à existência (upadana).
"Do apego à existência depende a existência (bhava).
"Da existência depende o nascimento (jati).
"Do nascimento dependem velhice e morte, sofrimento e queixa, dor e desespero (jara-maranam, soka-parideva, dukkha-domanassupayasa).

De imediato, devemos dizer, para lançar um primeiro esclarecimento sobre esse quadro, que a sucessão das "dependências" que ele nos indica abrange três existências e não uma só, querendo com isso evitar estas soluções de continuidade da cadeia da vida que representam para nós o nascimento e a morte. É por esta razão que vemos aparecer o nascimento no fim da relação, embora já se tivesse falado das manifestações de um ser vivo.

O fenômeno físico-psíquico da existência não surge sem antecedentes, com nascimento de um ser, ou na sua concepção, e não cessa com

71

sua morte. A cadeia concebida pela filosofia budista se prolonga — como vimos anteriormente — por repetições renovadas ao infinito, nos recônditos insondáveis do passado e do futuro. É esta idéia de encadeamento, de dependência da existência presente, de existências anteriores e de fabricação, pela existência presente, de existências futuras, que o quadro do "domínio da dor" visa nos apresentar.

Evitemos ceder à tentação de substituir o simples artigo por um possessivo antes da palavra "existência", o que nos conduziria à transmigração de um "ego" permanente. Lembremo-nos do que acaba de ser dito a propósito da personalidade. Não existe personalidade *em si* que sinta sensações, realize atos; mas é porque existem sensações experimentadas, atos realizados, que se distingue uma personalidade. Assim, quando se situa a ignorância no começo do quadro das manifestações da vida individual, em absoluto não se deve supor *um ser* que, por *sua* ignorância, começou esta cadeia das "dependências". As "dependências das origens", consideradas aqui, pertencem ao nosso modo de existência, a uma roda (o *samsâra*) onde as manifestações-causas e as manifestações-efeitos se sucedem e se reengendram perpetuamente. As *origens* indicadas são origens quase que imediatas, não se deve procurar a Origem primordial. Como nasceu a ignorância? De onde ela procede? Que é *aquilo* que se ignora? Qual é a corporalidade material à qual a ignorância se vinculou para se manifestar? — Inútil perguntar isso ao budismo, ele recusa categoricamente, nós o sabemos, abordar qualquer questão referente, de um modo qualquer, ao problema da causa primeira.

Uma outra ressalva é feita pelos budistas a propósito do termo *paccayo,* que volta a cada um dos itens do quadro das origens. Não é preciso, dizem eles, considerar rigorosamente cada número precedente como a *causa* direta que produz a manifestação relacionada com o número seguinte. *Paccayo* indica uma relação, uma dependência, uma analogia, mas não sempre o processo nitidamente definido que a palavra causa implica. Na realidade, quando se exprime aqui: *b existe* na dependência de *a,* isto significa que *b* não poderia existir se *a* não existisse ou não tivesse existido, mas não necessariamente que *a* criou, produziu *b.* Eles diferenciam, assim, as dependências que unem os diferentes tópicos do quadro; a natureza da dependência que os une não é sempre a mesma, pode também acontecer que existam entre eles dependências múltiplas. Na verdade, trata-se aí de nuances sutis, difíceis de discutir num estudo sucinto, visando, como este, apenas a expor as linhas principais da doutrina e devemos nos limitar a assinalá-las de passagem.

Formamos uma idéia do sentido que devemos atribuir ao primeiro termo das "origens": a ignorância; examinemos agora os elos seguintes da cadeia:

"Da ignorância dependem os sankharas."

Os *sankharas,* literalmente as "realizações", representam a tendência, no domínio material ou espiritual, a produzir uma manifestação; são estas manifestações em potencial. Certos budistas identificam os *sankharas* às volições.

Orientados pelo espírito geral da doutrina, podemos considerar estas "realizações" ou tendências, engendradas pela ignorância como tendências que concorrem para a distinção da personalidade. Esta opinião também encontra apoio no elo seguinte da "corrente das origens", o *conhecimento,* situado na dependência dos *sankharas,* que implica, no sentido em que é tomado aqui, na idéia de limitação do ser pela consciência de seu "eu" que ele assimila.

As dependências, ou relações entre a ignorância e os *sankharas,* são de natureza múltipla, dizem os budistas, e se misturam de mil maneiras. É preciso também compreender que os elementos enumerados sucessivamente não se apresentam um por vez como numa procissão, desaparecendo um deles no momento em que aparece aquele que o sucede na enumeração clássica. Todos estes elementos coexistem e se reproduzem, de acordo com o mesmo tema, nas diversas ordens de fenômenos físicos e psíquicos que constituem a existência individual. A ignorância abrange a todos, domina suas manifestações, os mantém no terreno da ilusão: ilusão que é a crença na realidade substancial da personalidade.

Partindo dessa primeira noção, de que a ignorância produz a tendência para o "eu", "realiza" o "eu", ou seja, a distinção dos elementos externos a este "eu", a classificação se precisa, ganha mais clareza e nos conduz, naturalmente, ao segundo elo da série das origens:

Dos sankharas *depende o conhecimento."*

Não se deve confundir este conhecimento, que concatena os seres ao *samsara,* com o Conhecimento *(bodhi)* que os liberta dele. Trata-se aqui, sobretudo, da consciência que se adquire de uma coisa; consciência que, neste caso, julga-se estar falseada pela ignorância e pelas tendências à existência individual, da qual ela é uma dependência. Este conheci-

73

mento é a consciência da separação dos grupos de elementos em individualidades separadas e, particularmente, a consciência de seu próprio "eu", como nós o vemos, por meio do elo seguinte da cadeia das origens:

"Do conhecimento dependem nome-e-corpo."

Nome-e-corpo, ou mais exatamente Nome-e-forma, é a dupla *namarupa*, que representa a corporeidade dos seres, sua parte material. A constatação ou o conhecimento da divisão em individualidades suscita, de fato, o nome e a forma, estas duas maneiras essenciais da distinção; mas nós devemos, ao mesmo tempo, nos lembrar que *nama-rupa* constitui a base palpável da personalidade. Assim, o laço de dependência que a vincula ao conhecimento é duplo, pois se o nome-forma existe por correspondência ao conhecimento, ele próprio só pode existir por meio do nome-forma. Em outras palavras: com o conhecimento, se manifestam os nomes e as formas, o aspecto material dos seres e *nossa* corporeidade em particular, mas é igualmente "em dependência" desta corporeidade que existe o conhecimento, visto que não se pode encontrar conhecimento não encarnado num corpo.

"Do nome-forma dependem os seis domínios (os cinco sentidos e a mente e seu campo de investigação)."

A combinação das ações exercidas sobre a corporeidade pelos elementos externos, e sua reação sobre eles, fazem nascer os sentidos, e a partir daí uma distinção cada vez mais minuciosa dos elementos.

"Dos seis domínios depende o contato."

Pode-se ainda aqui constatar uma dupla "dependência". Os órgãos receptores encontram-se na presença de objetos a serem percebidos, o contato resulta disso, mas por outro lado o contato dos elementos externos com a corporeidade determinou o nascimento dos sentidos e, ainda mais, este contato dos sentidos e da mente com seu ambiente acarreta um "conhecimento". Os velhos budistas classificam meticulosamente este conhecimento, conforme ele se refira a um ou outro dos cinco sentidos ou à mente:

"Do contato depende a sensação."

Os budistas distinguem três sensações: a sensação agradável, a sensação dolorosa e a que é neutra, nem agradável, nem dolorosa.

"Da sensação depende a sede (o desejo)."

O desejo, sob estas formas positivas e negativas de atração e repulsão: desejo da sensação agradável, medo da sensação dolorosa.

"Da sede depende o apego à existência."

O desejo das sensações agradáveis conduz ao apego à existência, que permite experimentá-las[27].

"Do apego à existência depende a existência."

Ou seja, o apego à existência assegura sua continuidade. É ele que, no meio às contínuas dissoluções dos agregados-individualidades, recria incessantemente novos.

Ainda uma vez, não se deve confundir a idéia budista e experimentar o desejo de existir como "nome e forma", como uma espécie de ser espiritual que, pela força de seu desejo, criaria a matéria na qual se envolve. Não se trata de nada de semelhante. As Escrituras budistas se comprazem em comparar a existência[28] à chama, a chama que persiste enquanto se lhe fornece alimento, a chama que o vento impele e que vai, longe da lareira onde brotou, incendiar outros materiais e produzir um novo fogo. E qual é o elemento do qual ela se alimenta, qual é o elemento sutil ao qual ela se liga e que a leva para longe "como o vento impele a chama"? É o apego à existência.

"A existência, eu vos digo, tem a sede por substrato, ao qual ela se prende: pois a sede, ó Vacha, é neste momento[29] seu apego[30]."
"Da existência depende o nascimento."

---

27. E a aversão produzindo no ser a obsessão do desejo abominado, da sensação temida, cria os mesmos vínculos que o desejo sedutor entre o indivíduo que o experimenta e a existência.
28. Lembremos ainda que cada vez que se trata de *existência* convém acrescentar o qualificativo *individual*. O budismo refere-se à forma de existência que chamamos *nossa* vida, a vida de nome "eu", e jamais à existência em *si*.
29. No momento da dissolução de sua personalidade presente.
30. *Samyutta Nikaya*, citada por Oldenberg.

O renascimento, convém dizer. Esta proposição diz respeito à continuidade da existência na qual se produzem continuamente as transformações que aparecem para nós sob os aspectos do nascimento e da morte. É por estar preso à torrente da existência que o ser nasce, se deteriora, dissolve-se e por sua dissolução dá lugar a outros nascimentos.

"Do nascimento dependem velhice e morte, sofrimento e queixa, dor e desespero".

Este último tópico não exige nenhum comentário. Por chegar à existência através do nascimento, o ser está destinado à morte e é envolvido pelo sofrimento, como exprime a primeira das Quatro Verdades.

É quase impossível condensar, assim, em algumas linhas, teorias às quais as diversas Escolas budistas consagraram inúmeros volumes. Poderemos, todavia, com a ajuda deste breve esboço, fazer uma idéia da doutrina ortodoxa, doutrina muito antiga, talvez mesmo formulada pelo Buda em pessoa e que os modernistas conservaram.

Talvez pareça estimulante nos ater à explicação truncada que começa por um ponto de interrogação deixado sem resposta e voltar ao fim do "encadeamento das origens", ao mistério desta primeira condição[31] : a ignorância, fonte e alimento de todas as outras. Tais questões, pensam os budistas, fogem ao campo das investigações possíveis à mente humana. Talvez elas devam ser resolvidas por aquele que alcançou o misterioso Nirvana; é perder tempo e desperdiçar forças demorar-se nisso.

O Buda não sentia necessidade de povoar a eternidade com pequenas construções do nosso cérebro. Ele dizia a seus discípulos:

"Ó discípulos, não pensem pensamentos como estes: o mundo é eterno. O mundo não é eterno. O mundo é limitado. O mundo é infinito[32] ".

São pensamentos pueris, julga o Mestre. Ele quer que seus adeptos saibam dizer "Eu não sei" com serenidade e não caiam no ridículo das soluções infantis, dadas a problemas grandes demais para nós.

---

31. A cadeia da "dependência das origens" ou "origens dependentes" é também chamada *as Doze nidanas,* isto é, as Doze condições.
32. *Samyutta Nikaya.*

76

Para compensar a brevidade do comentário dedicado ao encadeamento das causas produtoras da dor, citaremos as conclusões que nos foram fornecidas a esse respeito por dois budistas contemporâneos.

Após ter reconhecido que as trevas dissimulam, para nós, a ação das potencialidades de natureza desconhecida, que dão impulso à existência (à maneira de existência individual), o professor L. Narasu prossegue, nos termos seguintes:

"Na origem se localiza uma potencialidade inconsciente (avidya) e na nebulosidade desta vida indefinida, as tendências à formação, à organização (samskharas) produzem agregados informes. Desses materiais nascem os organismos dotados de sensibilidade, de irritabilidade (vijñana). Estes desenvolvem a consciência individual da unidade, que diferencia o "Eu" daquilo que não é este "Eu" e faz viver o organismo enquanto personalidade (nama-rupa). Com a consciência individual, começa a exploração nos seis domínios da experiência (shadayatanas) pertencentes aos cinco sentidos e à mente. A exploração nestes seis domínios dá lugar ao contato (sparsa) com o mundo exterior. A percepção do mundo exterior, o exercício dos sentidos e da mente conduzem à experimentação das diversas espécies de prazeres e de dores (vedana). Estas experiências engendram, no ser individualizado – através da ignorância onde está sua real natureza – um desejo imperioso (trishna) de atingir sua própria satisfação individual. A satisfação conseguida no gozo do mundo produz o crescimento e a continuidade da existência (bhava). A afirmação do "Eu[33]" se manifesta, ela mesma, por incessantes mudanças ou renascimentos (jati) e estas mudanças tornam-se fontes de dor ligadas à doença, à velhice, à morte (jaramarana). Estas fazem nascer as queixas, a ansiedade, o desespero[34]."

Numa observação demasiado técnica para ter lugar aqui, um outro escritor budista[35] indica que o segundo termo da série das origens: "as realizações", pode ser considerado uma expressão metafórica que designa as volições, sendo estas, conforme uma passagem da *Anguttara Nika-*

---

33. Pelo apego a esse "eu".
34. P. Lakshmi Narasu: *The Essence of Buddhism.* A diferença dos termos empregados na relação das doze "condições" vem do fato de serem extraídos, aqui, das Escrituras sânscritas.
35. Nyanatiloka, em um manuscrito que ele me enviou.

ya, assimiladas pelas *ações*[36]. O conjunto destas explicações tende a nos mostrar a existência como uma espécie de transmissão de energia que passa de manifestação em manifestação (de ação em ação), esta energia é o apego, ou a sede da existência.

A TERCEIRA E A QUARTA VERDADE

O CAMINHO COM OITO RAMIFICAÇÕES

A Terceira Verdade se nos oferece sob a forma de uma resolução: a de *destruir o sofrimento*. A bem da verdade, o pensamento desta luta precedia a busca das causas do sofrimento: ela inspirou esta busca, que tinha por finalidade determinar a que era necessário opor-se para alcançar a destruição desejada.

O sofrimento existe, diz o Buda depois de ter considerado o mundo, e a revolta contra a dor que oprime e domina toda vida insinua-se pouco a pouco nele, acentua-se até insurgir-se no singular desafio tão maravilhosamente cantado pelo poeta do *Lalita Vistara:*

"Ao mundo envolvido pelas trevas da ignorância e da inquietação, eu darei a bela luz da melhor ciência. . . Eu o livrarei da decrepitude, da morte e de toda dor. . ."

A busca da causa do sofrimento já era então um resultado da luta empreendida contra ele, mas depois que o Buda estabeleceu o encadeamento das causas da dor[37] sua resolução se consolidou. Não é mais, so-

---

36. *Cetanâ bhikkhave kammam vadâni*. (A volição, eu a chamo ação, ó bhikkhus).
37. Seja como acabamos de estudar, segundo a fórmula clássica que nos legou a tradição, seja sob uma outra forma que não podia ser muito diferente quanto ao espírito, assim como nós o constatamos pelo plano dos meios próprios para libertar-nos da dor, contido no caminho das oito ramificações.

mente, o voto audacioso de uma compaixão temerária, é a certeza de que os homens poderão conseguir desfazer a obra nefasta dos "*nidanas*" compreendendo o caráter ilusório das percepções para as quais eles nos arrastaram. A Terceira Verdade não é mais, nesse caso, uma simples resolução, ela se desdobra com essa afirmação tácita: a destruição do sofrimento é possível.

Dissemos que não há dogmas no budismo e o reiteramos. Entretanto, sobre este breve credo das Quatro Verdades e, particularmente, no que concerne à terceira delas, o acordo é unânime entre os budistas e ninguém poderia cogitar em se unir ao Sangha[38] se não aderir a isso com uma fé total.

"Assim como o vasto mar, ó discípulos, está impregnado de um único sabor, o do sal, também esta doutrina e esta disciplina estão impregnadas de um único sabor: o da libertação[39]."

Todo o budismo é baseado na possibilidade de se libertar do sofrimento, de se libertar por si mesmo e de ser, sozinho, capaz de libertar-se dele. Esta crença não somente o inspira em todas as suas manifestações, mas ela, só, constitui o budismo, ela é sua única razão de ser.

Assim como a Primeira Verdade (a constatação do sofrimento) é seguida de uma ação prática que forma a Segunda Verdade (a busca da causa do sofrimento), a Terceira Verdade (a destruição do sofrimento) é igualmente completada no mesmo sentido, pela Quarta Verdade (a senda que conduz à destruição do sofrimento). Esta última, compreende-se, se prestará aos mais numerosos desenvolvimentos. Ela também será o motivo de divisão entre as diversas Escolas.

A Senda que conduz à Libertação é a exposição de um método de salvação, a tática a empregar na busca do Conhecimento que deve dissipar ignorância.

Esta obtenção do Saber transcendente, uns a procurarão no desenvolvimento intelectual unido a uma moralidade rigorosa, outros a situarão num desenvolvimento espiritual que, entre alguns, fará surgir, além

---

38. O Sangha: a Comunhão universal dos budistas e, num sentido mais restrito, a Comunidade das religiões.

39. *Kullavagga*, IX, I, 4.

dos diversos graus de meditações clássicas na Índia, toda uma flora de teorias e de práticas místicas. Outros, ainda, não podendo manter o esforço desta marcha num caminho que o Mestre disse que deve ser percorrido só, sem companheiro, sem protetor, sem outro guia além do esquema das Quatro Verdades, da lei de causalidade e da lei da impermanência, se perdem na devoção, recriam patrões celestes nos *bodhisattvas* *, nos santos e nos Deuses protetores cujo panteão reina sobre a Igreja lamaica do Tibete. Eles sucumbem, então, à superstição, às cerimônias religiosas, aos ritos tão fortemente condenados pelo Buda como um dos dez "vínculos" que o discípulo deve romper e como um dos mais nefastos erros.

Em nome da lenda nos será apresentado tudo aquilo que foi inventado pela imaginação dos espíritos fracos, daqueles que, de acordo com a expressão budista "têm pensamentos de macaco[40]", ou ainda daqueles que "não tendo ouvidos não podem ouvir[41]" e que criaram para si um budismo de fantasia.

Aliás, muitos deles, por uma consciência de seu valor, cuja clarividência é surpreendente e depõe a seu favor, renunciaram ao Nirvana, cuja idéia permanece intangível em grande número de seitas, mesmo as mais afastadas da doutrina original. Em geral, eles não rebaixaram, como em outras Igrejas, o ideal primitivo para introduzir aí suas pessoas insignificantes e suas idéias mesquinhas. Eles não cogitaram que poderiam, eles, pessoas de virtudes simplistas e de inteligência medíocre, sentar-se na Eternidade, lado a lado com os pensadores, eruditos, sábios cujo espírito está aberto às percepções, às aspirações que lhes são estranhas. Aos primeiros, o paraíso de maravilhosa vegetação, com lagos perpetuamente floridos de lótus simbólicos e a presença gloriosa de Amitabha... Para os outros, o mistério, horrível para as almas tímidas, do Nirvana: a Grande Luz, tão brilhante que os olhos muito sensíveis se cegam com ela e só vêem trevas; a Existência suprema que os seres seduzidos pela ilusão do "Eu" chamam de o nada.

---

* *Bodhisattva:* literalmente "a luz do ser"; aquele que alcançou a Sabedoria Suprema (N. da T.).
40. *Lalita Vistara.*
41. "Que aqueles que têm ouvidos ouçam" *(Mahavagga, I, V, 12.)*

Entretanto, afastando as fantasias do misticismo, da metafísica e da devoção banal, podemos encontrar no discurso do Parque das Gazelas uma indicação razoavelmente clara da maneira pela qual o budismo primitivo considerava o Caminho que conduz à supressão do sofrimento:

"Qual é, ó discípulos, esta senda média que o Tathagata conquistou, que conduz à clarividência, à sabedoria, ao conhecimento, ao saber supremo, ao Nirvana? – É o caminho das oito ramificações, que se chamam: crenças retas, vontade reta, linguagem reta, ação reta, meios de existência retos, esforço reto, atenção reta, meditação reta."

É necessária uma explicação a propósito desse qualificativo "reto" que, uniformemente aplicado a assuntos de ordem tão diversa, acarreta uma certa confusão e faz o texto perder uma parte de sua clareza e de sua força.

A palavra pali *samma*, quando precede cada um dos oito tópicos da enumeração, é muito imperfeitamente representada pelo termo "reto". Ter-se-ia feito melhor, talvez, sacrificando-se a semelhança de forma, que se procurou conservar, e resolvendo-se adotar uma perífrase que prejudicaria, sem dúvida, a harmonia literária do texto original, mas ofereceria um meio melhor para se captar o espírito da doutrina.

O que esta dá a entender com seu Caminho de oito ramificações é que nossas opiniões, nossos julgamentos, nosso objetivo, nossas palavras, nossos atos, nossa forma de prover a manutenção material de nossa vida, as relações que mantemos com nossos semelhantes, nossos esforços, nosso trabalho, nossa memória, nossa atenção, o objeto de nossos pensamentos, de nossas reflexões sejam normais, de acordo com aquilo que a verdade, a realidade das coisas e as leis da existência exigem logicamente que sejam; em uma palavra, que cada uma das manifestações de nossa vida mental, física e social seja realizada e perfeita dentro da sua esfera.

Nada melhor para esclarecer esta questão de tradução que citar a observação que o professor Rhys Davids lhe dedica em sua introdução ao *Dhammakakkappavatava Sutta*[42] (Sutta* da Fundação do Reino da Justiça, ou da Lei, esta última palavra compreendida no seu sentido budista).

---

42. *Sacred Books of the East*, vol. XI, p. 143.

* *Sutra*, em sânscrito = *Sutta*, em pali; discursos do Buda compilados pelos discípulos em prosa (N. da T.).

"Cada uma das oito divisões deste sistema chamado "Nobre Senda" começa pela palavra samma – *palavra da qual não temos equivalente real em inglês (a observação do professor Rhys Davids aplica-se com igual exatidão à língua francesa) embora tenha sido representada por termos tais como "reto", "perfeito" e "correto"*... *No meu desejo de acompanhar de perto a forma desbotada da expressão, eu adotara, primeiramente, no meu manual de budismo, apenas a palavra "reto" para toda a tradução de texto, embora tenha percebido que este vocábulo é inteiramente insuficiente para expressar a força da preposição* sam *(com) que é a parte essencial do pali* samma. *Mas penso que o significado do ideal budista deste resumo que é a doutrina mais essencial, o verdadeiro cerne do budismo será melhor elucidado empregando-se diversos termos na tradução, como tentei num artigo da* Fortnightly Review *ou, supra[43], com a adjunção de uma interpretação autorizada, da maneira seguinte:*

Visão reta – livre de superstição ou de ilusão.
Objetivo reto – elevado e digno de um homem inteligente e vigilante.
Palavra reta – indulgente, leal, verdadeira.
Conduta reta – pacífica, honesta, pura.
Meios de existência retos – não causando nem mal nem perigo a nenhum ser vivo.
Esforço reto – educação de si próprio e controle de si próprio.
Atenção reta – espírito ativo e vigilante.
Meditação reta – pensamento concentrado nos mistérios profundos da vida.

O amor pelo método, que o budismo colhe em sua concepção determinista das leis da existência, manifesta-se, neste sistema das oito ramificações, por um encadeamento do mesmo gênero daquele que encontramos nas Quatro Verdades ou nas "Dependências das origens". O objeto de cada uma das "ramificações" nasce, ele também, por causa da existência do objeto das ramificações irmãs e contribui, por sua vez, para produzir este último. O último termo leva ao primeiro, pois se a "visão reta" nos conduz à Senda da retidão e da inteligência, a "meditação

---

43. Ver uma nota do cap. V do *Mahâparinibbâna Sutta*.

reta" pretende a eclosão de percepções cada vez mais clarividentes e fundamentadas. Assim, a Senda não representa uma teoria ética feita de elementos esparsos, mas sobretudo um método de auto-educação. Vale a pena aprofundar o pensamento escondido sob esta breve relação em oito tópicos. O modo como os deterministas convictos encaram a direção prática da vida moral pode ser para nós uma fonte de comparações interessantes com os procedimentos da educação ocidental. Sendo uma doutrina onde a intelectualidade ocupa o primeiro lugar, o budismo devia fundamentar seu edifício moral no cérebro de seus adeptos. E quanto a isso ele não falhou. O homem, mesmo quando parece abandonar-se, sem raciocinar, a seus impulsos instintivos, sofre sempre, num grau qualquer, a influência das concepções mais ou menos limitadas ou esclarecidas que traz em seu pensamento e, em todos os casos, estas últimas são suscetíveis de reagir fortemente sobre suas tendências. O primeiro passo na Senda consistirá então em formar uma bagagem de noções justas: noções justas relativas ao que nós somos e noções justas relativas aos elementos de nosso ambiente.

O budismo filosófico sempre deu uma grande importância a esta iniciação da "Nobre Senda". Atualmente, os modernistas budistas insistem, veementemente, nessa importância.

Um deles, num estudo sobre a Senda, denuncia o erro daqueles que se isolam numa fé acabada, que eles declaram como a única verdadeira, sem jamais tê-la submetido a exame e, por isso, olham com rapidez, desprezo e até horror qualquer outra. "O método sumário, diz ele, que consiste em impor autoridade a uma crença, é aceito com indiferença pela maioria, mas não pode ser admitido pela minoria dos pensadores que percebe facilmente a obscuridade dos dogmas e, ao descobrir a presunção de toda infalibilidade, procura, em outros lugares, crenças mais fundamentadas. Liberados dos vínculos da autoridade, alguns caem em um novo erro; suas investigações se afastam da via experimental e racional. Modelados por uma educação onde dominaram as noções falsas, influenciados pelas obscuras tendências de seu atavismo, eles vêem surgir, neles, desejos, esperanças, uma espécie de necessidade secreta de que a verdade seja mais desta natureza do que de uma outra. Então, parcialmente conscientes, talvez, de sua obra, eles constroem suas crenças de acordo com seus impulsos, em vez de extraí-las, unicamente, da observação e da experiência dos fatos."

Entre os homens que buscam, assim, a harmonia da verdade com aquilo que lisonjeia seus instintos ou seus sonhos, é preciso, dizem os budistas, afastar aqueles que admitem como verdadeiras as teorias inspiradas em um espírito elevado e transmutam, de bom grado, sua admiração em ato de fé. Com uma rara e arrojada capacidade de visão, os modernistas combatem esta tendência. Qualquer que seja a beleza, a elevação moral que nosso sentimento atribua a uma doutrina, estes motivos não devem ser suficientes para que a consideremos como a expressão da verdade e a adotemos como tal.

O método científico, seus procedimentos de minuciosa análise dos fenômenos não devem jamais ser abandonados, mesmo no âmbito da espiritualidade. Estas declarações esclarecem muito a atitude dos budistas. Contra os que querem moldar o universo segundo o ideal momentâneo de um homem, ou de uma geração, eles pensam em partir sem *a priori* em sua caminhada em direção ao Conhecimento. As descobertas indicarão aquilo que elas devem indicar. Elas abrangerão aspectos agradáveis ou terríveis. A luz que brota, sob o esforço dos exploradores, banhará com seus raios gloriosos o esplendor de um Éden, revelará o triunfo da harmonia moral tal como nossos cérebros a conceberam, ou então ela brilhará irônica sobre qualquer melancólico campo de extermínio, sobre a luta desenfreada entre os seres, sobre "a visão que faz arrepiar os cabelos na cabeça", como diz um poema vedanta: pouco importa! Os peregrinos estão prontos e determinados a tudo. Eles não buscam em absoluto a consagração de *sua* concepção de justiça, de bondade, de beleza, de amor; eles não cedem absolutamente à sede de exaltar as criações medíocres de seus espíritos fracos pretendendo reencontrá-las como leis diretrizes da Universal Substância. Eles se esforçam por aproximar-se da verdade, tanto quanto é possível aos humanos e por fundamentar sua regra de conduta na porção de realidade alcançada:

Àqueles poucos que analisam suas inclinações e seus desejos e têm mais cuidado com a validade de seus raciocínios do que com a satisfação que podem encontrar nisso, talvez seja possível encontrar a verdade. É uma das glórias do budismo, sempre apelar para a razão e para a ciência e não para a fé cega ou para a autoridade. Aquele que rejeitou as esperanças vãs e os vãos desejos pode compreender que o poder com o qual ele combate o sofrimento é natural e não sobrenatural. Somente a razão e a ciência estão aptas a nos inspirar as ações, os pensamentos justos, retos, a nos conduzir à verdadeira paz[44].

---

44. P. L. Narasu: *The eightfold Path.*

Ao examinar a atitude intelectual do budismo, um outro autor, o anagarika Dharmapala, escreveu:

"Se diz ao budista para não fazer coisa alguma que não tenha analisado antes. Sua filosofia é chamada Vibhajjavada, *a religião da verdade experimentada. É-lhe recomendado pelo Buda não acreditar em nada ou aceitar algo como verdadeiro pela fé da tradição, da autoridade, da analogia, da revelação ou de um milagre... Se os resultados de um ato devem ser destrutivos, causar sofrimento e não contribuir para o bem de outrem e para o nosso próprio, este ato não deve ser realizado.*

"Um dia, o Buda, percorrendo os domínios dos príncipes Kalama, foi interrogado por eles: "Senhor, disseram-lhe, os brâmanes e os chefes de seitas vêm à nossa casa e cada um deles afirma solenemente que o que ele ensina é a única verdade e que o resto não é senão erro. Resulta, Senhor, que a dúvida está em nós e nós não sabemos mais qual doutrina aceitar". O Buda respondeu: "Está na natureza das coisas que a dúvida nasça" e ele demonstrou-lhes que não convém acreditar em nada baseando-se somente no valor dos boatos[45]."

Estas teorias não são, absolutamente, invenção de filósofos cujo contato com o pensamento ocidental e os estudos feitos nas universidades européias levam a corromper sua religião nativa para acomodá-la às tendências modernas. Deve-se, certamente, admitir a influência da cultura científica que recebe a elite da juventude oriental ao despertar de um budismo rejuvenescido, de aspectos francamente racionalistas, mas é preciso abster-se de ver aí um desvio do budismo. Muito ao contrário, seguindo esse caminho, os budistas modernos expurgam tudo o que os séculos acumularam de fantasias metafísicas ou de superstições sobre a doutrina primitiva, retomam-na em toda sua simplicidade. Alguns dentre eles declaram que a ciência moderna é útil para melhor penetrar o ensinamento do Buda e deixam entender que se este não foi suficientemente compreendido na época da pregação do Mestre, se depois desviou-se muito freqüentemente, de sua direção primitiva, convém denunciar-lhe a falta de base científica para apoiar solidamente teorias tais como as da impermanência dos agregados, do perpétuo movimento da matéria, da lei de causalidade. Não há razão alguma para contradizê-los.

---

45. H. Dharmapala: *What is Arya Dharma.*

No que concerne ao preceito de só conceder sua confiança a fatos devidamente controlados, nós a encontramos expressa nos textos antigos, de uma maneira que não deixa lugar a nenhuma dúvida; lemos no *Kalâmâ sutta:*

"Não credes pela fé das tradições, embora elas sejam honradas há muitas gerações e em muitos lugares; não acrediteis em uma coisa porque muitos falam dela; não credes pela fé dos sábios dos tempos passados; não credes naquilo que vós imaginastes, pensando que um Deus vos tenha inspirado. Não julgueis nada somente pela autoridade de vossos mestres ou dos sacerdotes. Após examinar, acrediteis naquilo que vós mesmos tereis experimentado e reconhecido como razoável, que será conveniente para vosso bem e para o dos outros".

Depois, há um diálogo entre o Buda e alguns de seus discípulos. O Mestre conversou com eles sobre a lei de Causalidade e concluiu:

"... Se, agora, vós percebeis assim e vêdes assim, ireis dizer: "Nós honramos o Mestre e, por respeito a ele, falaremos assim?" – *"Nós não o faremos, Senhor"* – *"... O que dizeis, ó discípulos, não é somente o que vós mesmos reconhecestes, vistes, compreendestes?"* – *"É isto mesmo, Senhor*[46]*".*

Compreendemos o que é a fé, para os budistas, e a maneira como se deve compreender o objeto da primeira ramificação da Senda: crenças retas, noções retas.

Observamos também que, desde o começo deste treinamento espiritual, o discípulo está entregue a suas próprias forças: já tivemos e teremos ainda a oportunidade de voltar a este fato, que é a característica do sistema budista.

Assim, estas oito ramificações, com seus títulos precisos que, à primeira vista, podem parecer um programa moral absolutamente determinado, apresentam apenas um esquema ligeiramente esboçado. Na realidade, esta Senda que deve conduzi-lo ao Conhecimento e, através deste, à Libertação do sofrimento, cada budista deve criá-la para si por si

---

46. *Mahâtanhasamkhaya sutta, Majjhima Nikâya,* citado por Oldenberg.

mesmo em meio à floresta densa de erros que a ignorância faz crescer nele. As antigas obras canônicas são, não obstante, afirmativas neste ponto:

"Brilha por ti mesmo como tua própria luz[47]".

"O sábio não deve parar após um primeiro passo, mas caminhar sem cessar, resolutamente, para um conhecimento mais completo[48]".

"Sois vós mesmos que deveis fazer o esforço, os Tathagatas (os Budas) podem apenas ensinar[49]".

"Sede para vós mesmos vosso próprio guia e vosso próprio refúgio. Não vos confieis a nenhum refúgio fora de vós. Agarrai-vos com força à verdade. Que ela seja vosso guia e vosso refúgio... Aqueles, ó Ananda, que a partir deste dia ou depois de minha morte forem, para si mesmos, seu guia e seu refúgio, que não se confiarão a nenhum refúgio externo, que, ligados à verdade, mantê-la-ão como seu guia e seu refúgio serão os primeiros entre meus discípulos; eles alcançarão o objetivo supremo"[50].

"Aquele que, pelo Caminho que traçou pessoalmente, dissipou suas dúvidas, é um religioso"[51].

O homem que se libertou das noções falsas, que consolidou no seu espírito crenças íntegras, fundamentadas, racionais, pode abordar a segunda ramificação da Senda. Ele aí entra por um encadeamento natural, sem que tenha que se violentar. A convicção que estabeleceu para si durante seu primeiro estágio de buscas não lhe permite mais considerar a vida, o universo e ele mesmo, sob o aspecto sob os quais os via antes e com este início de conhecimento, são também modificadas, forçosamente, as tendências e as cobiças decorrentes de suas antigas concepções.

Com o exame, os edifícios mais imponentes do pensamento humano lhe pareceram ilusórias fachadas erguidas frente ao vazio; postos à prova, os alicerces mais firmes oscilaram sob seu pé, a visão do turbilhão

---

47. *Dhammapada.*
48. *Fo-sho-hing-tsan-king.*
49. *Dhammapada.*
50. *Mahâparinibbâna Sutta*, II, 33, 35. Estas palavras fazem parte das exortações que, segundo a tradição, o Buda dirigiu a seus discípulos nos últimos dias de sua vida.
51. *Sabbiyasutta, Sutta Nipata.*

vertiginoso da transformação perpétua de toda substância ergueu-se diante de seus olhos e, por ter melhor percebido a natureza dos objetos, cuja sede domina os humanos ofegantes, seu desejo cessa de importuná-los. Um outro fim substitui os fins antigos...

Podemos tentar indicar esse objetivo reto, racional, elevado, digno de um homem inteligente, tal como o entendem os budistas?... A tarefa é delicada.

O Objetivo se reveste de duas formas. A primeira nasce da contemplação da impermanência e da fadiga que os perpétuos recomeços engendram. Ganhar, o que os escritores místicos chamam "a outra margem", escapar à roda dos nascimentos e das mortes que se sucedem sem trégua, este é o objetivo que se esboça no pensamento do discípulo e que ele traduziu por uma palavra familiar ao Ocidente, mas bem pouco compreendida por ele: o Nirvana. Retomaremos adiante o sentido deste termo.

Para o budismo esclarecido, aquele que não se atira às fantasias do céu Tushita, do paraíso de Amitabha, o Sukhavati, onde os piedosos fiéis renascem no coração dos lótus, este objeto permanece, sem dúvida – sobretudo neste estágio de seu desenvolvimento espiritual –, no estado de aspiração indefinida que se traduz por uma busca mais ardente do conhecimento capaz de abrir-lhe novos horizontes, para além das ilusões que nos escondem o infinito dos desenvolvimentos e dos aspectos da existência.

A segunda forma do Objetivo é de fácil abordagem: no espírito do discípulo, uma imensa compaixão nasceu com a visão dos seres que a torrente do *samsara* faz circular desde tempos imemoriais através da dor. A vontade de aliviar o sofrimento desses seres, dele libertá-los se impõe ao discípulo: o budismo é, acima de tudo, a doutrina do amor infinito, da caridade sem restrição.

Cabe a pergunta: rigorosamente lógico e inevitável o encadeamento entre a constatação do sofrimento e o desejo de libertar outrem? – Nada é menos verdadeiro, se raciocinarmos com nossa concepção egoísta da personalidade, compreendida como unidade perfeitamente distinta de seu ambiente; mas, os budistas declaram o encadeamento normal ponto de vista diferente onde a adesão formal e intensa às teorias da impermanência e da não-personalidade situa o discípulo.

Pode-se, sem dúvida, encarar a questão de uma outra maneira e, sem discutir sobre o fundamento dessas afirmações, pretender que este gêne-

88

ro de compaixão de origem cerebral, particular do budismo, é o sinal que marca aqueles que estão aptos a se tornarem os discípulos de Gautama. Sim, este deve ser, entre eles, um impulso brotado, sem preparação pretendida, das profundezas de seu ser. Um dia, o infortúnio lamentável de tudo o que vive se lhes manifestou. Eles viram, com sangue frio, a confusão das multidões lançando-se ao prazer, estendendo os braços à irônica miragem da felicidade que foge sem cessar para os remotos lugares do futuro de onde deve apenas surgir o espectro hediondo da morte. Eles contemplaram a loucura que atiça os homens, como animais selvagens em cativeiro, matando-se uns aos outros entre as grades de sua jaula... Diante desta miséria, deste abandono, desta dor agonizante, desde a aurora dos tempos, sob o céu impassível, uma infinita piedade apoderou-se deles.

As "noções justas", ao descortinarem o mundo ao discípulo, sob um aspecto mais conforme à realidade, contribuíram para aumentar a força desta compaixão, para dar bases sólidas a um sentimento ainda instintivo. E a vocação do Buda manifestou-se de acordo com este plano.

O objetivo prático desta piedade, sabe-se, é aquele do Tathagata: libertar do sofrimento aqueles que sofrem. Existem, sem dúvida, poucos budistas que ousam associar-se ao voto de seu Mestre, na totalidade de sua ousadia:

"... Eu os libertarei da velhice, da morte e de todo sofrimento..."

Mas, se seu espírito recua diante da imensidão do esforço realizado pelo Buda, ou se a fé na possibilidade de uma tal tarefa lhes falta, nem por isso eles deixarão de estar ativos no combate aos sofrimentos materiais e morais que os rodeiam. A luta inteligente contra todas as formas do sofrimento, em todos os seres, é portanto o segundo aspecto que nos apresenta a segunda ramificação da Senda: Objetivo reto.

As ramificações seguintes: Palavra reta, Ação ou Conduta reta. Meios de existência retos apresentam os desenvolvimentos práticos do Objetivo reto [52].

---

52. Os três últimos ramos da Senda: Esforço reto, Atenção reta, Meditação reta serão considerados no capítulo III, *A Meditação*, ao tratar do desenvolvimento mental.

Encontramos um resumo das manifestações externas da moral budista nos *Dez preceitos*. Cinco deles foram sempre ensinados como obrigação absoluta para todos os fiéis, leigos ou religiosos:

Não matar.
Não tomar aquilo que não foi dado.
Não cometer adultério.
Não mentir.
Não tomar bebidas alcoólicas.

Os cinco preceitos seguintes ampliam o alcance dos primeiros. Eles prescrevem a castidade absoluta e diversas observâncias como abster-se de perfumes e de enfeites, de camas macias e largas, dos prazeres mundanos, etc. Eles dizem respeito só aos religiosos.

Não obstante, os autores budistas modernos parecem preferir uma enumeração, também em dez artigos, que concerne ao mesmo tempo a leigos e religiosos[53], podendo exprimir-se da seguinte maneira:

Não matar, respeitar toda vida humana, animal ou vegetal, não destruir.
Não furtar nem roubar. Ajudar cada um a possuir os frutos de seu trabalho.
Não cometer adultério. Viver castamente.
Não mentir. Dizer a verdade com discrição, para não ferir o próximo, mas com benevolência, caridade e sabedoria.
Não fazer uso de bebidas alcoólicas, nem de qualquer droga alucinógena.
Não pronunciar sermão. – Não se deixar levar por conversas vãs, fúteis ou más. – Falar com discrição e dignidade quando existe um motivo para fazê-lo ou então calar-se.
Não caluniar nem maldizer, não propagar calúnias ou maledicências.
Não criticar e censurar, mas procurar os aspectos favoráveis a serem encontrados em nosso próximo, a fim de defender, com sinceridade, aqueles que são atacados.

---

53. Estas duas relações em dez itens poderiam dar lugar a uma certa confusão. Deve-se notar que os budistas as distinguem nitidamente uma da outra. A primeira é chamada *Daçacikshapada*. A segunda, que nós desenvolvemos aqui, é chamada *Daçakuçalani*. Observaremos que os cinco primeiros artigos estão expostos sob os dois pontos de vista.

Não cobiçar com inveja as vantagens das quais usufruem aqueles que nos cercam. Regozijar-se com a felicidade que lhes acontece. Condenar a maldade, a cólera, o desdém, a má-vontade. Não se alimentar de ódio, mesmo contra aqueles que nos fazem mal. – Ter, por todos os seres vivos, sentimentos de bondade, de benevolência e de amor. Combater a ignorância em si e ao redor de si. – Ser vigilante na procura da verdade, com receio de chegar à aceitação passiva da dúvida e à indiferença ou de cair no erro que afasta da Senda que conduz à paz.

Um longo comentário seria supérfluo; os diversos artigos desse programa moral exprimem, de uma maneira muito clara, uma série de injunções cuja matéria não se presta à crítica. Todavia, algumas explicações serão úteis para indicar certas interpretações a que esta Tábua da Lei budista deu lugar.

O primeiro mandamento: Não matar, foi algumas vezes rigorosamente tomado no sentido absoluto das palavras. O filtro, que os *Bhikkhus* carregavam consigo para filtrar o menor gole de água que bebiam, teve, para um grande número deles, uma função mais ética que higiênica, impedindo-os, julgavam eles, de absorver – e por isso de matar – os animais microscópicos contidos na água.

O budismo, em virtude deste primeiro mandamento, tenderia para o vegetarianismo e, na verdade, quase todos os budistas pertencentes à Igreja do Sul abstêm-se de alimento animal. Não como aqueles que se filiam às seitas maaianas, muitos dos quais comem, se não carne, pelo menos peixe.

Os eruditos modernistas têm muita cultura científica para acreditarem na possibilidade de viver sem destruir. Eles sabem que nossa vida física se mantém à custa das vidas que compõem nosso ambiente, que ela é uma luta constante cujo tema eterno é tomar dos elementos externos mais do que eles tiram de nós. No dia em que as proporções se modificarem, onde as vidas ambientes assimilarem mais do que nós absorvemos delas, será a deterioração, o enfraquecimento, a dissolução de nosso organismo na morte. Esta visão dos seres alimentando-se uns dos outros, todo homem um pouco familiarizado com a ciência a possui hoje... e sente-se o constrangimento dos budistas modernistas. Não é necessário matar em vão, levianamente, cruelmente, proclamam, modificando pelo acréscimo de alguns termos o mandamento que eles sabem impraticável em sua totalidade. Destruir uma vida vegetal choca menos nossos sentidos que a imolação sangrenta de um animal, mas, para o pensador, o ato que quebra o curso da evolução de um organismo é sempre um assassinato... Ora, toda existência individualizada termina forçosamente em assassinato.

Sem dúvida, para livrar-se desta constatação terrível, os budistas intelectuais foram levados a abraçar a terceira das "Características": *Sabbe sankhârâ anattâ* para nela encontrar refúgio. Todas as formações são sem personalidade. À luz desta teoria, eles terão vislumbrado a outra face desta mortandade e como é falso pensar em matar ou ser morto, porque não há nem morte, nem vida, nem seres isolados, nem entidades distintas, mas somente a eterna existência, a imutável unidade:

"Aquele que sabe que este corpo é semelhante a um floco de espuma e que ele tem a consciência de uma miragem, aquele não verá mais a morte" [54].

Talvez os modernistas que, conscientemente, declaram não ver no fato de se alimentar de carne uma transgressão formal dos preceitos budistas, tenham meditado sobre esse assunto. O que é certo é que o próprio Buda parece não ter estabelecido proibição a este respeito e a tradição corrente conta que um prato de javali figurava na última refeição que ele fez, poucos dias antes de sua morte, na casa de Kunda, o artesão em metal.

Certas obras, como *Amagandhasutta*, revelam, além disso, muito claramente, que são as más ações e não o fato de comer carne que maculam o homem:

"O que torna impuro, não é comer carne, mas ser rude, duro, difamador, impiedoso, arrogante, avaro."

"O que torna impuro, não é comer carne, mas o ódio, a intemperança, a obstinação, a hipocrisia, a velhacaria, a inveja, o orgulho, a presunção, a complacência para com os que cometem a injustiça" [55].

O segundo mandamento provoca desenvolvimentos e práticas de ordem social: é impossível, em nossa época, escapar às sugestões que ele impõe. Não tomar o que não foi dado, não roubar, comporta uma inter-

---

54. *Dhammapada*, 46.
55. *Amagandha-sutta* no *Sutta Nipâta*.

pretação muito extensa. A definição do roubo exige, forçosamente, a da propriedade legítima. A constituição da antiga sociedade hindu, com suas castas imutáveis, resolvia à sua maneira, ou antes, suprimia este conjunto complexo de questões que chamamos "a questão social". Os pobres eram numerosos, mas, salvo em épocas de fome, o homem que morre de fome não existia: a miséria sob a forma moderna ainda não fora criada, o dilema das relações entre o capital e o trabalho não tinham se estabelecido.

Portanto, não é estranho ver, hoje, o segundo mandamento ser objeto de comentários que não podemos pensar em encontrar nos textos antigos e que, no entanto, não constituem novidade oriunda do espírito ortodoxo. "Ajudar cada um possuir os frutos de seu trabalho", como dizem os modernistas, ou para conservar a forma passiva mais habitual no budismo, não roubar do nosso próximo os frutos de seu trabalho, é um preceito que condena formalmente a apropriação de uma parte do que foi conquistado pelo trabalho de outrem e a exploração do homem pelo homem. Ademais, ao dar preferência à fórmula imperativa e positiva: "Tu ajudarás cada um a possuir os frutos de seu trabalho", os escritores contemporâneos supõem uma ação eficaz a favor daqueles que são lesados nesta legítima posse do fruto de seu trabalho. Assim, aprendemos que deste velho budismo, que por tanto tempo consideramos uma escola de resignação letárgica, poderia sair uma doutrina social das mais vivas e das mais modernas[56].

Algumas observações devem ser feitas a propósito do terceiro mandamento. Primeiramente, esta: o budismo não comporta nenhum reconhecimento religioso do casamento. Os cônjuges budistas recorrem à forma civil da união legal, em uso na região à qual eles pertencem, para as garantias protetoras de seus interesses e para a situação das crianças por nascer, mas estas se resumem a questões materiais, a precauções de ordem privada onde a doutrina religiosa não tem que intervir. Esta se

---

56. Ver cap. VII.

contentará em indicar aos esposos seus deveres recíprocos[57]. Nós encontramos o enunciado destes deveres em um *sutta* intitulado: "Ensinamento dado a Sigala."

"O marido deve amar sua mulher:
Tratando-a com respeito
Tratando-a com bondade
Sendo-lhe fiel
Empenhando-se em fazê-la ser respeitada por outrem
Dando-lhe as roupas e os enfeites que ela necessita.
A mulher deve demonstrar sua afeição para com o marido:
Cuidando da casa com ordem
Mostrando-se hospitaleira para com seus parentes e amigos
Vivendo castamente
Sendo uma dona-de-casa econômica
Mostrando habilidade e zelo em todos os serviços que lhe incumbem[58].

Este quadro nos mostra uma divisão bem clara do papel dos dois esposos, segundo os costumes antigos, sem que pareça que um deles seja sacrificado ao outro ou colocado em situação de inferioridade, pois pode-se observar que, contrariamente às disposições habituais dos códigos religiosos ou civis que nos são familiares, não se trata aqui de obediência e de sujeição da mulher frente a seu marido.

Pode-se pensar em lembrar, a esse respeito, e para extrair disso uma objeção, a exortação dirigida pelo Buda à nora de Anathapindika, o rico mercador, seu discípulo zeloso. É preciso notar que se trata aí de um caso particular e que a narrativa do *Sattakanipata*[59] descreve, simplesmente, um episódio sem que se manifeste, de maneira precisa, a intenção de estabelecer uma regra geral para uso dos budistas; assim ocorre no trecho do *Sigalovada-sutta* citado acima.

---

57. Nota-se que o budismo não prescreve nada com respeito a formas de união conjugal. Há budistas monogâmicos, polígamos e poliândricos. Todas estas considerações puramente externas e de conveniências individuais não têm nada a ver com a doutrina. Que um homem tenha uma mulher ou várias, que uma mulher tenha vários maridos, como é o caso no Tibete, a única coisa que importa é que eles se comportem com retidão, bondade, amor para com seus esposos ou suas esposas e seus filhos.
58. *Sigâlovâda Sutta, Dîgha Nikâya,* vide pág. 312.
59. No *Anguttara Nikâya.*

A nora de Anathapindika parece, nesse relato, uma pessoa do mais desagradável caráter. O Buda, dirigindo-se à casa do grande mercador, ouve de longe o tumulto de uma altercação ruidosa. Ele interroga o chefe da família: "Que significam esses gritos e esse falatório em tua casa? Pode-se pensar que roubaram os peixes dos pescadores".

Então, Anathapindika confia seu tormento ao Mestre: a mulher de seu filho mora há pouco tempo com ele, ela não pode viver em paz com ninguém, recusa ouvir seu marido, seus sogros e vir saudar o Buda com os outros membros da família. É a esta Sujata, de temperamento difícil, que o Buda se dirige descrevendo-lhe as sete categorias de esposas: as que se comportam em relação a seu marido como uma assassina, como uma ladra, como uma amante, como uma mãe, como uma irmã, como uma amiga, como uma criada. Subjugada pela palavra do Mestre, a jovem mulher promete — sem que tenha sido instigada a escolher esta ou aquela categoria — que será, de agora em diante, para seu marido, uma esposa obediente, suportando suas ações e suas palavras sem críticas, como uma criada. Sujata, tirânica e briguenta, não era provavelmente daquelas para quem a sabedoria das soluções razoáveis e ponderadas seja possível. Entre a agitação que seu espírito áspero trazia à casa e a reserva de uma submissão total, ela não podia encontrar a situação normal, análoga àquela que desempenhava sua sogra ou outra dona-de-casa, cujos perfis esboçam-se através dos relatos budistas.

A castidade absoluta não é considerada, no budismo, do mesmo ponto de vista que no cristianismo. A virgindade não é absolutamente tida como virtude em si mesma, e um título glorioso. O Buda teve, não somente uma esposa de seu nível, mas, segundo o costume da época, outras mulheres de menor nobreza viviam junto dele. O jovem homem meditativo, tal como nos descreve a tradição, aquele que deveria fugir, aos vinte e nove anos, de sua moradia principesca em busca da Senda que conduz à libertação do Sofrimento, na verdade, não foi jamais um sensual e um lascivo, mas será muito arriscado e sem fundamento imaginá-lo com os traços de um monógamo rigoroso. Esta moral era desconhecida em seu país. A esposa de segunda ou terceira posição e a simples concubina admitidas na família de um príncipe ou de um rico ocupavam aí o lugar secundário, mas nunca desonroso, que elas conservam em todas as nações oficialmente polígamas. O jovem Sidarta deve ter conhecido mais de uma destas lindas moças que a solicitude de sua mãe adotiva, desejosa de arrancá-lo de seus devaneios filosóficos, introduzia nos apartamentos, mulheres na qualidade de companheiras autorizadas.

Os budistas, não tendo jamais pensado em dissimular este aspecto da biografia de seu Mestre, não podiam pretender que a virgindade fosse uma condição necessária à Salvação. A idéia, aliás, nem sequer lhes ocorreu. Sendo a Salvação búdica uma Salvação intelectual, um ato fisiológico só podia figurar, nesta questão, na qualidade de complemento.

A Índia empolgada com o ascetismo, bem antes da época do Buda, lançou-se, sob sua bandeira, à vida religiosa com um frenesi que o espírito ponderado do Grande Sábio deve ter deplorado mais de uma vez. Em suma, o budismo limita-se a ensinar que a castidade completa pode, da mesma maneira que a renúncia aos bens materiais, facilitar ao homem inteligente o caminho do estudo, da sabedoria ou da dedicação aos seus semelhantes, na libertação dos vínculos, das paixões, dos interesses pouco compatíveis com a tranqüilidade de espírito, com a quietude, com a imparcialidade de opinião e com a liberdade de julgamento e de ação, necessária a quem quer que deseje galgar os cumes; mas, segundo a doutrina, a castidade, tanto quanto a pobreza, não tem virtude por si mesma e a abstinência mais rigorosa não poderá jamais dar inteligência ao tolo e saber ao ignorante.

Se o budismo não glorifica a continência absoluta, por si mesma, em contrapartida condena de maneira rigorosa a libertinagem. Sem manifestar-se, como vimos, por uma maneira especial de constituição da família, ele quer que esta seja saudável e pura, que seus membros vivam na cordialidade e no respeito mútuo e condena formalmente o adultério do marido, tanto quanto o da mulher, como uma deslealdade, uma falta contra a grande virtude búdica: a retidão.

Os mandamentos seguintes explicam-se por si mesmos. O último, que prescreve combater a ignorância em si e em redor de si, está colocado no final da relação, não porque se lhe conceda menos importância que aos precedentes, mas, ao contrário, como conclusão de toda moralidade budista.

Na verdade, a luta contra a ignorância é o grande, o único preceito do Buda. Ele deve permitir-nos o fácil cumprimento de todos os outros, assim como estes constituem apenas meios destinados a estabelecer um estado de espírito compatível com o desenvolvimento da inteligência.

96

Cada vez que o budismo nos traça um quadro de suas teorias éticas, vemos que ele conclui sempre pelo aperfeiçoamento da razão, a conquista do saber. O saber, apenas ele, com efeito, é o verdadeiro instrumento da Salvação, só ele pode revelar-nos a luz, o Nirvana[60].

Afora os preceitos relacionados antes, o budismo cataloga ainda de diversas maneiras as virtudes que ele propõe a seus adeptos e os vícios que lhes aconselha evitar.

Entre estas diversas classificações encontramos:

As *Paramitas*, ou perfeições, são dez na Igreja do Sul e seis na do Norte. São: a beneficência, a retidão, o contentamento, a sabedoria, a energia, a indulgência, a sinceridade, a firmeza, a benevolência e a igualdade de alma. Ou então a relação mais sucinta dos setentrionais: beneficência, retidão, moralidade, indulgência, energia, meditação, sabedoria.

Os *Dez Vínculos*, ou seja:

A ilusão da personalidade,

A dúvida,

A fé na eficácia dos ritos e das práticas religiosas,

A sensualidade,

O ódio e os maus instintos,

O desejo de uma vida futura no mundo da forma,

O desejo de uma vida futura no mundo sem forma,

O orgulho,

A própria justiça,

A ignorância.

Os dois "vínculos" relativos a uma vida futura devem ser compreendidos como o desejo de voltar à existência neste mundo (segundo a crença da reencarnação, que é reputada na Índia) ou de prosseguir sua vida sob uma forma espiritual em um outro mundo. Assim como observa o professor Rhys Davids na sua introdução ao *Ketokhila-Sutta*[61], esta é uma maneira de exprimir a teoria fundamental do budismo: o bem deve ser realizado sem motivo, fora de si, sem outro objetivo que

---

60. Devemos repetir que a noção da salvação conquistada pela inteligência e pelo saber não é uma inovação budista. Ela faz parte do patrimônio comum a todas as Escolas filosóficas hindus, mas o budismo deu-lhe um relevo todo especial.

61. *Sacred Books of East*, vol. XI, pág. 222.

não seja ele mesmo e o homem não é livre, no sentido espiritual, tanto que subsiste nele o desejo e a procura de uma outra vida além do túmulo. Não convém concluir por isso que o budismo preconiza a aspiração ao aniquilamento. A sede de aniquilamento na morte e a sede da perpetuidade, da personalidade, são consideradas aí como as duas formas igualmente nefastas da sujeição à idéia do "Eu".

Cabe igualmente notar que, entre estes "vínculos" que o discípulo deve romper, encontra-se a convicção na eficácia das práticas religiosas, considerada como uma heresia perniciosa que afasta o homem da Senda que conduz à libertação.

Os *Asavas* (imperfeições, males[62]) são quatro:
A sensualidade, a personalidade (ilusão do "Eu"), a ilusão e a ignorância.

Como se vê, são sempre as mesmas idéias e o mesmo ensinamento que nos são apresentados sob essas diversas formas de classificação.

Um *sutta* interessante, o *Sabbasava-sutta* (Sutta de todos os *Asavas*), desenvolve uma espécie de plano prático, ou regra de conduta do discípulo na sua luta contra os *asavas*[63].

"Existem asavas que se vencem pela clarividência, outros, pelo poder que se adquire sobre eles, outros, pelo uso sagaz que se faz deles, outros, pela paciência, outros, pelo distanciamento, outros, que é preciso educar."

Eis um resumo dos comentários a que este tema deu ensejo:
O ignorante concede sua atenção às coisas que não a merecem e descuida-se de dirigi-la para as coisas que são dignas de seu interesse; assim, erra por falta de compreensão, prende-se ao que lhe é prejudicial e rejeita o que lhe seria proveitoso.

O *asava* da ambição e da sensualidade subjuga aqueles que se comprazem com certas coisas, assim que as tiver dominado ele cresce continuamente. O *asava* do apego à vida domina aquele que não o evitou, domi-

---

62. Literalmente: corrente, fluxo que nos arrasta. Ver a introdução de Rhys Davids ao *Sabbasava-sutta. (Sacred Books of the East*, vol. XI).

63. O termo *Asava* refere-se, neste *sutta*, a diversos aspectos especiais das quatro categorias gerais.

nando-o primeiro. É semelhante ao *asava* da ignorância. Convém discernir as coisas que alimentam estas três categorias de *asavas*, a fim de não lhes conferir uma importância que não merecem. E, por outro lado, existem coisas que, quando alguém se compraz com elas, não somente não produzem os três *asavas* indicados acima, mas, ao contrário, afastam-nos e libertam o espírito que está sob seu domínio. Convém distinguir essas coisas para dedicar-lhes nossa atenção. Em uma palavra, é indispensável ser perspicaz para fazer uma escolha sensata entre os objetivos, os pensamentos, as opiniões que solicitam nossa adesão.

Há dissertações ociosas das quais o sábio deve se abster. Elas tratam de pontos como estes: − Existi no passado, ou eu não existi[64]? − Que fui no passado? − Como eu era no passado? − Existirei ou não no futuro? (a eternidade depois da morte). − Que serei no futuro? − Como serei eu no futuro? − Sendo assim, o que eu me tornarei no futuro? (qual será o processo de minha existência no futuro).

Boas para serem afastadas também são as questões seguintes: − Será que eu existo ou não? − Como é que eu existo? − De onde vem este ser que aqui está e para onde ele vai?

Estas considerações, desprovidas de sabedoria, engendrarão a uma ou outra das seis noções absurdas, isto é, por causa delas alguém será levado a submeter-se a uma das proposições seguintes, considerando-as como verdadeiras:

Tenho um "Eu" (um *ego* permanente) − Não tenho "Eu" − Através do meu "Eu" sou consciente do meu "Eu" − Através de mim mesmo, eu sou consciente da minha não-personalidade − Minha alma pode ser percebida, ela experimentou os resultados de boas e más ações executadas aqui e ali: logo, minha alma é permanente, durável, eterna, ela possui a qualidade inerente de não mudar e durará para sempre[65].

---

64. Isto é, existi antes do meu nascimento ou antes de qualquer outro nascimento, numa vida anterior ou num outro mundo. A questão visa à origem primeira da personalidade, objeto de dissertações vedantas. Tudo o que segue tem em vista as discussões das diferentes Escolas filosóficas da época e tende a combater as inclinações dos devaneios metafísicos.

65. Isto é dito para combater a idéia da transmigração ou reencarnação de uma entidade permanente, segundo a concepção brâmane. "Assim como se tira uma roupa usada, também a alma se despoja deste corpo e veste-se novamente", diz o *Bhagavad-Gita*. Os budistas repudiam esta concepção simplista. Nós veremos, ao falar do *Karma*, as dificuldades que suscita este problema.

Subjugado pela ilusão, por estes diversos vínculos, o ignorante não se liberta do nascimento, da decrepitude, da morte (isto é, da existência individual sob as três fases de seu ciclo), do sofrimento, das queixas, dos expedientes.

O professor Rhys Davids observa[66] que é necessário entender, aqui, por expedientes, as práticas religiosas: ritos e cerimônias e a adoração ou o culto aos Deuses. O budismo primitivo combateu intensamente a tendência, não somente à religiosidade sob a forma material e pagã, mas ainda, sob as formas espirituais que tendem a confiar num socorro externo na conquista da Salvação ou a ter esperança de desviar, pela intervenção de uma força qualquer, a ação da lei imutável do encadeamento das causas e dos efeitos. Ele deveria ser vencido nesta luta contra a credulidade e a fraqueza de espírito do homem. Os países budistas conhecem, como os outros, a encenação do culto e a superstição. Convém acrescentar que os budistas modernistas esforçam-se em esclarecer o ensinamento primitivo quanto a esse aspecto.

O *Sabbasava-sutta* continua opondo a todas estas idéias, que não merecem nossa atenção, aquelas que para nós podem ser proveitosas. E quais são elas? – São as Quatro Verdades cujo estudo e cuja meditação deve conduzir-nos à sabedoria.

Esta é a primeira categoria dos *Asavas:* aqueles que devem ser destruídos pela clarividência.

Passamos em seguida àqueles que é preciso dominar: é preciso controlar os cinco sentidos e o espírito, analisar e dominar as sensações pelo exercício de raciocínio.

Os *asavas* que afastamos com um uso apropriado das coisas que os constituem são aqueles que têm relação com as necessidades da vida. A necessidade deve ser satisfeita – o budismo não é uma escola de ascetismo – mas convém não exagerar e não desviar de seu propósito, simplesmente utilitário, os objetos que servem para sua satisfação.

Assim, o homem ponderado faz uso de roupas para cobrir sua nudez, para preservar-se do calor ou do frio, evitar o contato com os insetos; termina aí seu papel. Se se amplia essa função ao buscar o luxo dos tecidos, os enfeites, as jóias, se a coqueteria ocupa o lugar do simples desejo de bem-estar natural, passa-se da medida e o cuidado com o vestir nos domina.

---

66. *Sacred Books of the East*, vol. XI, pág. 300.

As mesmas regras são aplicadas à habitação. Ela deve ser para nós um abrigo contra as intempéries e os perigos, um refúgio que nos permite poupar nossa vida familiar da vista do público, uma defesa atrás da qual possamos encontrar a solidão necessária a nossos trabalhos ou nossas meditações. Preenchidas estas condições, o sábio pára, a fim de não sucumbir à ambição escravizadora de uma residência suntuosa.

Usai, diz nosso *Sutta*, remédios e agrados de todos os tipos que autorize ou exija o estado de doença, somente na quantidade que um raciocínio esclarecido vos revele como útil à preservação de vossa saúde: mais do que isso é languidez.

Depois, dirigindo-se aos religiosos que, de acordo com o costume hindu, vivem de esmolas, ele continua: Sede de uma moderação e de uma circunspecção rigorosas ao aceitar donativos. Estes não devem servir para vossos enfeites ou para vossos divertimentos, por mais legítimos que sejam. É necessário conseguir através de vosso próprio trabalho o que vós desejais para este uso. O sacrifício feito por um doador só pode ser aceito para prover as necessidades essenciais da vida, e a vida daquele que se beneficia com isso deve ser, neste caso, inteiramente consagrada ao estudo, à sabedoria, a uma obra útil.

Os *asavas* que é preciso vencer pela resistência são todos os incômodos da existência, venham eles dos homens ou da natureza.

Os *asavas* que é preciso vencer pelo distanciamento são todas as coisas que a reflexão nos demonstrou como perigosas para nosso corpo ou nosso espírito, uma serpente em nosso caminho ou um mau companheiro que se introduziu em nossas relações.

Os *asavas* que é preciso vencer rejeitando-os são os pensamentos desordenados, as falsas concepções que se manifestam pela cobiça, pela cólera, pela maldade.

O *Sabbasava Sutta* conclui recomendando aperfeiçoar estes aspectos da alta sabedoria chamados atenção, reflexão, procura da verdade, energia, serenidade alegre, paz, meditação, igualdade de alma.

Vê-se aqui, como nos discursos análogos, que os preceitos morais se associam estreitamente às teorias filosóficas. As virtudes, absolutamente, não se separam das opiniões justas, das crenças fundamentadas. São estas últimas que, na realidade, constituem o ponto de partida de toda virtude eficaz.

Entende-se que a moralidade, representando para o budismo apenas uma higiene intelectual, não pode, para responder ao seu propósito, perder-se na fantasia e que a boa intenção não supre uma sábia retidão de conduta. Tanto os alimentos, quanto o exercício necessário à boa saúde e ao desenvolvimento da força física dos indivíduos diferem conforme o temperamento de cada um deles e as condições externas onde está situado; assim também, um sensato discernimento deve dirigir nossos atos e a escolha de nossas virtudes. A virtude deve ser útil, ou então ela falha em seu objetivo.

O budismo ignora as virtudes cristãs tais como a humildade, a submissão, a obediência, a resignação e, embora seja, no mais alto grau, a religião da compaixão e da caridade, pode-se dizer que ignora a renúncia.

As primeiras virtudes cristãs são incompatíveis com uma doutrina que é, por essência, uma doutrina de revolta, de luta, de confiança nas forças humanas: – "Eu não aceito o mundo tal como o vejo e o suporto, não aceito a dor que é a sua lei. Revolto-me, seja por mim, seja por meus irmãos. Procurarei o meio de libertá-los e de libertar a mim mesmo. Acredito na possibilidade de realizar o intento sem nenhum socorro sobrenatural". Ninguém pode se dizer budista se não pronunciou, para si mesmo, uma declaração deste gênero. Compreende-se que ela exclui a humildade, a resignação e todo sentimento de natureza análoga. Quanto à obediência, uma doutrina baseada na procura pessoal da verdade só podia achá-la por nefasta. Muitas passagens das Escrituras também defendem o discípulo que, por fraqueza, seria tentado a se deixar levar.

Obedecer é uma espécie de morte momentânea. Enquanto dura o ato de obediência, cessamos de viver nossa vida para tornar-nos o prolongamento daquela onde tomamos nosso estímulo. A ação, por melhor, por mais nobre que seja, realizada nestas condições, é sem valor do ponto de vista do desenvolvimento mental daquele que age como autômato. O budismo não deixa de compreender isso e quando fala de obediência, tanto a seus religiosos como a seus adeptos leigos, é para ordenar-lhes que não sucumbam a isso.

No que concerne à renúncia, tão freqüentemente mencionada nas Escrituras, ela não se realiza, para o budista, sob a forma de uma renúncia violenta de uma amputação que o deixa ofegante, a alma e o coração despedaçados porque sacrificou, àquilo que acredita ser a vontade de seu Deus – como é freqüentemente o caso para o cristão – objetos, sentimentos aos quais está ligado. No método budista, a renúncia acompanha a reflexão, o raciocínio sobre a natureza das coisas. Aquelas que o discípulo abandona, suas meditações apresentaram-lhe como pueris e desprezíveis, ele reconheceu nelas, antecipadamente, a nulidade, o vazio, a irrealidade. O budismo não produz santos trágicos, mas sábios de um desdém sorridente e indulgente.

Encontra-se nas *Dúvidas do Rei Milinda* uma passagem que esclarece de forma especial a moral budista.

Segundo a concepção habitual em nossos países, a falta de intenção e de conhecimento de seu ato constitui um enfraquecimento do erro do pecador: pecar por ignorância é menos grave que pecar com conhecimento de causa. A Índia considerava o assunto de outra maneira. Eis o episódio:

"O rei perguntou a Nagasena: – De quem é o demérito maior: daquele que peca conscientemente ou daquele que peca por inadvertência?

– *"Aquele que peca por inadvertência, ó Rei, tem o maior demérito.*

– *"Neste caso, Reverendo, devemos punir duplamente aquele de nossa família ou de nossa Corte que terá feito o mal sem má intenção.*

– *"Que pensais, ó Rei, se um homem pega, intencionalmente, uma massa de metal incandescente e se alguém a toma inadvertidamente, qual deles será mais queimado?*

– *"Aquele que não sabia o que fazia.*

– *"O mesmo acontece com o homem que se engana."*

Convém compreender o termo "demérito" na sua acepção budista, isto é, tendo em vista a lei de Causalidade. Não se trata de desobediência a um Deus antropomórfico que julgará com o mesmo sentimento que nós e não terá motivos para irritar-se se a ofensa ou a transgressão material resultam da ignorância de seus mandamentos e não encerrem nenhuma intenção de revolta ou de maldade. Por isso o exemplo dado pelo rei não se aplica à questão. Certamente ele, rei, terá razão em mostrar-se indulgente para com aquele que lhe falhar por inadvertência, mas o objeto da discussão comporta outros elementos e Nagasena, sem considerar a comparação defeituosa, apresenta-lhe uma outra.

Aquele que sabe que vai tocar uma massa de metal incandescente poderá tomar as precauções capazes de neutralizar o efeito natural do contato entre a carne e um ferro em brasa. Mergulhará a mão na água, a envolverá com panos molhados, ou usará qualquer outro artifício. O ignorante colocará estupidamente sua mão sobre o metal incandescente e sua dor será atroz. Assim, muitos vícios materiais ou mentais têm antídotos suscetíveis de atenuar o vírus e os resultados nefastos; aquele que conhece o mal ao qual se entrega estará apto a fazer uso deles.

103

Evidentemente, ao crente que considera a lei moral como a expressão da vontade de um Deus e cada transgressão, através da qual ele a viola, como uma ofensa a esta Divindade, a idéia de pecar com arte, isentando-se tanto quanto possível dos resultados de seu ato, parecerá uma horrenda maldade, uma tentativa satânica digna da danação. Mas o pensamento hindu se move num outro terreno.

O encadeamento das causas e dos efeitos nada tem a ver com qualquer vontade pessoal, seja ela a do mais sublime dos Deuses; ela é um processo mecânico. O homem prudente esforça-se por compreender seu mecanismo a fim de evitar o sofrimento.

A lei moral é um programa que certos sábios acreditaram, conforme suas pesquisas e suas experiências, poder estabelecer para guiar os homens, para lhes mostrar os atos e os sentimentos geradores de resultados deploráveis e para dirigi-los àqueles resultados cujos frutos lhes devem ser agradáveis e salutares. Este código não tem nenhum valor absoluto, ele é passível de revisão, conforme os meios, os progressos da evolução e a clarividência de cada um. Com certeza, é cego aquele que, levado pela paixão, compra uma sensação efêmera ao preço de uma dor mais durável, mas se, conhecendo em parte o engano do negócio que concluiu, esforça-se para acrescentar-lhe situações próprias a modificá-lo; ele não ofendeu ninguém, ao contrário, tem dado provas de um começo de clarividência, de uma inteligência capaz de desenvolver-se e de conduzi-lo a coisas melhores do que a passatempos desta espécie. O tema fundamental da doutrina retorna uma vez mais: os maiores inimigos, os mais poderosos obstáculos que o homem encontra no caminho da Salvação são a ignorância, a tolice, a fraqueza de espírito:

"A omissão é mácula, no que concerne à oração, o desleixo é mácula no que concerne à casa, a indolência é mácula no que concerne à boa administração, a negligência é mácula para um guarda."

"O mau comportamento é mácula para uma mulher, a avareza, para um filantropo. Todos os maus caminhos são mácula neste mundo e nos outros."

"Mas existe mácula pior que todas. A ignorância é a maior delas. Ó Irmãos, rejeitai esta mácula e tornai-vos imaculados" [67].

---

67. *Dhammapada*, 241-243.

Vê-se, portanto, que ao se empregar o termo "virtude" no budismo, devemos atribuir-lhe um significado inteiramente diferente daquele de que se reveste na moral cristã.

Isso não quer dizer que não encontramos no budismo o equivalente das virtudes cristãs e, freqüentemente, estas virtudes em si mesmas, mas geralmente esta semelhança refere-se a virtudes de ordem social, indispensáveis à vida em comunidade, que preconizaram todos os chefes de Escolas religiosas ou filosóficas, em todas as épocas e em todos os lugares. Por outro lado, quando a semelhança se refere a atos ou sentimentos mais íntimos, que melhor se pode chamar de virtude, a mente que os inspira, o objetivo que buscam são nitidamente diferentes, muitas vezes até contrários aos do cristianismo; não insistamos em demasia nesse ponto, origem de muitos mal-entendidos.

Uma dupla inseparável domina a moral budista: a retidão e a sabedoria.

À retidão cabe o papel de guiar o fiel em todos os atos materiais de sua vida e esta inspiração geral o dispensará dos pequenos códigos particulares, que tendem com facilidade à tirania ou à extravagância. Em todas as circunstâncias, o fiel agirá de acordo com a lei momentânea que seu sentimento de retidão lhe ditará com relação ao fato preciso que ele tem diante de si e sem perturbar-se com outra coisa. Mas a retidão, sob pena de perder-se, deve ser esclarecida. A retidão do sábio é, por si só, a verdadeira doutrina, benéfica em suas conseqüências. O desejo da justiça pode brotar, em nós, do fundo deste conjunto de impulsos que chamamos de instinto, mas sua realização deve partir de um julgamento lúcido, de um discernimento do qual o sábio é único capaz. Em vão o fiel buscará esta sabedoria na ciência, que não suscitará nele a retidão do sentimento, a retidão do coração. Ele poderá tornar-se um erudito, um douto, assim como o homem caridoso, compassivo por impulso e privado de saber, pode se tornar um santo, mas, tampouco será um sábio.

"Como se lava a mão com a mão, o pé com o pé, também a retidão é purificada pela sabedoria e a sabedoria pela retidão. Onde existe reti-

dão, existe sabedoria; onde existe sabedoria, existe retidão. E a sabedoria do homem direito, a retidão do homem sábio são, entre toda retidão e entre toda sabedoria, aquelas que têm, neste mundo, o maior valor"[68].

Sabedoria é uma palavra de sentido amplo, que nos deixa um pouco confusos; é conveniente precisar o aspecto de que se reveste esta sabedoria búdica. Nós poderemos encerrar então a relação das virtudes preconizadas pelo *Dharma,* pois chegamos àquela que ele nos apresenta como a fonte de todas as outras.

É uma destas qualidades mentais, mais do que morais, às quais não estamos sequer acostumados a conceder o título de virtude: é o estado permanente de reflexão, de atenção, a contínua presença e domínio da mente que, em quaisquer circunstâncias, permite ao cérebro a lúcida análise dos fatos. É dominar os acontecimentos, examiná-los e a si mesmos, estar apto à crítica lúcida de seus movimentos íntimos, de suas emoções, compreender sua origem, seu desenvolvimento; ser o observador hábil e perspicaz a quem nada escapa e cujo sangue-frio mantém-se inabalável. Estaríamos mesmo tentados a dizer, apesar da extravagância da expressão, que é uma virtude de laboratório, como a que deve possuir o experimentador em suas pesquisas.

O método de Salvação búdica é algo comparável ao das pesquisas científicas e seus procedimentos aproximam-se o suficiente para que as qualidades de que ele necessita se equiparem às do sábio. Mas aqui, o esquema de ação amplia-se. Não é mais durante um tempo determinado e para uma questão particular que se empregará a reflexão atenta do discípulo do Buda, mas durante todos os minutos de sua existência e sobre o menor dos movimentos, íntimos ou exteriores. Impulsos maquinais, atos reflexos − frutos do atavismo e do hábito − pensamentos vagando ao acaso, conduta incerta ou melancolia da alma são proibidos e a doutrina da não-personalidade chega, assim, a produzir aquilo que será para os não-budistas o tipo mais firme e mais forte de personalidade consciente.

---

68. *Dighâ-Nikâya,* citado por Oldenberg.

106

O *Dhammapada* designa esta rainha das virtudes búdicas pela palavra *apramada*, para a qual dificilmente encontraríamos um equivalente exato em nossa língua. Talvez, na falta de coisa melhor, poder-se-á empregar os termos reflexão e vigilância no trecho seguinte. As explicações que acabam de ser dadas permitirão atribuir-lhes a acepção conveniente[69].

A Vigilância (reflexão) é o caminho da imortalidade, a indolência (irreflexão) o caminho da morte. Aqueles que são vigilantes-refletidos não morrem, os indolentes-irrefletidos já são como mortos.

Aqueles que conhecem estas coisas, que sabem ser refletidos, aqueles se comprazem na reflexão e tiram sua alegria do Conhecimento dos Arias[70].

Através da meditação, da perseverança, da energia incansável, os sábios alcançam o Nirvana, a bem-aventurança suprema.

O homem que despertou em si a reflexão, que vive com pureza, age com sagacidade, conforme a doutrina, verá sua força aumentar.

"Por meio do despertar constante, da reflexão, da moderação, do domínio de si, o sábio constrói para si mesmo uma ilha que as ondas não podem submergir.

"Os tolos, com atordoamento, se deixam arrastar para a vacuidade. O sábio conserva a reflexão como o mais precioso dos tesouros.

"Não corrais atrás das coisas vãs, do prazer, do amor, da cobiça. Uma grande alegria reside na reflexão e na meditação.

"Quando, através da reflexão, o sábio rejeitou todas as vacuidades, ele se eleva, então, às alturas da Sabedoria de lá, liberto do sofrimento, como aquele que está numa montanha olha os que estão na planície, ele olha a multidão angustiada e tola.

---

69. Eis o que escreve o professor Rhys Davids a respeito desta dificuldade de tradução: *"Apramâda* que Fausböll traduz por "vigilância", Gogerly por "religião", Childers por "diligência", exprime, literalmente, a ausência deste atordoamento, desta superficialidade de pensamento ou falta de reflexão que caracterizam o estado de espírito da maioria das pessoas. É a primeira entrada em si mesmo e, por conseguinte, todas as virtudes são consideradas como tendo sua raiz em *apramâda. Ye keki kusala dhamma sabbe le appamadamulaka."* O professor Rhys Davids acaba traduzindo *apramâda* ora por *earnestness*, ora por *reflexion (Sacred Books of the East,* vol. X, pág. 21).
70. *Aria:* o nobre. Quer dizer aqui, o sábio, o homem acima do vulgar, no sentido espiritual, aquele que conhece a Doutrina e caminha na "Nobre Senda".

Refletido entre os irrefletidos, despertado no meio dos adormecidos, o homem inteligente progride, deixando os outros para trás, afastados dele, como um ligeiro corcel deixa um cavalo frágil.
"É graças à vigilância que Maghavan (Indra) conquistou a posição suprema entre os Deuses. A vigilância é louvada, a indolência sempre condenada.
"O Bhikkhu (religioso) que se compraz na vigilância (reflexão), que conhece o perigo da indolência (atordoamento) avança tal qual ao fogo que queima seus vínculos frágeis ou poderosos.
"O Bhikkhu que se compraz na reflexão, que conhece o perigo da irreflexão não pode extraviar-se da sabedoria; ele está próximo do Nirvana[71]."

Uma conclusão parece destacar-se do estudo que acabamos de fazer sobre a moral búdica e a "Senda que conduz à Libertação do Sofrimento": ambas estão *além* do Bem e do Mal.

Como vimos, a Senda, a *Aryamarga* (a Nobre Senda), de acordo com o nome que lhe dão os budistas, é uma busca veemente e sem tréguas do Conhecimento e, no que concerne às relações com o próximo, a aplicação a estas dos princípios de uma rigorosa retidão. Ao considerar a moralidade como uma simples atitude comandada pela fraqueza de seus semelhantes e pela sua própria, o discípulo do Buda não a idealiza, assim como não idealiza o Bem, e tampouco dramatiza os atos que qualificamos como vícios, inclusive o Mal.

Acreditar no valor intrínseco do Bem, produzir um ídolo ao qual o homem deve adoração e sacrifícios, em lugar de considerá-lo como um meio próprio para servi-lo, uma higiene capaz de aumentar sua saúde e seu desenvolvimento intelectual, é um obstáculo que prejudica tão poderosamente a Libertação, a Salvação, quanto o apego ao Mal. É preciso admitir que o campo limitado de nossa visão não nos permite distinguir senão um aspecto ínfimo da existência, senão alguns fragmentos esparsos de suas leis. Os conceitos morais que fundamentamos nestes rudimentos de conhecimento, quase que inevitavelmente inexatos, assemelham-se às experiências às quais poderiam se entregar seres que habitam

---

71. *Dhammapada.* 21-32.

sob a crosta terrestre, nas profundezas de nosso globo, tocando o céu e os astros que jamais teriam visto e cuja existência nada os faria sequer pressentir.

A Senda que conduz à Salvação não é, como tanto se repetiu, a preguiça, a inação, o torpor. Muito pelo contrário, o budismo impõe a atividade, a boa ação, útil a si mesmo e ao outro, mas convida o discípulo a dominar seus atos, a não se deixar em absoluto dominar por eles. Neste ponto, a doutrina budista está de acordo com o Vedanta: "Fazei a obra e permanecei separado dela"; o mandamento é o mesmo nas duas Escolas.

O budismo ensina o calmo domínio das coisas, a puerilidade das cóleras violentas contra o Mal, da admiração excessiva do Bem; um e outro pertencem ao domínio do erro. No momento em que realizam atos de compaixão, de justiça, de devotamento, os verdadeiros discípulos do Buda sabem preservar-se do fervor devoto com que se envolve a maioria das pessoas virtuosas e onde a idolatria do Bem confunde-se com a veneração que eles se concedem a si mesmos. Eles sabem avaliar o vazio, o caráter ilusório de suas próprias virtudes, eles evitam ser enganados e, para além de nossa moralidade de cegos, eles buscam a verdade, o Saber.

Algumas passagens tiradas de um dos livros mais considerados entre os budistas da Escola ortodoxa esclarecerão e justificarão esta conclusão.

"Todas as formações[72] *são passageiras. No momento em que se compreendeu perfeitamente este fato, está-se liberto do sofrimento. Esse é o caminho da purificação.*

Todas as formações estão sujeitas à dor. No momento em que se compreendeu perfeitamente este fato, está-se liberto do sofrimento. Esse é o caminho da purificação.

---

72. As *formações* são as *realizações*, os *sankharas* dos quais nos ocupamos anteriormente. Encontra-se aqui a fórmula clássica, já citada, referente aos *sankharas*, a palavra *dhamma* (conjunto de regras), que constitui um sinônimo de *sankhara*, e substitui este último na terceira estrofe, por razões, ao que parece, de métrica poética:

"Sabba sankhara anicca" ti yada pannaya passati
atha nibbindati dukkhe, esa maggo visuddhiya
"Sabba sankhara dukkha" ti yada pannaya passati
atha nibbindati dukkhe, esa maggo visuddhiya
"Sabbe dhamma anatta" ti yada pannaya passati
atha nibbindati dukkhe, esa maggo visuddhiya.

"Todas as formações são sem realidade substancial (sem "Eu"). No momento em que se compreendeu perfeitamente este fato, está-se liberto do sofrimento. Esse é o caminho da purificação.

Aquele que não é diligente quando é o momento de ser diligente, que, jovem e forte, abandona-se à preguiça, cuja vontade e espírito estão sem energia, este preguiçoso não encontrará jamais o caminho do conhecimento.

Vigiai vossas palavras, dominai vosso espírito, de forma alguma pratiqueis o mal com vosso corpo. O homem que seguir esta tríplice estrada da pureza realizará o caminho pregado pelos sábios[73].

Da meditação nasce a inteligência, da falta de meditação, a perda da inteligência. Que aquele que conhece este duplo caminho se dirija para o lado onde a inteligência cresce[74].

"Resisti com energia à torrente, ó Brâmane[75]*. Tendo compreendido como se dissolvem as formações*[76] *compreendereis aquilo que não está formado (aquilo que não é um agregado de elementos impermanentes).*

"Não são nem os cabelos trançados, nem o nascimento, nem as riquezas que fazem o brâmane. Aquele no qual residem a verdade e a justiça é bem-aventurado, aquele é um brâmane.

"Para que servem estes cabelos trançados? Ó louco! Para que serve uma roupa de couro de cabra? A desordem está em você, você não cuida senão do exterior[77].

---

73. Encontram-se, no fim da versão chinesa do *Pratimoksha*, diversas partes entre as quais esta, que se pode comparar com a passagem abaixo:
Vigiar sua boca por um motivo virtuoso
Purificar seu espírito e sua vontade
Não permitir a seu corpo realizar o mal
Tal é a tripla purificação
Atingi-la
É toda a Doutrina de todos os Budas.
Citado por Beal: *A Catena of Buddhist Scriptures.*
74. *Dhammapada,* 277-282.
75. Em tudo o que vem a seguir, Brâmane é tomado por Sábio. Os Brâmanes constituem, na sociedade hindu, a casta nobre e sacerdotal, dedicada ao estudo dos Vedas. O Buda não reconhecia a superioridade de casta; segundo ele, só a superioridade da inteligência elevava um homem e fazia dele um nobre.
76. Trata-se dos *sankharas.*
77. É uma alusão ao penteado e às roupas adotados por aqueles que abraçavam a vida religiosa.

"De forma alguma eu chamo de "Brâmane" aquele que é proveniente desta origem ou nascido desta mãe. Ele pode ser arrogante, pode ser rico. Aquele que é pobre e desapegado de tudo, eu chamo de Brâmane.

"Aquele que, tendo rompido todos os vínculos[78], imune ao medo, está livre de toda servidão e é inabalável, eu chamo um Brâmane.

"Aquele que rompeu as amarras, o laço e cilha, que destruiu todo obstáculo, que é Despertado[79], eu chamo de Brâmane.

"Aquele sobre o qual os prazeres dos sentidos deslizam como a água por uma pétala de lótus ou como o grão de mostarda por uma ponta de agulha, eu chamo de Brâmane.

"Aquele que, neste mundo, soube acabar com a sua dor, que deixou sua carga, que nada pode perturbar, eu chamo de Brâmane.

"Aquele cuja ciência é profunda, que possui a sabedoria, que distingue o caminho certo do caminho falso, que alcançou o mais alto propósito, eu chamo de Brâmane.

"Aquele que se mantém afastado, tanto dos leigos quanto dos religiosos[80], que, contentando-se com pouco não vai bater às portas, eu chamo de Brâmane.

"Aquele que não faz uso da violência contra os fracos, nem contra os poderosos, que não mata, que não faz matar; eu chamo de Brâmane.

"Aquele que é tolerante com os intolerantes, sereno com os violentos, sem cobiça entre os homens ambiciosos; eu chamo de Brâmane.

"Aquele em que desapareceram a inveja, o ódio, o orgulho e a hipocrisia, como cai o grão da mostarda por uma ponta de uma agulha; eu chamo de Brâmane.

"Aquele que profere palavras instrutivas, verídicas, sem aspereza, que não ofendem ninguém; eu chamo de Brâmane.

"Aquele que não ambiciona mais nada neste mundo, nem em um outro, que está desprendido de tudo, imune à inquietação; eu chamo de Brâmane.

"Aquele que não tem mais apegos, que o saber preserva dos porquês", que alcançou a profundidade onde a morte não mais existe; eu chamo de Brâmane.

---

78. Trata-se dos *Asavas*, dos quais acabamos de falar.
79. Aquele que conquistou o *bodhi* (o Conhecimento).
80. O texto os designa de acordo com uma expressão habitual nas obras hindus: "Aqueles que habitam uma casa (os leigos) e aqueles que estão sem casa (os religiosos)".

"Aquele que rompeu neste mundo as duas cadeias, a do Bem e a do Mal, que é puro, isento de sofrimento e de paixão; eu chamo de Brâmane.

"Aquele que, em sua serenidade, sua pureza, sua paz inalterável brilha, semelhante a uma Lua imaculada, que exauriu, nele, a fonte de toda alegria, eu chamo de Brâmane.

"Aquele que atravessou a estrada lamacenta, o inextricável mundo difícil de atravessar[81] *e suas vacuidades, que tendo acabado a travessia e atingido a outra margem é ponderado, firme, isento de dúvidas, de apegos e satisfeito, eu chamo de Brâmane.*

"Aquele que, abandonando todos os vínculos com os homens, elevou-se acima de qualquer vínculo divino, que libertou-se de todos os vínculos[82], *eu chamo de Brâmane.*

"Aquele que repudiou aquilo que causa o prazer e aquilo que causa o sofrimento, que é impassível, livre de todos os germes[83], *o herói que se elevou acima de todos os mundos, eu o chamo de Brâmane*[84].

---

81. O *samsara*.
82. Trata-se do homem que superou toda fraqueza, toda necessidade de apoio e sabe suportar sem esmorecimento a solidão espiritual: *"(Qui) relicta hamana societate divinam societatem superavit, omni societate: liberatum"*, traduz Fausböll.
83. O texto diz: *"Hitvà ratiñ ca aratin ca sitibhùtam, nirûpadhim..."* Entende-se, por este último termo, aquele que rejeitou os *upadhis*. Os *upadhis* indicam o "substrato da personalidade". Os *upadhis* compreendem os skandhas, o desejo, o erro (as paixões más) e o apego às obras. Os três últimos podem ser afastados nesta vida, os *skandhas* persistem enquanto dura o corpo (ver pág. e), mas os três últimos, tendo sido afastados, o movimento que tende a continuar o ser, a recriá-lo, é suspenso por falta de alimentos. Não subsistindo nenhuma semente, nenhum germe, nenhuma planta pode nascer, a lamparina, não sendo alimentada com óleo, extingue-se.
84. *Dhammapada*, 383, 393, 394, 396-398, 401-408, 410-414, 417, 418.

CAPÍTULO III

A MEDITAÇÃO

Por meio da meditação, da perseverança, da
energia incansável, os sábios atingem o Nirvana, a bem-
aventurança suprema.

Dhammapada

Vimos no capítulo precedente quais são as virtudes exigidas para entrar na Senda que conduz à Libertação do Sofrimento, e para segui-la
até seu objetivo ou, sobretudo, qual é a linha de conduta, a atitude
mental que constituem este "Nobre Caminho". Cabe perguntar, agora:
como adquirir estas qualidades, como desenvolvê-las até dar a cada uma
delas a retidão, a perfeição completa cujo princípio a fórmula da Senda
de oito Ramificações estabelece de uma maneira categórica. O budismo
estudou isso com a douta minúcia que lhe é familiar.

É supérfluo declarar que só recorrerão a este estudo aqueles nos
quais nasceu, antes de tudo, o desejo de atingir os objetivos da Senda,
aqueles entre os quais a fé no valor das Quatro Verdades já germinou.
Quer se manifeste bruscamente, em conseqüência de uma pregação, de
uma leitura, ou seja lentamente formada no decorrer de estudos, de pesquisas, a aptidão que permite a um homem ver a luz do Dharma[1] e di-
zer-se, mesmo quando não a abraçou em seu conjunto: "a verdade aí está!" tem sua origem em causas múltiplas, que remontam a uma época
longínqua na sua vida presente e que ultrapassam em muito seus limites. Influências hereditárias, atávicas, diríamos, manifestação regular do
processo cármico, pensará um hindu[2].

---

1. *Dharma:* a Lei, a doutrina budista.
2. Ver capítulo IV.

113

"Que seja escancarada a porta do Eterno[3]. Que aquele que tem ouvidos ouça", diz o Buda no momento em que decide pregar a doutrina que se lhe revelou como a expressão da verdade, o caminho da Salvação. Mas os ouvidos mais delicados para serem sensibilizados por sua voz, os olhos mais penetrantes para discernir alguns clarões da grande luz, raramente estarão – jamais estarão, pode-se dizer – em estado de compreender, na totalidade de seu significado, todas as palavras dos discursos que ecoarão ao seu alcance, de concentrar, neles, todo o brilho radiante da própria luz. Trata-se, pois, de cultivar sua faculdade inata, de exercêla até um desenvolvimento completo.

Esta eclosão e este crescimento das virtudes na alma humana, as religiões que nos são familiares as consideram como obra da graça e as solicitam através da oração. O que foi dito, anteriormente, das concepções filosóficas do budismo, assim como do papel e da natureza das virtudes que ele preconiza, já fez compreender que não pode se tratar de um procedimento análogo.

O budismo estritamente ortodoxo não reza: ele medita. O exercício perseverante e sistemático da meditação é para ele o verdadeiro e o único meio de chegar à Senda, aí caminhar e aí alcançar seu objetivo, ou seja, a suprema libertação, o Nirvana. Portanto, vale a pena não deixar passar sem exame a palavra meditação, que reaparece a cada página das Escrituras budistas.

Os ocidentais freqüentemente têm uma idéia muito pouco clara do que seja a meditação ou, sobretudo, dos métodos de meditação no ensinamento budista. De bom grado, eles misturam as práticas iogas e a confusão se forma ainda mais facilmente, uma vez que um grande número deles ingressou nas Escolas do budismo setentrional, no Japão e no Tibete. Hipnotismo! declaram então. E, ao pronunciar esta palavra como uma condenação definitiva, eles se desviam de um assunto que só lhes parece apresentar um interesse patológico. No entanto, mesmo no que concerne às práticas mais materiais da *Hathâ-Yoga*, o julgamento muitas vezes tem sido prematuro. Os procedimentos hipnóticos, em todas as seitas místicas de origem hindu, são, com freqüência, invenção de pessoas que, tendo perdido a essência de sua doutrina, e tomando o meio ou um efeito secundário como fim, procuram reproduzir as manifes-

---

3. Ou seja, a porta por onde se passa, fora dos limites do reino do nascimento e da morte no Incriado e no Permanente: o Nirvana.

tações externas de um estado cuja natureza real lhes escapa. Mas é sobretudo a respeito do sistema de meditação preconizado pelas antigas obras canônicas da Escola do Sul, mais próximo da tradição primitiva, que uma pressa muito grande em nossas conclusões ou uma fé atribuída muito superficialmente a observadores superficiais poderia conduzir-nos ao erro.

Existe uma palavra da qual os budistas não gostam muito: ceticismo. O uso corrente, é verdade, desviou-o de seu significado etimológico. O *sceptikos*, o homem que "examina", tornou-se o zombeteiro que não acredita em nada, demonstra desdém *a priori* e, quase sempre, nada examinou. A ironia do pensador é de natureza mais sutil. Não significa absolutamente que a conclusão do exame se preste amiúde ao riso. Entre o drama pomposo que a fé ingênua do carvoeiro vê na vida mental e moral do homem e o jogo das ações e das reações fisiológicas e psicológicas que aí descobre a ciência, a distância é grande. O Satanás formidável emboscado em nosso caminho, a graça misteriosa que, de repente, derrama em nossas almas uma força insuspeita, subvertem nossas concepções e transformam o semblante de nosso ser, transmutam-se em micróbios, talvez mais verdadeiramente trágicos, mas sem prestígio. Nossos grandes crimes são incidentes medíocres, tanto quanto nossos atos heróicos. O orgulho das apoteoses íntimas e das expiações tumultuosas é uma derrisória loucura. A virtude se cultiva como a saúde, através de processos que lembram os da terapêutica.

Sentimos não rotular uma doutrina como esta de cética, tomando este termo em uma de suas acepções mais intelectuais. É difícil conter o riso que provoca a comparação de idéias desta natureza com as epopéias grandiloqüentes das quedas e das redenções, com as quais nossas religiões e as filosofias resultantes delas alimentaram nossa juventude.

O hindu, a despeito da extravagância aparente de suas fábulas e o aspecto desordenado de sua literatura mística, no fundo, sempre permaneceu mais perto da verdade científica, relativa a nosso ser e seu mecanismo, do que nós. Ele teve disso a rara intuição em uma época em que a ciência não existia. Também, não havendo o que nos confirme nossas velhas crenças ancestrais, não pode compreender o grau de ironia que, para nossa mentalidade de ocidentais, emerge de um sistema metódico, racional, experimental e a-religioso de Salvação.

Os tratados, as dissertações sobre os métodos de meditação são inúmeros na literatura budista. A Igreja do Norte, como já dissemos, emprestou um grande número delas às seitas iogues e, por isso mesmo, elas

115

fogem ao objeto de nosso estudo. Faremos alusão, com referência a isso, durante nosso estudo, a dois escritores budistas contemporâneos pertencentes à Escola do Sul que passaram longos anos nos monastérios do Ceilão e da Birmânia.

"Quando uma determinada ação foi realizada um certo número de vezes, escreve Ananda Maitriya[4], quando um mesmo pensamento manifesta-se em nossa mente em certo número de vezes, nasce em nós uma tendência a reproduzir o mesmo ato ou o mesmo pensamento. Assim, cada Dharma, cada Sankhara[5] mentais tendem constantemente a reproduzir o seu semelhante. Portanto, parece à primeira vista que nós não podemos alterar nada na composição original de nosso ser e que não existe nenhuma possibilidade para nós de suprimir nossas tendências más ou de aumentar o número de nossas boas disposições... Entretanto, a energia dos Sankharas ao tender para sua reprodução pode, ela própria, ser usada para a supressão das tendências más e para o crescimento daquelas que se julga boas. De modo que um homem que tem, em si, fortes inclinações para a cólera, para a crueldade, pode chegar a superá-las, dedicando regularmente um certo tempo, todos os dias, a concentrar em pensamentos de caridade, de benevolência. Por esta prática, ele intensifica a força das tendências que levam um indivíduo a ser caridoso e benevolente e multiplica-as em si, em detrimento das disposições à cólera e à crueldade que, atrofiadas pela falta de exercício e repelidas pela invasão das tendências contrárias, perdem terreno progressivamente.

"O melhor e único caminho para superar as disposições que desejamos eliminar é o cultivo sistemático das disposições opostas, pela força da meditação ou da concentração da mente. Esta prática da meditação ou da concentração nas boas tendências é a chave de todo o sistema de purificação e de cultura da mente que constitui a base da ação prática no budismo...

"Se considerarmos uma máquina, por exemplo, igual àquela que movimenta um de nossos grandes navios, constataremos que sua ação é inteiramente dependente de uma única fonte de energia: o vapor que nasce em suas caldeiras. Esta energia, em si mesma, não é boa nem má; ela é simplesmente um poder, uma força. Esta força pode servir para um

---

4. Ananda Maitriya: *On the Culture of Mind.*
5. *Dhamma-Sankhara*, ver págs. 73 e 109.

trabalho útil movimentando o navio, ela pode ser nefasta ao fazê-lo explodir e matando seus passageiros. Estes dois esforços dependem da coordenação, da regulagem das múltiplas peças do mecanismo complicado da máquina. Cilindros, canos, válvulas, a mínima peça deve estar exatamente em seu lugar, funcionar exatamente no momento preciso em que sua ação é solicitada. Sob esta única condição, o vapor, empregado de maneira útil, poderá realizar o objetivo que se espera.

"A comparação pode ser aplicada à mente, mecanismo infinitamente mais complexo que a máquina mais complicada que existe no mundo. A energia desenvolvida pelo guerreiro que semeia a ruína e a dor, e a energia que estimula o sábio, cujas descobertas devem ser uma fonte de felicidade para a humanidade, são da mesma natureza. . .

"É através do poder da concentração mental (Samadhi)[6] que a criança aprende a andar e que um Newton calcula o peso dos astros. Não há nada, no mundo, que não seja obra sua. Se os diversos órgãos de nosso corpo são bem coordenados, como as peças de uma máquina irrepreensivelmente regulada, nossa força mental será grande para o bem e para o mal. A fraqueza mental, as catástrofes comparáveis à explosão da caldeira do navio são a conseqüência de Sankharas mal equilibrados, lutando uns contra os outros, em um homem cuja energia combate de um lado o que ela mantém de outro. . .

"Assim como um engenheiro hábil, na presença de uma máquina cujo funcionamento está defeituoso e não responde ao objetivo esperado, examina cada uma das suas partes, ajusta uma válvula aqui, dá uma limada ali, aperta uma porca noutro lugar, até que tenha obtido um funcionamento satisfatório, temos também que agir, cada qual por sua própria conta, no que diz respeito ao mecanismo de nossa mente. . .

"Tomando uma por uma aquelas nossas disposições que julgamos boas, submetendo-as a um esforço especial e perseverante, chegaremos a decuplicar o seu poder, ao mesmo tempo que as perdas de energia, através do canal das más inclinações, irão diminuindo, até pararem completamente."

---

6. Vê-se que o budismo ortodoxo está longe de dar ao termo Samadhi o significado de êxtase, de arrebatamento ou de estado cataléptico que se lhe atribui com freqüência nas obras dos ocidentais. As manifestações físicas do êxtase podem, em certos casos, ser causadas por Samadhi, mas elas não são absolutamente Samadhi ou a intensa concentração da mente, em si mesma.

O autor indica apenas dois métodos de meditação e ver-se-á que eles não têm nada em comum com os exercícios extraordinários com os quais acreditam, em geral, poder identificar as meditações búdicas. O primeiro *(Sammasati)* é a reflexão profunda sobre as coisas a fim de penetrar em sua natureza. É analisar, dissecar até o limite extremo de nosso poder todo objeto material, todo sentimento que faz parte de nosso meio ou de nossa própria individualidade[7].

O segundo *(Samma-samadhi)*[8] consiste no cultivo da força de concentração mental, visando fazer prevalecer em nós as inclinações que nos parecem as melhores

Entremos agora no detalhe material do exercício da meditação. A imaginação fértil dos hindus criou aparelhos extremamente curiosos e complicados para uso dos discípulos de suas Escolas místicas. Desde o simples vaso de água, o círculo de terra colorida, o braseiro que se contempla através de um furo de alfinete feito num pedaço de papelão, até os *Mandalas* simbólicos em uso nas seitas japonesas, onde a pessoa deve, em sua contemplação, numa profunda concentração, evocar, por nós, os mil seiscentos e um heróis (budas e bodhisattvas) dos "Três Mundos" ou fazer emergir do coração generoso de um lótus, simbolizando o coração dos seres, o Dai-Nitchiniora rodeado de quatrocentos e vinte e oito divinos companheiros, até, finalmente, as torres de ferro do gênero daquela em que Nagarjuna encontrou o Mestre que o instruiu, quantos processos estranhos não foram inventados pelo misticismo materialista da Índia e pelos povos que foram seus discípulos. O budismo primitivo não parece ter conhecido estas fantasias e o Modernismo limita-se, hoje, a preconizar certas observâncias, tais como conservar sempre a mesma hora e o mesmo lugar para entregar-se à sua meditação diária.

"Nós sabemos, continua Ananda Maitriya, quão rapidamente se adquire o hábito de executar um mesmo ato à mesma hora. Quem está acostumado a passear, a comer em uma hora determinada experimenta, automaticamente, o desejo de sair, a necessidade de comer nesse momento preciso. Esta tendência, muito poderosa, é capaz de nos ajudar

---

7. O resultado de *Sammasati* será esta virtude que já encontramos sob o nome de *apramada:* a presença de espírito, a clarividência, a reflexão sempre alerta (ver pág. 107). *Sammasati:* atenção correta, é a sétima ramificação da "Nobre Senda".

8. Oitava ramificação.

na prática da meditação. Após ter dedicado, regularmente, um certo tempo à meditação, numa hora determinada, o hábito se estabelecerá e a concentração da mente se realizará mais facilmente.
Um resultado semelhante é obtido com o uso de um lugar particular, sempre o mesmo.
Um comerciante pode ter a mente cheia de preocupações, porém, quando se encontra em sua loja ou em seus escritórios, as idéias inerentes a seu negócio dominam facilmente. O mesmo acontece com um médico que, bruscamente arrancado de seu sono, reencontra toda sua lucidez profissional quando está diante do leito do doente. O mesmo se passa com o comandante de um navio em sua ponte de comando, com o químico em seu laboratório, etc.: o hábito de uma atitude especial num lugar age mecanicamente sobre eles. Mesmo fora de qualquer hábito profissional, nossa postura, o curso de nossas idéias, modificam-se de acordo com o lugar onde nos encontramos. Esta modificação não é devida unicamente à impressão causada pela aparência exterior desse lugar, mas é devida também à idéia que estamos acostumados a atribuir a ele, à idéia geral que fazem as pessoas que nos rodeiam, aos sentimentos que um número de vezes mais ou menos grande nós mesmos temos experimentado nesse lugar e que outros igualmente experimentaram. Um templo, um monastério, um teatro, um café, a ponte de um navio incita em nós tendências diferentes, provocam a manifestação de aspectos diferentes de nossa personalidade. É assim que um lugar especial onde se vai somente para dedicar-se à meditação vai dispor mais facilmente a mente ao recolhimento em conseqüência do hábito contraído e da ordem de pensamentos que sua visão, sua atmosfera própria, reproduzirão em nós[9]."

Uma outra prática que se liga ao sistema budista de cultura mental consiste em exercitar sua memória da seguinte maneira: representa-se no fim do dia todos os atos, pensamentos, sentimentos realizados ou sentidos. O exame se faz *ao contrário*, isto é, começando pela última sensação registrada e remontando, progressivamente, até os primeiros instantes do despertar. Os fatos mais insignificantes devem ser lembrados, tanto quanto os mais importantes, pois é bom avaliar, no decorrer, o valor

---

9. Resumo segundo: *On the Culture of Mind.*

dos diversos incidentes íntimos ou externos por que se passou, embora a finalidade do exercício seja, simplesmente, ensinar-nos a não deixar nada apagar das coisas que nossos sentidos perceberam ou das idéias que passaram por nossa mente. A ética budista atribui um papel considerável à memória. Sua virtude principal, a constante presença e firmeza de espírito, a clarividência inalterável, da qual falamos no capítulo anterior, apóia-se, em grande parte, na possibilidade de um apelo imediato, de certo modo automático, às múltiplas análises e experiências de toda natureza efetuadas anteriormente. A análise de um único dia é apenas um exercício de principiante. Após um treinamento cuja duração varia conforme as aptidões de cada um, ele durará, sucessivamente, dois dias, uma semana, um mês, compreendendo, às vezes, não somente os incidentes registrados em estado de vigília, mas também os sonhos ocorridos durante o sono. Algumas destas recapitulações gerais das fases da vida passada podem englobar vários anos, remontar até a primeira infância[10].

Entre as inúmeras sensações que impressionaram nossas células, somente um número ínfimo revela-se consciente e coordenadamente à memória geral do indivíduo, sendo que as outras permanecem inertes ou só se manifestam por impressões, tendências confusas. A hereditariedade, o atavismo não são, neste sentido, memória remota? Alguns pensam, pois, que uma paciente educação poderia agir à maneira do revelador que, sobre uma chapa fotográfica impressionada, faz, de repente, aparecer as imagens cujas formas estavam latentes nela.

Se admitimos essa idéia quando ela visa somente o período de nossa existência individual presente, talvez a achemos exagerada quando ela antecipar a possibilidade de captar a memória dos átomos de essências diversas que entram na composição de nosso organismo e de fazer brotar daí a lembrança das sensações que os fizeram vibrar quando pertenciam a outros agregados.

Por mais exagerada e irrealizável que possa parecer esta busca da vida eterna, no passado, ela não é irracional em seu princípio e o Ocidente, que tanto dissertou sobre a natureza da vida futura e o mistério do após a morte, não teria boas razões para ridicularizar aqueles que perseguem

---

10. Este exercício não é exclusivo do budismo. Ele é conhecido e preconizado pela maioria das escolas e seitas hindus.

o mistério do além-nascimento que, em suma, não sai da realidade tangível visto que é feito, não de devaneios e de incerteza, mas de fatos acontecidos, de matéria que *foi* e que por conseguinte *é* ainda[11].

Contudo, convém lembrar que nenhuma teoria tem condição de dogma no budismo exceto a da necessidade da busca do Saber e as idéias que acabam de ser expostas absolutamente não fazem parte do cerne de doutrinas essenciais que nos propõem os livros canônicos.

Encontramos, ainda, nas Escrituras, um gênero de meditações, sempre muito considerado entre os budistas, que se refere ao cultivo das boas tendências do espírito com vistas a enraizá-las em si, de torná-las uma inclinação permanente triunfando sobre as tendências contrárias. Nós encontramos a esse respeito uma descrição completa do *Mahasudassana-sutta*, uma obra que apresenta uma certa analogia de forma literária com o Apocalipse[12]:

O Grande Rei Magnífico, ó Ananda, subiu em direção ao aposento da Grande Coleção[13] e detendo-se na entrada exclamou com uma forte emoção:

"Para trás! não avancem mais, pensamentos de cobiça! Para trás! não avancem mais, pensamentos mal-intencionados! Para trás! não avancem mais, pensamentos de ódio!"

Em seguida ele penetrou no aposento e sentou-se numa cadeira de ouro. Então, tendo afastado toda paixão, todo sentimento contrário à retidão, atingiu o primeiro Jhana[14], um estado de bem-estar e de alegria produzido pela solidão, um estado de reflexão e de buscas.

---

11. Mesmo se ela não existe sob forma de matéria que nossos meios de investigação possam atingir. Ela é como energia, encarnada nos fenômenos que ela engendrou.

12. O relato apresenta-se sob a forma de uma narração feita por Buda a Ananda.

13. O texto deve ser entendido através de metáforas no sentido em que o herói do relato recolheu-se em si mesmo, no seu pensamento interior. A "coleção" deve ser compreendida como a coleção dos elementos que constituem a personalidade impermanente.

14. *Jhana* é a meditação profunda, ou, pelo menos, uma das formas da meditação profunda. Os hindus distinguem vários gêneros dela. É impossível entrar, aqui, em detalhes sobre as diferenças sutis que as separam.

121

Afastando a reflexão e a busca, ele atingiu o segundo Jhana, um estado de bem-estar e de alegria produzido pela serenidade, um estado onde a reflexão e a busca estão ausentes, um estado de quietude e de elevação de espírito.

Ao cessar o prazer da alegria ele permanecerá indiferente, consciente, senhor de si e atingirá o terceiro Jhana experimentando o conforto íntimo que os sábios proclamam, dizendo: "Aquele que, senhor de si, permanece na indiferença, sente um íntimo bem-estar".

Afastando esse bem-estar, rejeitando a dor, estando insensível à alegria e ao sofrimento, ele atingirá o estado de perfeito e muito puro domínio de si mesmo e de serenidade que constituem o quarto Jhana.

O Grande Rei Magnífico, ó Ananda, saiu então da sala da Grande Coleção e, entrando no aposento de ouro, sentou-se numa cadeira de prata. Com um pensamento de amor ele considerou o mundo e seu amor estendeu-se sucessivamente, sobre as quatro regiões, [15]*, depois, com um coração cheio de amor, com um amor crescendo sem cessar e sem medida ele envolveu o imenso mundo, inteiro, até seus confins...*

Com um pensamento de piedade ele considerou o mundo e sua piedade estendeu-se, sucessivamente, sobre as quatro regiões, depois, com um coração cheio de piedade, com uma piedade crescendo sem cessar e sem medidas ele envolveu o imenso mundo, inteiro, até seus confins.

Com um pensamento de simpatia ele considerou o mundo e sua simpatia estendeu-se sucessivamente sobre as quatro regiões, depois, com um coração cheio de simpatia, com uma simpatia crescendo sem cessar e sem medidas, ele envolveu o imenso mundo, inteiro, até seus confins.

Com um pensamento de serenidade ele considerou o mundo e sua serenidade estendeu-se sucessivamente sobre as quatro regiões, depois, com um coração cheio de serenidade, com uma serenidade crescendo sem cessar e sem limites, ele envolveu o imenso mundo, inteiro, até seus confins[16].

Os sentimentos relacionados nas quatro meditações precedentes devem não somente ser evocados nos exercícios espirituais diários do budista, mas ele também é exortado a tê-los continuamente presentes no

---

15. Esta meditação é praticada dividindo, mentalmente, o mundo em quatro partes, de acordo com os pontos cardeais.

16. Resumo do *Maha-Sudassana*, II, 3-11, *Dîgha Nikâya*.

pensamento, a ser penetrado por ele em todos os atos e em todos os minutos de sua existência. Chamam-se os Quatro Sentimentos infinitos (*Appamaññas*).

Documentos interessantes ainda nos são fornecidos por um moderno tratado publicado na Birmânia[17]. O autor, com uma real erudição, reuniu um número importante de fragmentos extraídos dos antigos textos palis. Sua obra nos conduz, assim, através do encadeamento regular e sistemático das diferentes maneiras de meditação, sendo cada uma delas objeto de um título especial que engloba as passagens mais marcantes e mais explícitas dos livros canônicos e de seus comentários mais autorizados. O fragmento referente à meditação situa-se no desenvolvimento das últimas ramificações do óctuplo caminho:

"Qual é então, Irmãos, a intenção correta ou perfeita[18]?

"O discípulo, Irmãos, vive na contemplação do corpo, na contemplação das sensações, na contemplação do espírito, na contemplação dos fenômenos internos, infatigavelmente, lucidamente consciente, os sentidos despertos, tendo superado todo desejo das coisas deste mundo e toda dor.

"O único caminho, Irmãos, que conduz os mortais à pureza, os faz dominar a dor e as lamentações, os conduz ao término do sofrimento, ao caminho correto, à realização do Nibbâna[19], é o das "Quatro atenções fundamentais".

A pergunta: "Como o discípulo permanecerá na contemplação do corpo?" induz a uma resposta que faz pensar nos exercícios físicos que comandam a inspiração e a expiração apreciados desde os tempos mais remotos entre os brâmanes e os iogues, mas os comentários e os textos que seguem fazem pensar que se trata apenas de uma comparação metafórica[20], indicando que o menor de nossos atos deve ser realizado conscientemente, sem que haja lugar para nenhum dos movimentos automá-

---

17. Nyanatiloka: *The World of the Buddha;* edição original alemã: *Das Wort des Buddha.*
18. Trata-se da sétima ramificação da Senda.
19. *Nibbana* em pali = *Nirvana* em sânscrito.
20. Posto que o exercício da respiração, clássico na Índia, é igualmente praticado pelos budistas como procedimento mecânico para aquietar a agitação do organismo e da mente e preparar esta última para a meditação.

ticos que escapam ao nosso controle mental: "Se se toma uma pequena respiração, se se respirou generosamente, saber que se respirou abundantemente, etc." Nós retornamos ao método da análise minuciosa:

"O discípulo, quando está prestes a levantar-se, a sentar-se, a deitar-se, sabe como deve ouvir, de acordo com a realidade, estas palavras: eu me levanto, eu me sento, eu me deito."

A realidade, nos diz o comentário, é que o *Eu* que se senta, que se levanta ou se deita, não é senão uma figura de linguagem. A personalidade é apenas um nome para designar a reunião dos cinco aspectos da existência; o aspecto mental (nome), que compreende a sensação, a percepção, a diferenciação subjetiva, a consciência, e o aspecto material (a forma). Encontramos, aqui, as idéias que foram desenvolvidas sobre a não-personalidade. O budismo faz da compreensão profunda e completa desta doutrina a porta da Libertação que abre, para além das duas fases acopladas da existência (vida e morte), sobre o Incriado, o Nirvana. Assim, a meditação não se reduz ao momento regularmente fixado para o recolhimento, ela vai mais longe e é toda a vida do discípulo que se torna uma meditação ininterrupta.

"O discípulo está lucidamente consciente quando chega, quando se vai, lucidamente consciente ao dirigir seu olhar para um objeto e ao desviá-lo, lucidamente consciente ao inclinar-se e ao reerguer-se, lucidamente consciente ao comer, ao beber, ao mastigar, ao saborear, lucidamente consciente ao desempenhar as funções naturais do corpo, ao passear, ao deter-se, ao sentar-se, lucidamente consciente ao adormecer e ao despertar, ao falar e ao ficar calado".

Fazendo todas essas coisas, acrescenta o comentário, o discípulo estará lucidamente consciente de sua intenção, de sua utilidade, de seu dever e de sua realidade. E ainda considerará a composição anatômica de seu corpo e o funcionamento dos diversos órgãos e elementos que o compõem:

"Tal como na presença de um saco cheio com diferentes espécies de grãos e sementes, fechado nas duas extremidades, um homem, que não seja cego, ao abri-lo e examinar seu conteúdo declara: isto é arroz, isto é

fava, isto é gergelim; assim também, Irmãos, o discípulo considerará este corpo, da planta dos pés à cabeça, este corpo recoberto de pele e cheio de múltiplas impurezas".

A serenidade dos velhos autores budistas parece ter se enfraquecido diante da contemplação minuciosa do corpo humano e ainda que sua época não tenha podido fornecer-lhes o espetáculo de nossos laboratórios de análise, eles manifestaram um profundo desgosto pelas substâncias em ação no laboratório íntimo que nossa pele, "como um saco", dissimula aos olhares superficiais. Pode-se supor que esta repugnância fazia parte de um método de ensino e visava impressionar o espírito do discípulo noviço ou das multidões, para conduzi-los a uma certa ordem de reflexão.

À mesma ordem de idéias pertencem as "Meditações do Cemitério[21]". A minúcia, cara aos hindus, manifesta-se aí uma vez mais. O objetivo das meditações é tornar sensível e fortemente presente a idéia da morte, mas, quantos cuidados meticulosos são tomados para que a realidade do fato "Eu devo morrer" impregne pouco a pouco todo o pensamento!

Ao imaginar-se um cadáver que jaz sobre o local de sepultura; um corpo morto após um, dois ou três dias, inchado, de um azul enegrecido, entregue à decomposição, o discípulo concluiu, com relação a si próprio: "Meu corpo tornar-se-á, um dia, semelhante a este cadáver, seu destino é idêntico, nada pode livrá-lo disso".

Ao imaginar-se um cadáver que jaz sobre o local de sepultura despedaçado pelas gralhas, pelos corvos, pelos abutres, despojado de sua carne pelos cães e pelos chacais, carcomido por todas as espécies de vermes, o discípulo concluiu: "Meu corpo tornar-se-á, um dia, semelhante a este cadáver, seu destino é idêntico, nada pode livrá-lo disso".

"Ao imaginar-se um cadáver que jaz sobre o local de sepultura, um esqueleto de onde a carne pende, salpicada de sangue, presa pelos músculos, ou um esqueleto despojado de carne..."

---

21. Serão encontradas detalhadamente com outros temas de meditação no *Dígha-Nikâya.*

Metodicamente, a série dos quadros continua a desenrolar-se em seu horror pueril: o esqueleto descarnou-se cada vez mais, o sangue, os líquidos produzidos pela putrefação são consumidos, a carne desaparece e ele fica limpo, mas ainda intacto em sua forma. Depois, a obra da desagregação prossegue, ele desmancha-se e o discípulo se representa com os ossos espalhados: aqui uma tíbia, acolá uma rótula, mais longe um rádio, um maxilar, um fragmento de costela ou de coluna vertebral; em seguida, ele imagina estes ossos como se tornarão um ano depois da fragmentação do esqueleto, depois, vários anos depois, quando a areia, a terra os envolve, enche suas cavidades; e após a contemplação de cada um desses quadros, ele concluiu: "Assim tornar-se-á um dia meu corpo; seu destino é idêntico, nada pode livrá-lo disso".

Aquilo que dirá a si mesmo sobre seu próprio corpo, o discípulo pensará igualmente do dos outros, de todos os corpos vivos que o cercam.

"Ele contempla seu corpo, ele contempla o corpo dos outros. Ele compreende como seu corpo aparece, como ele desaparece, como aparecem e desaparecem os corpos dos outros: "Os corpos são apenas isso!" pensa ele. Este conhecimento claro está sempre presente e, porque o possui, porque possui a clarividência, ele vive independente, sem vínculos, seja com o que for no mundo. É assim, Irmãos, que o discípulo permanece na contemplação do corpo."

Quando um homem se abandonar, com uma longa perseverança, a esses diversos tipos de meditação, está-se autorizado a imaginá-lo realizando a pitoresca imagem de um velho Sutta:

"Exatamente como um hábil açougueiro que, tendo matado uma vaca, leva-a ao mercado, divide-a em pedaços e senta-se diante deles, diante de seu açougue, assim, ó Irmãos, o discípulo contempla este corpo que ele analisou em seus diversos elementos."

O treinamento continua. Parece-nos, naturalmente, enfadonho em sua minúcia, e despojado de importância. No entanto, é preciso lembrar que o budista não se apóia em nenhum socorro sobrenatural, que ele não espera nenhuma intervenção dramática, nenhum lampejo intervém na sua evolução mental. A tarefa à qual ele está ligado é, em suma, um paciente estudo, uma ginástica laboriosa e nada há de espantoso em vê-lo adotar os erros muito simples e mesmo muito materiais praticados na educação comum.

126

O discípulo dirigirá, agora, sua atenção para seus sentimentos. Ele não permitirá que o descontentamento, o medo, a ansiedade o dominem jamais. Ele se acostumará a suportar, com indiferença, todas as contrariedades e as sensações desagradáveis da existência: o frio, o calor, a fome, a sede, as intempéries, a picada de um inseto ou a mordida de uma cobra, assim como as palavras malignas, as doenças e os acidentes imprevistos que colocam a vida em perigo. As sensações serão, em seguida, analisadas. Cada categoria delas pode ser percebida de maneira agradável, desagradável ou neutra (indiferente). E a mesma conclusão repete-se aqui, como no que diz respeito ao corpo, idêntica em suas palavras e desejada assim para confirmar a unidade do sistema aplicado a objetivos diversos:

"Ele contempla suas sensações, ele contempla as sensações dos outros. Ele compreende como as sensações nascem, como elas desaparecem: As sensações são apenas isso!" pensa ele. Este conhecimento claro está sempre presente nele e, porque ele possui esta clarividência, ele vive independente, sem vínculos com seja o que for no mundo. É assim, Irmãos, que o discípulo permanece na contemplação das sensações."

Após o estudo das sensações virá o dos pensamentos.

"O discípulo percebe como nascem os pensamentos, os pensamentos de avidez e os que são despojados de avidez, os pensamentos de cólera e os que são despojados de cólera, os pensamentos que são ilusórios e os que são isentos da ilusão, os pensamentos concentrados e os que se dispersam irrefletidamente, os pensamentos baixos e os pensamentos sublimes, os pensamentos abjetos e os pensamentos nobres, os pensamentos livres e os pensamentos engajados.
"Assim, ele contempla seus pensamentos, ele contempla os pensamentos dos outros. Ele compreende como os pensamentos nascem e como eles desaparecem: "Os pensamentos são apenas isso!" diz ele. . ."

A conclusão é a mesma que a anterior.

"Ele conhece o nariz e os odores, o ouvido e o som, a língua e o paladar, o corpo e o tato, a mente e as idéias. Ele sabe como nascem os laços que resultam deles, ele sabe como eles se dominam e onde eles desaparecem para sempre. . .

127

"O discípulo discerne quando existe, em si, atenção, perspicácia, energia, alegria, quietude, concentração, serenidade. Ele pode dizer a si mesmo com uma consciência plenamente esclarecida: "Esta qualidade existe em mim", ou "Esta qualidade não existe em mim". Ele sabe como nascem os elementos da instrução, do saber e como eles chegam à sua inteira perfeição."

Enfim, depois de termos sido conduzidos através dessas múltiplas estações, nos encontraremos diante da teoria fundamental das Quatro Verdades. Podemos facilmente imaginar que o treinamento espiritual precedente levará aquele que a ele se tiver entregue a considerá-las de maneira muito diferente do que fizera quando de seu primeiro contato com elas.

"O discípulo perceberá de acordo com a verdade: isto é o sofrimento, isto é a causa do sofrimento, isto é o caminho que conduz à eliminação do sofrimento."

Este é o método que preside a primeira forma de meditação. Notar-se-á aí muitos traços comuns às doutrinas estóicas, contudo será preciso evitar levar muito longe uma aproximação que é, sobretudo, superficial. O budista possuirá a serenidade e a impassibilidade do estóico, mas este estado de espírito será, para ele, somente resultado e um meio, jamais um fim:

"Eu ensino apenas uma coisa, ó Irmãos: o sofrimento e a libertação do sofrimento.
"Assim como o vasto mar está impregnado de um único sabor, o do sal, também, ó discípulos, esta doutrina e esta disciplina estão impregnadas de um único sabor: o da libertação."

É equivocar-se, em matéria de budismo, sair fora dessas declarações muito claras que a tradição atribui ao Buda. Romper a cadeia complexa das causas que engendram a doutrina, este é o único objetivo do discípulo nas investigações às quais ele se sujeita. Segundo a doutrina, enquanto permanecer, nele, uma parcela de ignorância referente à natureza da personalidade, esta produzirá o apego (o desejo) e a dor, indissoluvelmente ligada ao apego, estenderá suas garras sobre ele.

128

O treinamento da atenção *(Samma-Sati)* que acabamos de esboçar é feito para conduzir à Libertação, ao Nirvana; vê-se, então, que é necessário combater descrições extravagantes feitas inúmeras vezes, dos êxtases que precedem obrigatoriamente a salvação do budista.

Abordaremos, agora, o segundo tipo de meditação. *Samma-Sammadhi* (Meditação ou Concentração reta) constitui a oitava e última ramificação da Senda. A palavra *Samadhi* desperta, quase sempre, nas pessoas, a idéia de estados hipnóticos, de faquires imóveis em posturas espantosas, embrutecidos, inertes. O "torpor budista", "o ópio budista"! Para quantas dissertações este tema não serviu na nossa literatura! Aí está a mais pura fantasia. O budismo, que proíbe o ópio (como qualquer bebida ou outra droga inebriante), proíbe a seus adeptos, de uma maneira totalmente manifesta, os narcóticos mentais:

"Os discípulos de Gautama estão contínua e completamente despertos[22]."

Uma breve definição nos mostra a idéia que devemos ter de *Samadhi* para estar conformes à doutrina ortodoxa:

"A unidade de espírito, eis o que é Samadhi."

Sobre quais objetos se praticará a concentração da mente? Primeiramente, pelos diferentes itens que foram relacionados no desenvolvimento da Atenção, que se deve abordar segundo um método diferente ou considerar de uma maneira diferente daquelas que encabeçam o *Samma-Sati.*

Quatro categorias de esforço são indispensáveis para alcançar uma verdadeira concentração *(Samma-Samadhi)*.

I. O esforço para afastar-se daquilo que pode ser prejudicial ao progresso da educação mental que se começou a executar.

"O discípulo estabelece, anteriormente, a resolução de não deixar nascer nele pensamentos ou inclinações nocivas ou doentias que não existem ainda, apelando para todas as suas forças, ele luta e estimula sua mente ao esforço.

---

22. *Dhammapada*, 296.

"Quando o discípulo vê uma forma com o olho; ouve um som com o ouvido; sente um cheiro com o nariz; saboreia um sabor com a língua; experimenta um contato com o corpo; concebe uma idéia com a mente; não se abandona àquilo que nestas sensações poderá despertar o desejo, o desgosto. Assim, vigiando os sentidos, ele progride no domínio que tem sobre eles."

II. O esforço para vencer aquilo que é nocivo se exerce, da mesma forma, com relação à cobiça, à cólera e à ilusão: "O discípulo não permite que estes sentimentos tenham acesso a seu espírito, ele os extingue, os expulsa, os aniquila."

III. O esforço para superar os pensamentos nefastos prossegue de cinco maneiras:

1º *Concentrar seu espírito em uma idéia saudável e boa, desviando sua atenção da idéia má.*

2º *Refletir sobre a natureza miserável das idéias que se quer rejeitar, dizendo: "Eis ainda estas idéias doentias, perniciosas, geradoras de dor."*

3º *Não prestar atenção a isso.*

4º *Analisá-las em sua natureza e nos elementos que as compõem, as idéias que se quer rejeitar.*

5º *Cerrando os dentes e pressionando a língua contra as gengivas, suprimir estas idéias da mente* [23].

IV. O esforço que tende a criar as seguintes disposições favoráveis: a Atenção, a Penetração, a Energia, a Alegria, a Quietude, a Concentração, a Serenidade.

V. O esforço que consiste em manter as boas tendências já existentes, não as deixando definhar ou desaparecer de forma alguma, trabalhando, ao contrário, com todas as suas forças para conduzi-las ao mais alto grau de perfeição.

"Vigoroso e alerta, assim é o discípulo, ó Irmãos, suas energias são igualmente equilibradas, ele não é ardente sem medida, nem dado à in-

---

23. Esta maneira de expressar-se denota o esforço levado a seu máximo, a tensão de todo o ser.

dolência ao seguir o Caminho do Meio[24]. E ele está imbuído deste pensamento: "Que minha pele, meus músculos, meus nervos, meus ossos e meu sangue sequem antes que eu renuncie aos meus esforços, antes de ter atingido tudo o que pode ser atingido pela perseverança e pela energia humanas".

Eis no que consiste este "Esforço perfeito" ou "Esforço reto" que forma a sexta ramificação da "Senda" e cuja prática prévia é indispensável para alcançar o *Samadhi:* "Se o discípulo vive uma vida santa, uma vida virtuosa, possuindo o domínio de seus sentidos e está cheio de clarividência", ele está qualificado a empreender, num lugar solitário, os exercícios de concentração.

"Ele recusou a cobiça, seus pensamentos estão isentos da cobiça, seu coração está livre da cobiça.
"Ele rejeitou a cólera, seus pensamentos estão isentos da cólera. Mantendo sentimentos de amor e de compaixão por todos os seres vivos, ele livra seu coração da cólera.
"Ele rejeitou a indolência. Ele está isento da indolência. Amando a luz com uma mente vigilante, com uma clarividência consciente, ele livra seu coração da indolência.
"Ele rejeitou a angústia. Ele libertou sua mente da inquietação, seu coração mantém-se cheio de paz, ele livra sua mente da angústia.
"Ele rejeitou a dúvida. Ele está isento da dúvida. Cheio de confiança no bem, ele livra seu coração da dúvida.
"Ele rejeitou os cinco obstáculos[25] e aprendeu a conhecer os obstáculos que paralisam a mente.
"Longe das impressões que enganam os sentidos, longe das coisas más, mas sempre raciocinando e refletindo, ele entra no primeiro êxtase, um estado cheio de júbilo e de felicidade que nasce da concentração.

---

24. A Senda do Meio mantém-se igualmente afastada da sensualidade e do ascetismo, que foi abordado no discurso do Parque das Gazelas. É o "Nobre Caminho das oito Ramificações".
25. Os *cinco obstáculos são:* os desejos sensuais, a maldade, a indolência e a preguiça, o orgulho e a própria justiça, a dúvida. Note-se que dentro das diversas classificações encontram-se sempre os mesmos vícios e as mesmas virtudes que retornam.

"O primeiro êxtase, Irmãos, está isento de cinco coisas: a ambição, a cólera, a indolência, a angústia e a dúvida foram suprimidas nele; a reflexão, o raciocínio, o júbilo, a felicidade, a concentração estão presentes.

"Após a supressão do raciocínio e da reflexão, embora mantendo o júbilo e a felicidade, o discípulo conquista a paz interior, a unidade de espírito que constituem o segundo êxtase.

"E, depois que o júbilo se desfaz, o discípulo mantém-se na uniformidade de alma, os sentidos e a percepção alertas, com uma consciência clarividente, e ele experimenta em seu coração o sentimento do qual os sábios dizem: "Feliz é o homem que possui a serenidade e um espírito de reflexão." Ele entra assim no terceiro êxtase.

"Finalmente, quando o discípulo afastou o prazer e a dor e renunciou ao júbilo e à dor anteriores, então ele entra no estado de serenidade isento de prazer e de sofrimento, no estado de clarividência de espírito do quarto êxtase."

Vê-se que estes êxtases são os *jhanas* que já encontramos ao estudar a primeira forma de meditação. O arrebatamento volta, assim, incansavelmente, no mesmo círculo de idéias, retomando, repetindo-as à saciedade, sob todas as formas, todos os aspectos suscetíveis de impressionar a mente do discípulo, de provocar a meditação, de conduzi-lo ao objetivo procurado.

Evidentemente, seria enganar-se querer reduzir o budismo às proporções de um materialismo simplista. Ele traz em si uma parte considerável de misticismo. Entretanto, o misticismo da doutrina ortodoxa é sustentado por uma educação da mente concebida num sentido absolutamente racional. Certamente, não faltaram no Oriente pessoas mais tentadas pelos devaneios fáceis e pelo maravilhoso aparente dos estados hipnóticos do que pela severidade, pela aridez, pode-se dizer, da cultura em conformidade com os preceitos primitivos e suas extravagâncias exteriorizaram-se livremente em muitas seitas budistas. Não é menos certo que o sistema de meditação inspirado pela doutrina original tende a fazer, antes de tudo, mentes clarividentes, em plena posse de meios de percepção, com um funcionamento irrepreensível.

Convém, pois, ser prudente na interpretação de certas passagens que podem se prestar a equívocos, tal como a que se refere à segunda meditação ou êxtase, onde se fala da supressão do raciocínio e da reflexão.

Seria difícil entrar em explicações detalhadas a respeito destes dois planos de consciência e de conhecimento que os doutores do budismo designam com as palavras *lokya,* isto é, pertencente ao nosso mundo (mundo do Nome e da Forma) e *lokuttara,* isto é, além deste mundo. Desenvolver tal assunto ultrapassaria o propósito desta obra. Importa somente lembrar aquilo que foi repetido muitas vezes, que o budismo é a doutrina do além. No caso particular que estudamos, a reflexão e o raciocínio que foram abandonados podem ser entendidos como uma reflexão e um raciocínio referentes às investigações no mundo da ilusão (o mundo do Nome e da Forma). No momento em que seu mecanismo e sua natureza foram compreendidos, de tal modo compreendidos que por detrás da miragem das coisas vimos a Realidade, o Imutável, cujas manifestações sensíveis de nosso mundo nada mais são que sombras instáveis e deformadas, esta espécie de reflexão e de raciocínio cede e não tem mais razão de ser. No consciente[26] perfeitamente clarividente, a visão, a compreensão, o "Conhecimento", para empregar a expressão consagrada, substituem os tateios da reflexão e do raciocínio comparadas a uma tarefa de escolar.

A maneira como as Escrituras descrevem o terceiro êxtase mostra bem que há fundamento em nossa maneira de ver. Se os êxtases tendessem a conduzir progressivamente o discípulo a um estado de embotamento e de inconsciência catalépica, não estaríamos falando de um homem que, depois de ter eliminado a reflexão e o raciocínio, ainda possui os sentidos e as sensações (os órgãos de percepção e as próprias percepções) "alertas, vigilantes, claramente conscientes." Finalmente, o quarto êxtase não nos seria representado como constituído por um estado de perfeita clarividência de espírito.

Uma declaração de *Abhidhamma* acrescenta o peso de sua antiga autoridade ao que acabamos de enunciar. A passagem em questão trata da meditação mística chamada *Niroda-Samapati,* na qual o discípulo, através de uma concentração singular, suprime quase que inteiramente as funções dos sentidos, e conclui: *"Niroda-Samapati* não pertence ao nosso plano de consciência[27] *(lokya),* visto que os domínios do desejo, da

---

26. Consciência é usada sempre no sentido de conhecimento, de "ter consciência de qualquer coisa". Não se trata jamais do que chamamos de consciência ou noção do Bem e do Mal, o Mentor invisível que certas filosofias colocam em cada indivíduo.

27. O do mundo sensível ou mundo da Forma, ver acima.

forma e da ausência de forma são suprimidos enquanto perdura[28]. Não é, tampouco, *lokuttara* (para além do mundo), embora muitos acreditem nisso. Não pode, de maneira alguma, ser identificado com o Nirvana."

A mesma obra revela ainda que a prática dos *Jhanas* (meditações-êxtases) não é de modo algum condição indispensável para atingir um ou outro destes quatro graus da sabedoria, que o budismo chama de caminhos além do mundo *(lokuttara)*[29]. O conhecimento superior possuído pelos que se designa com o nome de Arahats pode nascer somente de um estado de intensa clarividência *(Vipassana)*. Podemos então deduzir, a partir daí, que as meditações são um exercício eminentemente útil e favorável ao desenvolvimento mental, que permitirá ao discípulo atingir a clarividência e, através dela, a Salvação, o Nirvana, mas devemos parar nesse ponto nossa conclusão e evitar cuidadosamente atribuir às meditações um lugar diferente daquele que elas têm, na realidade, dentro do budismo. Para nós, estrangeiros, não seria uma boa idéia contradizer a doutrina de uma obra canônica para substituí-la por uma interpretação pessoal.

O fim deste minucioso adestramento apresenta-se sob um aspecto de uma simplicidade que muitos acharão desconcertante. O herói, o mago, o santo, tal como vivem nas lendas, não aparecem para nós. Em seu lugar, encontraremos o "pensador calmo, silencioso" distante das especulações metafísicas cuja imagem encerra o estudo de Nyanatiloka.

"Eu sou", Irmãos, é um pensamento vão; "Eu não sou" é um pensamento vão; "Eu serei" é um pensamento vão; "Eu terei uma forma" é um pensamento vão; "Eu serei sem forma" é um pensamento vão; "Eu serei consciente" é um pensamento vão; "Eu serei inconsciente" é um pensamento vão; "Eu não serei nem consciente nem inconsciente" é um pensamento vão. Ter pensamentos vãos, Irmãos, é ser um enfermo. Ter pensamentos vãos é sofrer. Aquele que superou os pensamentos vãos é chamado de o pensador calmo. E o pensador, Irmãos, o pensador calmo não aparece, não desaparece, não morre, não teme, não deseja; porque não existe nada nele que possa aparecer[30]. *E uma vez que ele não apare-*

---

28. Através da ausência de sensações, de percepçao dos sentidos.

29. Esses graus são, começando pelo menor, em sabedoria: Sotapanna, Sakadagami, Anagami e Arahat. Os Arahats alcançaram o Nirvana neste mundo.

30. Como poderia dar origem a uma manifestação qualquer no domínio da ilusão, aquele que está livre de todos os germes da ilusão.

134

ce, como poderia desaparecer[31]*? Uma vez que ele não desaparece, como poderia morrer? Uma vez que ele não morre, como poderia temer? Uma vez que ele não teme, como poderia desejar?...*

"... Esta inabalável libertação da mente é o verdadeiro objetivo, o estado de Arahat, o ponto essencial do ascetismo, é o Objetivo"[32].

Talvez a extensão das explicações precedentes pareça muito grande num estudo que, pela sua concisão, visa somente dar uma exposição sumária da doutrina budista. Obras infinitamente mais eruditas e mais completas que esta tratam apenas superficialmente esta questão da meditação. Não obstante, ela ocupa um lugar tão importante, tão indispensável no budismo e alimenta-se, entre nós, idéias tão falsas a seu respeito, que não foi em vão, para a clareza da opinião que se vai formar, reexaminar, embora rápida e superficialmente, o ensinamento primitivo ainda vivo, já que ele é sancionado pela adesão dos budistas contemporâneos e é entre eles que nós temos encontrado referências para nossas pesquisas.

---

31. Uma vez que ele não *vem*, como poderia *ir-se?* Reencontramos a idéia da existência além da vida e da morte. Este pensador atingiu a consciência do Imutável, do Idêntico, do Eterno.

32. Idéias análogas são desenvolvidas no cap. XIX do *Visuddhi-Magga*.

CAPÍTULO IV

CARMA[1]

"... Será difícil compreender que a lei da
Causalidade, o encadeamento das causas e dos
efeitos..."

Mahavagga

O problema que parecia ao Buda ter uma demonstração e uma compreensão tão penosas e que o fez hesitar no limiar de seu apostolado continuou tão difícil de captar e de compreender quanto era em sua época. Como o próprio Tathagata concebia a doutrina hindu do Carma que abraçou? Não devemos esperar esclarecer este ponto. Em numerosas passagens onde o assunto é levantado, quando muito podemos tirar algumas indicações sobre a maneira pela qual seus discípulos haviam compreendido as instruções ouvidas dele.

Contudo, parece que entre as múltiplas interpretações, um tênue fio se insinua, próprio a nos servir de guia. Não que ele possa nos inspirar certeza, ou mesmo a simples esperança de compreender o segredo de uma teoria cuja complexidade só o espírito clarividente de um Buda é, talvez, o único apto a compreender, mas que pode, entretanto, permitir afastar os erros mais grosseiros, de entrever algumas luzes ao longe.

---

1. A palavra *Karma*, uma das mais conhecidas do vocabulário filosófico hindu, foi divulgada sobretudo no Ocidente pelos Teósofos. A expressão "doutrina do Carma" é um pouco incorreta. Assim como dizemos causa e efeito, os budistas falam de *Karma* e *Vipâka* (a ação e o fruto). Carma, por si só, não implica de maneira expressa nos dois termos da fórmula da Causalidade, embora se possa, contudo, encontrar essa acepção em inúmeras passagens das Escrituras.

136

A doutrina do Carma domina toda a filosofia hindu. Muito antes da época do Buda ela inspirara longas e sutis controvérsias entre os brâmanes e, atualmente, os védicos e budistas lhe conferem um lugar de destaque em seu ensinamento.

Karma tem, em sânscrito, o sentido de *ação*. Em sua significação geral, esta palavra se refere à lei da Causalidade, a partir da qual uma adaptação religiosa fez a lei da retribuição moral.

Não há efeito sem causa. Toda manifestação no âmbito físico ou mental procede de ações anteriores e é, em si mesma, a origem de manifestações posteriores. Todas as formações da matéria tangível ou da inteligência são somente os elos de uma corrente sem fim tanto no passado como no futuro, continuando, até o infinito, a série das causas e dos efeitos que se produzem perpetuamente.

Esta concepção relativamente nova, na filosofia ocidental, remonta, entre os hindus, a uma antiguidade considerável. Ela forma a base de sua fé e a vemos manifestar-se em todas as suas teorias religiosas, mesmo quando uma interpretação falsa as faz entrar no domínio da extravagância. Dela nasceu a doutrina da salvação conquistada pelo próprio homem e dela também procede aquela, tão pouco conhecida por nós, dos poderes mágicos, dos *Iddhis* completamente diferentes, em sua essência, dos nossos "milagres".

A teoria do Carma, por ter sido anterior ao budismo, é tida como adotada pelo Buda e, por essa razão, deixa-se naturalmente de lhe dar a importância que ela tem realmente, no seu ensinamento.

É certo que Carma não é uma criação original do budismo assim como as "Quatro Verdades" ou a "Senda das oito ramificações", mas nem uma nem outra dessas noções teria podido existir sem a base que encontram no Carma. A suprimir a fé na lei imutável da Causalidade, todo o edifício búdico desmoronará.

Por estar imbuído de uma profunda fé nela, que Sidarta Gautama pensou como pensou, agiu como agiu, falou como falou. Desde o dia em que deixou sua casa para buscar a Causa do Sofrimento e o Meio de destruir esta Causa para destruir seus Efeitos, até os últimos momentos de sua existência, quando repete, aos discípulos que o rodeavam, esta frase que o uso perpetuou nos lábios dos budistas: "A dissolução é inerente a todas as formações", toda sua pregação tem sua raiz e extrai sua razão de ser da teoria do Carma.

137

"Toda manifestação é engendrada por causas anteriores e por sua vez dá origem a novas manifestações." A fórmula é simples, límpida e, ao que parece, não deveria levar a desenvolvimentos mais complicados. Com efeito, é assim se nos limitamos a propor um princípio geral sem procurar entrar no pormenor de suas aplicações particulares. A dificuldade surge quando se pretende seguir o curso da lei de Causalidade através do emaranhado confuso das ações e das reações; ela torna-se intransponível se pretendemos fazê-la entrar no contexto das idéias religiosas ou morais e submetê-la a elas.

Num país onde cada um seguia sem reservas o princípio determinista e via sua ação nos mínimos fatos da existência, as multidões tomadas, como em toda parte, pela necessidade de justiça, e justiça de acordo com a noção de seu cérebro rude, deviam expor a uma dura prova os moralistas obrigados a executar, para uso próprio, a conciliação de duas teorias, não inconciliáveis por essência, mas cuja ação, muito extensa para que possamos compreendê-la, desenvolve-se no infinito de confins inacessíveis a nossas investigações.

Os homens não apresentam diferenças tão marcantes de uma região a outra para que um pensamento familiar a um povo possa ser totalmente estranho a outro, pois este pensamento se apóia na essência comum dos problemas da vida. Muitos também, no Ocidente, se perguntam sobre a causa das divergências mentais, físicas, sociais entre os indivíduos: Por que nasci nesta família? Por que tenho tal estatura, tal enfermidade, tal aptidão, tal defeito?. . . Mas em nosso meio não nos aprofundamos muito na interrogação. O mistério da vontade de Deus, mais tarde a lei da hereditariedade foram suficientes para contentar pessoas cuja curiosidade estava longe de ir até a angústia. A Índia, ao contrário, examina e torna a examinar o problema há séculos e a resposta definitiva não parece ainda ter sido encontrada: — A vontade de Deus?. . . A Índia não acredita em um Jeová antropomórfico e todo-poderoso. Seus Deuses são, como todos os seres, submissos à impermanência, à lei de Causalidade. — As teorias modernas, atavismo, hereditariedade que sua juventude letrada traz de nossas universidades?. . . Elas lhe parecem pequenos fragmentos da sua antiga doutrina do Carma. . .

A expressão já usada com freqüência no decorrer deste estudo volta uma vez mais: *Para além*. Carma também é uma doutrina do "para além" e como a sabedoria búdica está para além do Bem e do Mal, Carma, lei da existência, está para além da Justiça[2].

Este fato, assim como a dificuldade de interligar as diferentes manifestações cármicas, deve ter sido compreendido logo, mas existe um outro ponto que, entre os brâmanes, constituía uma dificuldade muito mais séria.

Nossa concepção do homem feito de duas partes: a alma e o corpo, a primeira imortal, o segundo desaparecendo com a morte, tornaria relativamente fácil para nós a solução incômoda para os filósofos orientais. Supondo que admitíssemos a transfiguração – que é a única maneira possível de conceber a existência para um homem que adere ao princípio, muito antigo entre os hindus: "Nada se cria, nada se perde, tudo se transforma" – nós teríamos apenas que fazer vagar, através do Universo, uma entidade sempre idêntica, revestindo-se de formas diversas, vestindo-se de matéria diferente nas sucessivas fases de sua existência. Este imutável *ego*, conforme o impulso que lhe dariam seus próprios atos, arrastado para tais regiões, tais formas de ser, acumularia ao seu redor estes ou aqueles elementos que correspondem a faculdades espirituais ou mentais, tendências favoráveis ou vícios.

É também sob esse aspecto que as massas hindus sempre consideraram a obra do Carma e embora entre os budistas o *atman* – que na filosofia brâmane podia ter para o ignorante a função daquilo que chamamos alma – seja completamente eliminado e considerado como a mais perniciosa das ilusões, a maioria dos que se declaram discípulos do Buda nunca deixou de considerá-lo dessa forma.

Por que este homem é surdo? – Porque, numa de suas existências anteriores não cuidou de ir ouvir pregar a boa Doutrina, ou porque comprazia-se em ouvir propósitos impuros, frívolos, malévolos. . . Este infeliz despojado de tudo é um ex-avaro que não teve compaixão pela afli-

---

2. É necessário compreender estes termos: Bem, Mal, Justiça, com o sentido relativo que têm em nossa moral usual. É para além de nossas concepções humanas, para além do Bem e do Mal ou da Justiça segundo a fórmula que inventamos, que nos leva o budismo. Se bem que exista uma Justiça ou um Bem absoluto com os quais as leis amorais da existência estão em harmonia, a questão é sobre qual delas o sábio mantém uma prudente reserva. Estas realidades superiores não podem constituir o objeto de uma demonstração restrita aos limites da existência humana. O homem deve descobri-las e compreendê-las por si mesmo no decorrer de um desenvolvimento espiritual, que amplia o campo de suas investigações.

ção de outrem. . . Este fraco de espírito foi um homem dotado de uma inteligência superior que, em vez de entregar-se aos estudos, esbanja, na preguiça, suas afortunadas faculdades. . . . Entretanto, mesmo entre os fiéis pouco doutos na Lei, transparece uma certa idéia da complexidade do Carma: certos atos produzem seu fruto a partir desta vida, outros, só chegam à maturidade após uma longa série de existências sucessivas. Certas conseqüências desfavoráveis são neutralizadas ou modificadas pelo efeito de outras conseqüências favoráveis e vice-versa. Resulta que a vida de cada um comporta acontecimentos felizes e acontecimentos dolorosos, que o conjunto físico e moral do indivíduo compreende feiúras e belezas, tendências boas e más. A tônica dominante é mais ou menos fortemente acentuada num sentido ou noutro, mas a associação existe sempre.

Contudo, tudo isso são crenças vulgares de espíritos pequenos. A ortodoxia budista não conhece absolutamente a alma imutável levando uma personalidade sempre idêntica, em meio a transformações incessantes da matéria e, a partir daí, o papel do Carma se complica extraordinariamente.

Em primeiro lugar, vemos que a tendência a assimilar o Carma à justiça distributiva e que o vê, como tal, agindo em todos os acontecimentos da existência, é nitidamente combatida por certos doutores do budismo. É absurdo, pensam, estabelecer uma relação direta entre a nevralgia ou a perturbação intestinal que sofre um homem e certa má ação que ele pôde praticar. Nas *Dúvidas do Rei Milinda,* este soberano interroga Nagasena a propósito dos diversos acidentes ou doenças que sofreu o Buda. Considerando a crença professada por Nagasena, isso equivale a compreender a questão por seu lado mais difícil. Com efeito, este último acredita que o Buda não pode mais praticar o mal depois que atingiu o *Bodhi,* e também, que todas as conseqüências dos atos maus que ele pôde praticar outrora estão prescritas. Como então a doença o atinge diversas vezes, como então um fragmento de rocha sob o qual o seu primo invejoso tentava esmagá-lo, fere-o no pé? O tom da discussão demonstra a natureza infantil das preocupações da época:

— Não, responde Nagasena, "não é certo que todo sofrimento tenha sua raiz no Carma". Uma relação extraída de concepções médicas que evocam os heróis de chapéu pontudo criados por Molière segue esta declaração: a bile, os humores, sua combinação, as variações de temperatura, a ação de agentes externos, etc., podem ocasionar o sofrimento.

Portanto, "aqueles que afirmam que o Carma é a única causa dos sofrimentos dos seres e que fora dele não existem outras, sustenta um erro".

Mas o rei não está satisfeito. Seu interlocutor retrocedeu a pergunta um grau, ele não respondeu. Todas essas particularidades: bílis, humor, temperatura, contato com agentes externos têm uma causa; sua presença no organismo do indivíduo ou em torno dele não é uma conseqüência do Carma?. . . Nagasena retrocedeu ainda um passo: "A bílis pode ser alterada pelo frio, pelo calor, pelos alimentos impróprios". Neste caso o sofrimento é o fruto do calor, do frio ou de uma alimentação pouco sadia: "O número dos acontecimentos que se produzem por causa do Carma é mínimo em comparação com aqueles gerados por outras causas. Os ignorantes vão muito longe quando pretendem que todo sofrimento é uma conseqüência do Carma."

Voltando ao acidente que vitimou o Buda, Nagasena continua lembrando que Devadatta desejava matar seu glorioso parente cuja celebridade o enciumava. A rocha que ele precipitou no vazio, devia, segundo suas previsões, esmagar o Buda sentado abaixo dele; mas ao rolar ao longo do flanco da montanha, a rocha chocou-se com outras duas que fizeram-na desviar do seu trajeto; no choque, um estilhaço de pedra saltou e atingiu o pé do Buda. Em seguida, parece que o hábil sofista autor do livro das *Dúvidas* confunde-se de novo em suas tentativas de explicações. Para nós é impossível censurá-lo. O que ele quer conciliar e explicar é, na realidade, inconciliável e inexplicável.

A dor suportada pelo Bhagavad é tanto o resultado de seu próprio Carma como de ações estranhas a ele, porque fora dessas duas causas não existem absolutamente outras. É assim que, segundo Nagasena, "quando uma semente não germina, a causa pode ser um defeito na própria semente ou pode ater-se à natureza do solo em que ela foi colocada, à falta de umidade, etc. O mesmo passa-se com a comida que não foi digerida, o fato pode vir da má qualidade dos alimentos ou do desempenho insuficiente das funções do estômago." Como, segundo Nagasena, a causa do mal não podia estar no Buda, ela vinha de fora e esta conclusão não satisfaz o sentido atribuído à questão feita por Milinda[3].

---

3. Ver *Dúvidas do Rei Milinda*, IV, I, 62 e seguintes.

Tendo em conta tudo isso que antecede, Carma é considerado, unicamente, no sentido de retribuição moral. A idéia religiosa dominou a idéia filosófica da lei geral de causalidade. Não se deve esquecer que o autor das *Dúvidas do Rei Milinda* escreveu cinco ou seis séculos após a morte do Buda e que a doutrina primitiva já estava completamente deturpada em numerosas Escolas budistas. Sem dúvida, é preciso ver neste diálogo o desejo de reagir contra a idéia que, em todos os enfermos ou em todas as vítimas de quaisquer acidentes, apontava culpados expiando os erros de sua conduta passada. A tendência é perigosa, ela prontamente pode provocar uma atitude de inflexibilidade em relação àqueles que se considera como merecedores de seus males. Esta teoria, sabemos, não carece de adeptos entre as pessoas religiosas de todos os lugares. O antigo bom-senso do budismo primitivo protestava de modo confuso sob os discursos difusos atribuídos a Nagasena e permitia-lhe refutar uma maneira de raciocinar também rudimentar ao lhe opor a complexidade, aliás imperfeitamente percebida pelo escritor, das causas de onde deriva cada uma das manifestações. Contra sua vontade, ele é levado assim a sair do âmbito moral e a convir que o sofrimento, tolerado por um homem, pode ter suas origens em qualquer outra coisa que os atos praticados por ele, nesta ou em outra existência.

Poder-se-ia dar continuidade ao pensamento de Nagasena e adiantar que a individualidade transitória de um ser situa-se, por uma adaptação mecânica, no meio com o qual a natureza da substância de que ela é formada lhe cria afinidades. A qualidade dos elementos que entram na composição de um organismo é determinada por causas e, entre estas causas, é possível introduzir atos que, no passado, deram a certos elementos um impulso que os dirigiu para um sentido especial, determinou seu encontro com alguma outra categoria particular de elementos, e cujo movimento continua e cujos frutos aparecem após tal período, mais ou menos longo, ainda que eles pertençam a uma individualidade diferente daquela em que o impulso foi dado. Esta concepção não deixou de ser considerada pelos budistas[4].

---

4. Talvez esta teoria fosse aquela do budismo original. Ela parece, em todos os casos, ser a única que se ajusta à doutrina da impermanência do *ego*. É adotada pelos modernistas que a expressam através das seguintes palavras: "Um ser pratica um ato, um outro colhe o fruto". Mas é necessário compreender que este "outro" continua sendo o primeiro e não lhe é estranho.

Sem embargo, deve-se notar que as obras mais antigas do cânone ortodoxo mencionam pouco o Carma. A forma rigorosa das teorias da não-personalidade e da impermanência sustentadas pelo ensinamento original não lhes permitia tirar da lei de Causalidade uma noção de retribuição moral individual, sendo que esta requer como base lógica a permanência de uma personalidade consciente. Por outro lado, é quando a idéia desta personalidade permanente começa a reaparecer, camuflada sob vagos comprometimentos, que a questão da retribuição das obras ocupa um lugar cada vez maior nas preocupações dos doutores do budismo. As *Dúvidas do Rei Milinda* nos fornecem ainda um quadro interessante do choque dessas duas teorias e dos problemas conexos que elas precipitam. Embora a obra tenha sido composta obedecendo um objetivo apologético, as perguntas muitas vezes são melhor esclarecidas que as respostas que suscitam e por maior que seja a habilidade do polemista, ela permanece impotente para conciliar, no terreno onde ele se situa, os elementos de duas doutrinas díspares:

"O rei pergunta: "Por que, Nagasena, os homens não são todos parecidos? Porque alguns têm uma vida breve e outros uma vida longa, alguns são enfermiços e outros saudáveis, alguns são feios e outros belos, alguns são poderosos, outros pobres, outros ricos, alguns nascem numa condição social ínfima e outros entre as altas classes da sociedade, alguns são estúpidos e outros inteligentes."

"Nagasena respondeu: "Por que todas as plantas não são parecidas? Por que algumas têm um sabor azedo e outras são salgadas ou amargas ou ácidas, ou adstringentes ou doces ao paladar?"

"Parece-me, diz o rei, que estas diferenças provêm da diferença de qualidade das sementes.

– Assim, existem, ó rei, diferenças que haveis notado entre homens e para as quais pedis explicação. Os seres têm, cada um, seu Carma próprio, são herdeiros de seu Carma. Têm seu Carma por ancestral, por família e por senhor supremo. É o Carma que os classifica conforme todas as espécies de categorias[5]."

---

5. *Dúvidas do Rei Milinda*, III, IV, 2. M. Trenckner observa que esta citação é extraída do *Majjhima Nikaya*, nº 135. Esta doutrina encontra-se freqüentemente nos *Pitakas* (nota do Prof. Rhys Davids, *Sacred Books of the East*, vol. XXV, p. 101). Os *Pitakas* (cestos de coleções de leis) são as três divisões das Escrituras canônicas.

Neste aspecto geral, a doutrina é clássica e o autor apenas repete noções correntes ao expressar-se, em muitos lugares, com palavras quase idênticas:

"Minhas obras são meu bem, minhas obras são minha herança, minhas obras são a matriz que me gerou. Minhas obras são a raça à qual eu pertenço, minhas obras são meu refúgio[6]*."*

Nada pode impedir que o ato realizado dê seus frutos. É a esta idéia filosófica, adaptada conforme as circunstâncias, que Nagasena e outros doutores do budismo pedem a justificação das particularidades da vida humana.

Moggallana, um discípulo do Buda do qual este tinha, ao que parece, vangloriado a habilidade nos poderes mágicos[7], foi assassinado a pauladas. Como um homem possuidor de um tal poder não soubera imobilizar seus agressores, quebrar, em suas mãos, os cacetes de que eles se serviam, ou mudar o curso de seus maus pensamentos?. . . A multidão crente não compreendeu a derrota do santo homem, sua consciência inquietava-se com aquilo. Nagasena procura satisfazê-la.

"Os efeitos do Carma superam todas as outras influências." Assim, Moggallana viu seus poderes mágicos anulados pela força do Carma que, naquele momento e sob a forma de uma morte violenta, era a conseqüência, impossível de afastar, de atos praticados anteriormente[8]."

Isto não significava, todavia, que os frutos de cada ato constituíam uma linha certa de encadeamento dos fatos (causas e efeitos), pois cada uma dessas linhas permanece isolada e sem influência sobre suas vizinhas. A vida não comporta uma série de acontecimentos paralelos, ela é um

---

6. *Anguttara-Nikâya.*

7. Os *Idhis.* Trata-se de uma mera invenção, o Buda condenava expressamente este gosto pelas manifestações extraordinárias que possuem tantos hindus. Ele mesmo nunca fez nenhum "milagre" no sentido comum desta palavra, e um relato mostra-o repreendendo com veemência um de seus discípulos que, na intenção de concorrer para a glória de seu mestre, tinha conquistado, através de um artifício mágico, um vaso precioso colocado em local inacessível e oferecido como prêmio àquele que fosse capaz de alcançá-lo. O Buda quebrou o vaso em pedaços quando o discípulo o trouxe até ele.

8. Em uma de suas existências anteriores Moggallana tinha assassinado seu pai e sua mãe. Encontra-se a tradução dos comentários de Budhaghosa sobre esse assunto em Warren, *Buddhism in translation,* p. 221.

todo, uma mistura onde todas as causas e os efeitos se entrelaçam. Nagasena não ignorava isso e é assim que, afora a função que ele atribuía à ação direta do Carma individual, ele era levado a considerar o Carma familiar, o da raça ou, para exprimirmo-nos em termos modernos, o das influências hereditárias e atávicas, ao mesmo tempo que os efeitos da educação.

Uma das perguntas feitas por Milinda refere-se a uma das inúmeras estórias relativas às existências anteriores do Buda que nós encontramos nos *Jatakas**: o futuro Buda era, naquele tempo, um jovem brâmane chamado Gotipala. Com essa personalidade, ele insultou o Buda Kassapa, um de seus predecessores. Exortado a ir ouvir sua pregação, respondeu àqueles que o convidavam: "Que benefício pode resultar para vós ir visitar este monge, este monge que não serve para nada!"

De onde viria esta má predisposição de espírito que lhe inspirava estas palavras? – Do seu Carma, isto é, dos sentimentos que ele alimentara anteriormente, em sua existência presente ou em outras vidas?... Nagasena tem dificuldade em admitir isso, uma vez que outros relatos mostram o futuro Buda muito respeitoso para com os religiosos, em algumas de suas encarnações anteriores à de Gotipala, o jovem brâmane. Eis sua resposta:

"Sua conduta era devida ao seu nascimento e ao seu ambiente familiar. Porque Gotipala era o descendente de uma família de descrentes, de homens desprovidos de fé. Sua mãe e seu pai, suas irmãs, seus irmãos, seus parentes, seus servidores eram adoradores de Brama, fiéis de Brama. Convencidos de que os brâmanes eram os mais nobres e os mais honrados dos homens, eles desprezavam aqueles que viviam como religiosos sem pertencer à sua casta. Influenciado por aquilo que ouvira repetir ao seu redor, que, quando o oleiro Ghatikara o convidou para visitar o Mestre, ele respondeu: "Que benefício pode resultar para vós ir visitar este monge, este monge que não serve para nada!"

O efeito da educação demonstra aqui, segundo Nagasena, as tendências que o rapaz carregava como frutos cármicos de suas existências passadas.

---

* JATAKAS: coleção de textos, em pali, sobre as primeiras vidas do Buda.

As combinações mais complicadas da hereditariedade aparecem confusamente, nas linhas seguintes:

Assim como a melhor das beberagens torna-se amarga ao ser misturada com veneno, também a água mais fria se esquenta ao contato com o fogo; assim como o mais ardente dos braseiros perde seu esplendor em contato com a água e transforma-se em resíduos frios e pretos, também ocorreu com Gotipala. Apesar da fé e do conhecimento que tinham sido seus (em suas vidas anteriores) quando ele reencarnou no seio de uma família de descrentes, ficou como se fosse cego[9]".

Entretanto, sob esta cegueira, as tendências adquiridas no decorrer das vidas passadas subsistem e esperam apenas uma oportunidade para se manifestar. É assim que Gotipala acabou por encontrar-se junto a Kassapa para ouvi-lo pregar, compreendeu imediatamente a verdade de suas palavras, tornou-se seu discípulo e conquistou suas faculdades superiores de clarividência e de concentração de pensamento que garantiram seu próximo renascimento no céu de Brama[10].

Antes de terminar com estas narrativas mais ou menos infantis de um budismo decaído em sua severidade filosófica, precisamos notar que, de acordo com o autor das *Dúvidas do Rei Milinda*, os seres conscientes, por si sós vêem as condições de seu nascimento determinadas pelo Carma. Este fato demonstra claramente que o significado de *ação* (Carma) referido a um dos termos da lei de Causalidade decididamente estabeleceu uma noção de justiça distributiva que, forçosamente, só se pode aplicar aos seres conscientes. Os organismos não dotados de consciência são tidos como resultado "de uma causa material preexistente."

Tudo isso oferece, na verdade, somente um interesse muito pequeno. Encontramos aí apenas tentativas de articulação de um pensamento que se perde, incomodado em suas adaptações populares pela lembrança

---

9. *Dúvidas do Rei Milinda,* IV, v, 20, 21.
10. Não se deve confundir com o Paraíso dos Cristãos ou dos Muçulmanos. O céu de Brama, morada desse Deus, não é absolutamente um porto definitivo. Como nosso mundo terrestre, e embora as condições de existência sejam aí infinitamente mais gloriosas, o céu de Brama e os seres que o habitam são submetidos à impermanência.

ainda muito persistente de uma doutrina mais intelectual. Mais digna de nossa atenção é a luta entre a tenaz necessidade de justiça individual, tão profundamente ancorada no coração humano, e as teorias da impermanência e da não-personalidade que nenhum budista nunca cogitou em contestar.

O problema, como dissemos, situa-se, há longos séculos, bem antes do Buda e o encontraremos apresentado em termos idênticos, nas obras budistas contemporâneas.

O que é *isso* que colhe o fruto das obras realizadas? – Não se deve fazer a pergunta no budismo. Ela não deveria ser feita, melhor dizendo, mas de uma forma ou de outra muitos discípulos conheceram a inquietação que aparece no *Brâmane dos cem caminhos*.

"Yajñavalkya, pergunta Artabhaga, quando um homem morre, sua voz dissipa-se no fogo, sua respiração no vento, sua visão no sol, seu pensamento na Lua, sua audição nas regiões do céu, seu corpo na terra, seu "Eu" no éter, seu pêlo nas plantas, sua cabeleira nas árvores, seu sangue e seu sêmen se depositam nas águas. Mas onde permanece, então, o homem em si?

– Artabhâga, este conhecimento é feito apenas para nós dois. Nenhuma palavra sobre este assunto entre o povo. E os dois retiraram-se para um lugar isolado e conversaram juntos. E do que falavam? – falavam das ações (Carman), e o que eles reconhecem? – eles reconhecem as obras: através das obras puras, o homem torna-se puro, e das obras más, ele torna-se mau[11]."

Através das obras puras o homem prepara para si existências puras, mas onde então está o *homem* quando a dissolução de sua individualidade passageira dispersou-lhe os elementos constitutivos? – Qual é o veículo ao qual se liga a substância sutil da obra que, levada como uma semente pelo vento, irá frutificar numa individualidade nova?... Onde está o homem quando o homem desaparece, o homem que espera a recompensa de seus atos? – Como suportamos, agora, efeitos que nos são explicados como sendo os frutos de causas que precederam nosso nascimento?

---

11. Citado por Oldenberg.

A doutrina budista não admite a transmigração de uma alma[12], nem de uma forma qualquer de personalidade. Com a pergunta do rei Milinda, a inquietude dos fiéis veio à tona:

"O que é, Nagasena, o que é que renasce?
— O Nome e a Forma renascem[13]."
— Então é o mesmo Nome-e-Forma que renasce?
— Não, mas através desse Nome-e-Forma realizam-se ações, ações boas ou más e através do efeito destas, um outro Nome-e-Forma renasce.
— Se assim é, o novo ser não seria libertado de seu mau Carma?

Nagasena replicou: "Sim, se ele não fosse o produto de um renascimento, mas, como ele o é, ó Rei, ele não está liberto de seus maus Carmas[14].

Imaginai, ó Rei, que um homem roube uma manga de uma mangueira e que o proprietário da árvore tendo-o apanhado, o conduza diante da justiça e o acuse de seu delito. Todavia, o ladrão diria: "Eu não roubei a manga deste homem. A fruta que ele semeou não era igual àquela que eu peguei. Não existe nenhuma razão para me acusar." Que penseis, este homem seria culpado?"
— Certamente ele deveria ser punido.
— Por que razão?
— Porque, a despeito de tudo o que ele possa argumentar, a última manga (aquela que ele roubou) resultava da primeira (que o proprietário semeou e que produziu a árvore).
— Assim, também, ó Rei, as obras boas ou más são feitas por este Nome-e-Forma e um outro Nome-e-Forma renasce, mas este outro não está liberto dos efeitos de suas obras.

Imaginai ainda um homem que durante o inverno faça uma fogueira no campo para aquecer-se. E abandonando-a sem tê-la apagado, o fogo

---

12. Embora esta seja a opinião corrente no Ocidente.
13. *Nama-rupa*, o par que forma o primeiro dos *Skandhas*. Estará mais de acordo com o significado real colocar o verbo no singular porque o par forma uma unidade inseparável. Vimos que ele representa aproximadamente o que compreendemos por Matéria em seu aspecto tangível. No presente caso *Nama-rupa* é a personalidade material.
14. Tampouco de seu bom Carma. O novo ser é novo apenas em aparência, ele continua os seres antigos cuja ação determinou sua confecção.

se alastraria a um campo. O proprietário conduziria então este homem diante da justiça, mas o acusado diria: "O fogo que eu abandonei após tê-lo acendido não é o mesmo fogo que incendiou o campo. Eu não sou culpado deste desastre." Este homem seria culpado?

— Certamente.

— Por quê?

— Porque apesar de tudo o que ele possa argumentar, o segundo fogo (o que incendiou o campo) é um produto do primeiro (aquele que foi imprudentemente abandonado).

— Assim, também, grande Rei, as ações boas ou más são feitas por este Nome-e-Forma e um outro Nome-e-Forma renasce, mas este outro não está liberto das suas obras.

Suponhais, ó rei, que um homem suba ao andar superior de sua casa e tome aí sua refeição. E o candeeiro queimando muito alto põe fogo na palha do telhado; assim, a casa pega fogo e o fogo, alastrando-se de casa em casa, vai incendiar toda a aldeia. E este homem é detido e se lhe diz: "Você incendiou nossa aldeia!" Mas ele replica: "Eu não incendiei vossa aldeia. A chama do candeeiro cuja luz iluminava quando eu comia era uma coisa, o fogo que queimou vossa aldeia era outro."

As mesmas conclusões se repetem como anteriormente: o fogo do incêndio deriva daquele candeeiro. Citamos ainda as duas comparações seguintes:

"Imaginai, ó rei, que um homem pague um dote aos pais de uma menina, com a intenção de tomá-la mais tarde por esposa e depois disso ele parte. Em sua ausência a menina cresce. Então um outro homem deposita um dote para os pais e desposa a jovem. Todavia o primeiro, retornando, diz: "Por que vocês casaram minha mulher?" Mas o novo marido responde: "Não é tua mulher que eu desposei..."

O primeiro comprador havia escolhido uma menina, o segundo desposou uma jovem em idade de casar-se. Não era mais aquela por quem o viajante tinha depositado um dote e, não obstante, era ainda ela.

"Imaginai que alguém compre um jarro de leite de um pastor e vá embora deixando o jarro de leite sob seus cuidados, dizendo: "Eu voltarei amanhã" e no dia seguinte. o leite talha. Quando o comprador volta, lhe é oferecido o leite talhado, mas ele recusa, dizendo: "Não foi de ma-

149

neira alguma leite talhado que eu comprei, dê-me minha vasilha de leite". Mas o pastor responde: "Sem que eu tenha algo a ver com isso, seu leite virou leite talhado[15]*."*

Eis aqui bem demonstrada a relação entre a causa e o efeito, sua analogia, sua identidade própria, apesar dos aspectos muito diferentes que possam revelar e apesar da individualidade distinta atribuída a cada um. Mas tudo isso não explica em absoluto a ação de uma justa recompensa ao atribuir às nossas ações uma sanção moral pelos frutos que nós colhemos em outras existências ou, ao contrário, nos assegurando que as circunstâncias felizes ou dolorosas de nossa vida presente são o resultado da obra na qual temos trabalhado pessoalmente no infinito dos tempos passados. (A chama do candeeiro é na verdade a origem da chama que devorou a aldeia, mas esta última não *é* todavia absolutamente a mesma chama do candeeiro).

Esta última idéia não deve ser procurada no budismo. Ela não é encontrada nele. Quando tivermos a impressão de encontrá-la, poderemos dizer-nos, com toda a certeza, que, ou encontramo-nos diante de um ensinamento em desacordo com a doutrina original, ou compreendemos mal o significado de uma passagem obscura, que se presta ao equívoco. Não pode haver lugar para uma justiça distributiva *pessoal*, para uma retribuição direta e *individual*, em uma filosofia que nega a permanência e a realidade substancial da personalidade[16].

Carma, na acepção popular de balança das recompensas e das punições, ou conforme aquela que certos teósofos adaptaram no Ocidente, é um contra-senso do ponto de vista budista. A obra e sua seqüência, a ação e suas conseqüências, a Lei do encadeamento indefinido das Causas e dos Efeitos *(Karma-Vipaka)*, eis o que simplesmente ensinou o budismo, sem tentar nela introduzir a noção de justiça egoísta que nos persegue e que, avaliando as coisas através da dimensão estreita de cérebros que a ilusão do "Eu" corrompe, parece, entre a imensidão das considerações da filosofia hindu, uma mania muito pueril.

---

15. *Dúvidas do Rei Milinda*, II, ii, 6.

16. O que não deve ser entendido no sentido de que é indiferente que cometamos quaisquer atos. Justamente, ao contrário, o budismo ensina que não se escapa jamais das conseqüências das ações praticadas. Um dos objetivos da meditação budista é, precisamente, rompendo a noção limitada do "Eu", fazer compreender, sob uma ação mais ampla, o jogo das ações e das reações no Universo e a maneira como nosso "Eu" impermanente nele participa.

150

Vejamos agora como a teoria do Carma é considerada na facção mais progressista dos budistas contemporâneos. Vamos ver como se expressa o professor Narasu:

"*Todas as criaturas são o que são, pelo efeito dos samskaras[17] (formações, realizações) e, quando elas morrem, sua vida forma novos seres. O que nós chamamos de pessoa é apenas a encarnação viva das atividades passadas, de ordem física ou psíquica. É a forma atual da atividade passada que se imprime nos seres e se manifesta através deles. Esta é a lei do Carma, tal como é entendida no budismo[18]. Nenhuma outra interpretação desta doutrina pode estar conforme os ensinamentos do Buda no que se refere à transitoriedade (impermanência) e a não-realidade substancial de todas as coisas.*

No desenvolvimento pessoal de cada indivíduo, todo pensamento, sentimento ou volição conta para qualquer coisa, isto não é difícil de ser compreendido, mas que haja uma retribuição após a morte, quando não se concebe a transmigração do âtman (ego), eis que não pode ter significação fora da relação do indivíduo com a humanidade como um todo. Considerado fisiologicamente, um homem se reencarna em seus filhos e seus descendentes e transmite-lhes seu Carma físico. Considerado do ponto de vista ético, a vida física de um indivíduo não pode ser separada daquela da comunidade à qual pertence. O dever, a responsabilidade não têm nenhum significado fora da sociedade. Por conseguinte, como, então, um homem poderia ter um carma distinto daquele dos outros seres humanos? As alegrias e os sofrimentos de um indivíduo não são sempre o resultado de seu Carma pessoal[19]. O Milindapañha (Dúvidas do rei Milinda) nos diz que é devido a uma extensão errônea da verdade que o ignorante declara que "toda dor é o fruto do Carma[20]" (do Carma individual). Contudo, nenhum budista contesta que todas as coisas são submetidas à lei de causalidade. E pois somente considerando a humanidade como um todo, interligado, como as partes de um todo univer-

---

17. O professor Narasu emprega as palavras em sânscrito, *samskâras* = *sankhâras*, em pali.
18. As teorias sustentadas pelo autor são encontradas em muitas passagens das Escrituras canônicas e notadamente no *Visudhi-Magga*, cap. VII e XIX.
19. Quer dizer, ações que ele realizou sozinho, seja na forma presente da existência, seja em uma outra forma anterior.
20. Ver pág. 136.

151

sal, que podemos captar a plena significação da doutrina do Carma. O assassino e o ladrão não são, sozinhos, responsáveis perante a sociedade, mas a sociedade é igualmente responsável por gerar tais caracteres...

... A doutrina budista do Carma difere totalmente da teoria brâmane da transmigração. O bramanismo ensina a transmigração de uma alma real, um âtman, enquanto que o Dharma (a doutrina budista), fala de uma simples sucessão de Carmas[21]. Segundo a concepção brâmane, uma alma emigra de um homem para um dos planos de existência denominados os "seis reinos": de um homem a um animal, de um animal ao inferno, do inferno ao céu e assim por diante, absolutamente como um homem se transporta de uma casa para outra, conforme suas necessidades. É verdade que, nos sutras budistas, encontram-se passagens que se referem à transmigração de um para o outro dos "dez mundos", mas isto não significa que um ser qualquer passe de um mundo para um outro. Para o verdadeiro budista, o céu e o inferno não são lugares reais, mas criações imaginárias de espíritos ignorantes.

No sentido búdico, a transmigração é, simplesmente, uma manifestação de causa e efeito. Só em virtude de causas e de condições são produzidos os fenômenos mentais acompanhados pelas formas corporais e daí resulta uma sucessão de vidas, cuja natureza e caráter são determinados pela qualidade do fenômeno mental. É para explicar a transmigração de Carma e ilustrá-lo por uma imagem de uso vulgar, que o Buda emprega a expressão "os dez mundos", quando ele, Buda, na realidade, quer dizer dez estados mentais configurados pelos seres e pelos lugares descritos nos "dez mundos".

Um escritor japonês, Kuroda, mantém uma linguagem análoga.

"Não existem criadores nem criados e os homens não são seres reais[22]. São as ações e as causas que, em condições favoráveis, lhes dão origem. Os homens não são nada além da combinação temporária dos cinco skandhas ou elementos constitutivos[23]. O início da combinação é

---

21. Isto é, uma seqüência de ações que são geradas infinitamente.
22. Isto é, eles não possuem realidade substancial ou *ego* permanente.
23. Ver pág. 68 a 72, *skandhas = kandhas.*

seu nascimento, sua dissolução, sua morte. Durante o tempo do estado de combinação, boas ou más ações são realizadas, por causa disso mesmo, a semente de futuras alegrias e de futuras dores é lançada, e, assim continuam sem fim as alternâncias de nascimento e de morte.

Os homens não são seres reais que por eles mesmos vagueiam entre o nascimento e a morte e não existe nenhuma autoridade que os faça mover-se deste modo, são suas próprias ações que produzem este resultado. É da ação combinada de seres animados que nascem as montanhas, os rios, as terras, etc. Todas estas coisas causadas por ações combinadas são, por essa razão, chamadas adhipatiphala *(frutos combinados ou agregados)...*

... Cada homem recebe um espírito e um corpo que correspondem às causas atuantes, sendo que as causas internas das ações são favorecidas pelas condições externas...

... O período que se estende entre a vida e a morte, durante o qual o corpo subsiste, constitui a vida do homem assim como aquela que passa da formação à destruição, durante a qual as montanhas, os rios, os continentes, etc., conservam a mesma forma, constitui a duração destes. A alternância de nascimento e de morte, entre os seres vivos, assim como a formação e a destruição das montanhas, dos rios, dos continentes é sem fim na sua obra[24]. Assim como o círculo não tem fim, este encadeamento também não tem nem começo, nem fim.

Embora não existam seres, nem coisas reais, no entanto efeitos aparecem e desaparecem onde se encontram as ações e as condições necessárias, como o eco segue o som e todas as coisas grosseiras ou sutis, grandes ou pequenas, vêm e vão a cada instante, sem nenhuma forma estável. Homens e coisas são simples termos que designam o período de duração durante o qual uma mesma forma persiste. Nossa vida presente é a reflexão das ações passadas. Os homens consideram esta reflexão como seu "Eu" real. Eles imaginam que os objetos lhes pertencem, seus olhos, seu nariz, seus ouvidos, sua língua, seu corpo, do mesmo modo que seus

---

24. É preciso compreender, sem fim no Universo, onde a destruição de uma forma dá origem a uma outra forma, e não em nosso planeta, que é por si mesmo uma das formas impermanentes.

jardins, seus bois, suas fazendas, suas casas, seus servos e suas criadas, mas na realidade todas as coisas não são mais que resultados produzidos, sem limites, por inumeráveis ações[25].

Parece impossível a uma doutrina que estabelece em sua base a lei de causalidade evitar as discussões sobre o livre-arbítrio; contudo o budismo antigo não parece ter se detido nesta questão que suscita, entre nós, tantas controvérsias apaixonadas. Nós a veremos abordada somente por escritores modernos, que receberam uma educação ocidental, não como discussão de um princípio que budista algum pensa contestar, mas como a forma de informação dada aos adeptos das filosofias nascidas ou adotadas em nosso país.

Que um ser possa ser livre no sentido absoluto do termo, isto é, que sua vontade não seja a expressão de causas determinantes, eis uma hipótese que não pode sequer ser considerada no budismo. Na qualidade de *produto* de causas conhecidas ou que escapam a nossos meios de investigação, na qualidade de agregado de elementos diversos, o homem e as manifestações às quais sua atividade dá ensejo só podem ser resultados.

Nem mesmo foi necessário que os budistas considerassem que a Causa Primeira, por si mesma, tendo sido libertada, essencialmente, de toda dependência face a uma causa qualquer que determinou a formação e a composição de seu ser, pudesse ser concebida como inteiramente livre em sua ação. O ensinamento ao qual aderiram os protegera da ilusão do "Eu", que diz: *meus* sentidos, *meu* corpo, *meu* pensamento prossegue acrescentando *minha* vontade. Assim como abordamos isso várias vezes, quando nós designamos por centro, por possuidor e diretor em nosso organismo físico e mental um personagem invisível – alma, espírito, "eu" qualquer – que parece reger suas manifestações, o budista diz: a união dos sentidos, de um corpo, de pensamentos, de percepções, etc., forma aquilo que se chama personalidade. Não é porque existe uma personalidade e porque esta personalidade o *deseja* que se produzem manifestações, mas, ao contrário, é porque manifestações estão se produzindo que existe uma personalidade. De acordo com este sistema compreende-se que o budismo pôde ignorar a noção do livre-arbítrio tal como foram obrigados a sustentá-la aqueles que pretendiam encontrar

---

25. Kuroda: *Outlines of Mahâyâna.* Notar-se-á que o autor, embora pertencendo ao budismo do Norte (Escola do Maaiana), professa, aqui, teorias idênticas às da Escola do Sul.

nela a justificação – segundo nossa concepção de eqüidade – sanções *post-mortem* ou formas da justiça humana inspiradas no mesmo princípio de retribuição moral.

A liberdade de que falam as Escrituras é a liberdade de espírito, do espírito que está acima do desejo, acima do medo[26]. É uma liberdade filosófica que ocupará um lugar – e um lugar importante – entre as causas que determinam as ações de um indivíduo, mas que nunca poderá anular todas as outras causas físicas ou mentais que vão concorrer para a produção da série de manifestações que constituem sua vida, seu único "eu".

Quando de sua primeira entrevista com o Buda, Anatha Pindika, o rico mercador cujo nome deveria tornar-se célebre na história das origens budistas, recebeu uma resposta onde esta espécie de liberdade é claramente definida:

Numa manhã, ao romper do dia, Anatha Pindika encontra o Mestre passeando, em meditação, no parque da casa onde ele se hospedava e o aborda com as seguintes palavras:

– *Espero, Senhor, que o Iluminado tenha dormido em paz.*
– *Dorme sempre em paz o sábio que é livre.*

Aquele que não é enfraquecido pela cobiça, que é sereno, liberto dos upadhis, *que transpôs todos os obstáculos, que acalmou toda a angústia em seu coração; aquele que estabeleceu a paz no seu espírito, cheio de paz, dorme em paz*[27]."

Os *upadhis*[28] compreendem o vínculo entre as obras e seus frutos que se manifesta sob a forma do desejo e o elo que nos une às ações realizadas no passado: o *Carma*. Desejo, erro[29], Carma constituem este

---

26. Esta liberdade não tem nenhuma relação com a que Epicteto define de forma tão espantosa, nas *Máximas:* "A liberdade consiste em querer que as coisas aconteçam, não como nos agrada, mas como acontecem." Existe aí resignação, ou indiferença que pode chegar a um desapego marcado pela mais alta sabedoria, mas não é a liberdade. Sobretudo não é o espírito do desapego búdico. O budista não aceita os fatos quando ele os julga maus, ele procura descobrir a combinação de ações próprias para modificá-los. Nesse contexto está o plano de revolta que aparece nas "Quatro Verdades".
27. Kullavagga, VI, iv, 4.
28. Ver pág. 112.
29. Erro ou Mal, Pecado. O budismo não concebe isto como um erro funesto em suas conseqüências.

substrato da existência que, por meio dos *Skandhas*, dá origem à personalidade tangível, é a eles que se refere o *Mahavagga* quando o Buda considera a dificuldade que os homens experimentarão para compreender a doutrina que ele se dispõe a pregar, "será (para os homens) uma coisa bem difícil de compreender, a extinção dos *sankharas*, a libertação dos *upadhis*".

Com relação a esta liberdade relativa do sábio – que não pode ser senão uma liberdade no que concerne ao futuro e não uma liberdade no que se refere ao presente e ao passado, visto que o fato da reunião dos *skandhas*, ao constituir a personalidade, liga o homem às causas que determinaram a reunião e a natureza dos *skandhas* – poder-se-á atribuir à palavra Carma sua verdadeira significação de obra ou de ação. Aquele que está livre da obra é aquele que não se vincula com paixão aos frutos dessa obra que ele realizou, que permanece afastado, sem desejo quanto a seus resultados. Esta doutrina é perfeitamente budista, mas ela já havia sido, anteriormente, professada pelos brâmanes. Quando o *Bhagavad Gita* fala de "este fruto das obras que é apenas uma cadeia" e quando prodigaliza exortações como estas: "Esteja atento à realização das obras, jamais a seus frutos", ele repete, provavelmente, lições muito antigas.

Mas ao lado desta constatação banal da escravidão na qual o desejo de realizar um objetivo qualquer mantém um homem, uma outra idéia nasce e que nos conduzirá mais perto da questão que consideramos: a da libertação do fruto das obras passadas. Nós a encontraremos em muitas passagens onde se fala do *Arahat*, que tendo atingido o "Conhecimento" esgotou as conseqüências das ações passadas. Isto pode ser compreendido, no sentido espiritual, como aquele em quem o instinto, as tendências hereditárias do caráter ou os impulsos dos sentidos não se manifestam mais. Uma espécie de liberdade resulta desta libertação, mas esta não tem muito parentesco com o livre-arbítrio, segundo o significado ocidental.

Em resumo, o budismo é determinista na mais estrita acepção da palavra e segundo a mais rigorosa lógica. Determinista, mas não fatalista, visto que se ele acredita na influência das ações passadas, no cumprimento das ações presentes e admite, plenamente, as reações que, no presente, podem realizar-se ao se estabelecer contato entre elementos diversos (outras causas anteriores, ambiente, encontro de ações simultâneas, etc.) e modificar, fazer desviar, ou anular o efeito das ações passadas.

156

Citemos um exemplo muito simples: suponhamos uma criança que carrega consigo por hereditariedade certas tendências físicas ou mentais; isso não significa fatalmente que ela deva tê-las em abundância e submeter-se a elas. A educação, as circunstâncias externas onde a vida a situará, a sociedade que freqüentará serão suscetíveis de atenuar, numa grande proporção, suas tendências hereditárias; estas poderão ser suplantadas por novas tendências e mesmo eliminadas completamente.

O fatalismo implica, ao contrário, na idéia de um fato previsto, desejado, comandado por uma força superior e que se realiza no momento exato sem nenhuma modificação possível, a despeito das múltiplas circunstâncias e elementos de toda ordem com os quais ele teria estado em contato. Somente podem ser fatalistas de maneira lógica as doutrinas que admitem, em sua base, o poder arbitrário e inexplicável de uma Divindade que movimenta os seres como tantas outras marionetes cujos fios ela manipula, atribuindo a cada uma delas um papel desde seu nascimento ou talvez mesmo, segundo S. Paulo, Santo Agostinho e Calvino, criando-os expressamente para a função de escolhido ou de reprovado.

O budismo ignorou este gênero de teorias tanto quanto as que decretaram a completa liberdade de uma vontade que se forma por intermédio do sentido que ela não escolheu, de um meio, de noções, de um organismo físico que não são obra sua e com os quais ela mantém, ao contrário, sua própria existência. "Nada nasce por si mesmo", diz o *Bodhicharyavatara*.

Mencionemos ainda, a respeito desse assunto, algumas linhas do professor Narasu.

"A volição é um estado de consciência que resulta da coordenação, mais ou menos complexa, de um certo número de estados psíquicos e fisiológicos que, encontrando-se reunidos, manifestam-se através de uma ação ou de uma abstenção. O fator principal, nesta coordenação, é o caráter, produto extremamente complexo, formado pela hereditariedade, pelas condições psicológicas pré-natais e pós-natais, pela educação e pela experiência.

Uma parte, somente, desta atividade psicológica é consciente para nós sob a forma de deliberação. Os atos e os movimentos que seguem a deliberação resultam diretamente das tendências, dos sentimentos, das imagens e das idéias que foram coordenadas sob a forma de uma escolha. A escolha não é pois a causa, mas uma conseqüência. . .

... Se a vontade fosse livre, seria impossível mudar nosso caráter através da educação. Mas a experiência nos ensina que o caráter do homem é composto de diversas qualidades e é suscetível de ser modificado por uma certa seqüência de esforços. Justamente, porque a vontade do homem obedece a motivos, e é dependente de causas, ele pode transformá-la sozinho, mudando seu meio, seu gênero de atividade e determinando com uma sensata reflexão os motivos de sua vontade[30]."

Eis aí frases de cunho bem moderno e certamente não seria necessário procurar outras, semelhantes, nas velhas Escrituras. Contudo, elas exprimem exatamente aquilo que pensaram, sob uma forma menos científica e menos clara para nós, os budistas dos séculos passados. Mais que por uma semelhança de palavras, esta conformidade se revela nos métodos preconizados pelo budismo. Comparemos as últimas linhas do escritor contemporâneo ao que expusemos, de acordo com as obras canônicas, sobre o arrebatamento moral pela prática da meditação e constataremos, sem dificuldade, que o princípio inspirador desta busca paciente e minuciosa dos meios próprios para agir sobre o indivíduo, visando seu desenvolvimento espiritual e sua evolução mental, é bem semelhante àquele que exprimem nos dias de hoje os divulgadores modernos do budismo racional.

Carma (ação) representa então, simplesmente, tanto para os mais esclarecidos budistas de nossos dias como para os discípulos mais imediatos ao Tathagata, o encadeamento das formações, que chamamos Lei de Causalidade. Não há nada mais para se pesquisar na doutrina ortodoxa. Esta proclamou uma verdade de ordem científica; querer transformá-la acrescentando-lhe uma intenção moral é desviar-se do caminho.

A Lei de Causalidade não é absolutamente a Lei da Justiça recompensadora individual. Sim, os atos que praticamos trarão seus frutos, mas crer que *nós-mesmos* deveríamos colhê-los, num estado que nos deixaria sempre conscientes de sua causa, é uma conclusão estranha ao budismo.

Um Sutra nos fala de um homem que, estando deitado, desperta no meio da noite, acende o candeeiro, chama seu secretário e dita-lhe uma carta. Feito isso, o secretário retira-se, o homem apaga a lamparina e

---

30. *The Essence of Buddhism.*

adormece. As coisas encontram-se no estado em que estavam antes. O que resta do quadro, agora apagado, do homem ditando, do secretário escrevendo, do candeeiro queimando? Resta a carta, a perseverança do ato realizado, que passará para outras mãos, gerará novos atos. Nesta parábola podemos ver a imagem da vida: uma atividade que desperta, depois desaparece, mas deixa atrás de si suas obras.

Agora talvez não possamos evitar perguntar por que um homem se interessaria pelo rumo de atos cujas conseqüências, em muitos casos, ele jamais há de suportar; porque ele se absteria de atos suscetíveis de lhe serem momentaneamente agradáveis, assim como de outros que deveriam proporcionar-lhe somente frutos amargos?

Uma pergunta como essa não é admissível; aquele que a faz não compreendeu a palavra inicial da pregação do Buda. Todavia, eu insisti em experimentar o efeito sobre um religioso budista. Por que evitar a ação adequada para produzir resultados dolorosos? Respondeu-me ele: por que preferir aquela que deve ter conseqüências felizes?... Mas, para aliviar um pouco o fardo do sofrimento que esmaga os seres, para aumentar a soma de suas alegrias...

De fato, a luta contra o sofrimento, a infinita compaixão pelos seres oprimidos pela dor é o fundamento do budismo e é desse ponto de vista que se deve considerar e buscar a razão de todas as suas teorias e de toda sua ação prática.

Para terminar, observemos ainda que o budismo verdadeiro descarta a idéia de recompensa pessoal ligada a suas obras de caridade, de devotamento, a suas virtudes e que absolutamente não cogita de uma retribuição *post-mortem*, e não pensa em nenhum Paraíso:

"Não é absolutamente pelo amor de meu próprio bem-estar que eu pratico a caridade universal; mas eu amo a caridade porque meu desejo é fazer o bem aos seres que estão no mundo[31]."

"Eu não procuro nenhuma recompensa, nem mesmo renascer no Céu, mas em lugar desta busca, eu insisto naquela do bem-estar dos homens, eu tento reconduzir aqueles que se perdem, esclarecer aqueles que vivem nas trevas do erro, banir do mundo toda dor, todo sofrimento[32]..."

---

31. *Jatakamala.*
32. *Fo-sho-hing-tsan-king.*

Convém manter-se sob o impacto destas breves declarações das Escrituras; aí, melhor que em longas dissertações, o pensamento profundo do budismo se revela. Sim, nesse caso, mesmo que todo sonho de Justiça fosse uma decepcionante quimera, o discípulo do Buda gostaria de se dedicar à luta contra o sofrimento produzindo, pelos seus atos, apenas efeitos próprios para melhorar as condições da vida dos seres que o rodeiam ou que lhe sucederão na Terra. Sua compaixão cresceria, ainda, por causa da dolorosa incoerência que os abandonaria a um destino cego, aumentando sua angústia por não responder à sua instintiva e arrebatada necessidade de justiça.

Pode ser proveitoso examinar este exemplo de uma doutrina que faz do desapego absoluto sua grande lei moral. Entretanto, é preciso não enganar-se a seu respeito e fazer negar, ao budismo, toda retribuição das obras. Esta retribuição, já constatamos várias vezes, é, ao contrário, considerada por ele como rigorosa e fatal. Ela consiste no desenvolvimento, na evolução natural do ato que leva adiante sua vida em seus frutos. As meditações sobre a personalidade mostrarão, àquele que as pratica, o elo que une seu ser presente aos seres do passado. Elas lhe revelarão a perpetuidade da vida e de que modo *foram* seus ancestrais e igualmente como *serão* as gerações do futuro e, conseqüentemente, compreenderá que, sem que haja necessidade de tribunal celeste ou de ressurreição da carne, ele colherá efetivamente o que semeou. A imagem popular das metempsicoses e transmigrações encobre uma realidade profunda. A criança que nasce não é um recém-chegado, mas um ator que entra em cena para continuar um papel e, sem dúvida, a escuridão dos bastidores se ilumina, diante da clarividência dos Arahats, deixando-lhes compreender a obra de seu laboratório misterioso.

O Car la representa, na realidade, a concepção budista da lei fundamental, una em sua essência, múltipla em suas manifestações, da Vida Universal; ou melhor ainda, para sermos mais fiéis às teorias que descartam a distinção entre uma personalidade e a atividade que a constitui, podemos dizer que o Carma, o encadeamento indefinido dos fenômenos é esta Vida Universal, ela própria, sob o único aspecto acessível àqueles que não realizaram o Nirvana.

CAPÍTULO V

O NIRVANA

> Quando houveres compreendido a dissolução
> de todas as formações[1], compreenderás aquilo
> que não é formado.
>
> *Dhammapada*

Pareceria estranho concluir uma exposição sobre o budismo sem falar do Nirvana. Esta palavra é a que os ocidentais melhor retiveram entre as fórmulas técnicas de consonâncias estranhas que puderam buscar nas obras dos orientalistas. Mas não é porque a sonoridade das sílabas sânscritas soa familiar a nossos ouvidos que se deve concluir que sua significação seja igualmente clara e bem conhecida. Afirmar isso seria imprudente. Na realidade, nossa concepção do Nirvana está muito longe das correntes no mundo budista e é deste primeiro erro sobre a natureza daquilo que consideramos o ponto mais importante do ensinamento do Buda, que nasceu a compreensão errônea de sua doutrina que, até hoje, prevaleceu entre nós.

Primeiramente, exageramos enormemente a importância dada ao Nirvana no budismo. As obras mais antigas mencionam raramente este termo e mesmo quando o empregam é preciso sempre entendê-lo no sentido de "estado de Arahat", isto é, o mais alto estágio da santidade-sabedoria. Trata-se pois de um estado mental realizado, neste mundo, por um ser vivente (o Arahat) e não de um Paraíso que pode ser atingido somente após a morte.

---

1. Os *sankharas*.

Esta confusão aparente certamente não é devida à ignorância, antes devemos ver nisso um sinal da semelhança do sentido que os primeiros budistas atribuíam às duas expressões. É conveniente levar em consideração este fato e, sem dúvida, é a verdadeira via capaz de nos levar a elucidar a significação real do Nirvana.

Não encontramos de modo algum, no ensinamento primitivo, a constante evocação das recompensas e da salvação após a morte que constitui a essência das pregações da maior parte das religiões. Os renascimentos no Céu de Brama, ou qualquer outro lugar superior a nosso mundo mencionados são considerados como um resultado, certamente feliz, mas infinitamente distante da Libertação suprema alcançada pelo Arahat ou entrada no Nirvana.

Os Paraísos mais elevados pertencem, segundo o budismo, ao mundo do desejo, da ilusão, da impermanência; eles podem constituir um descanso desejável no decorrer da eterna corrida (o *samsara*), eles não são o objetivo, o porto, o repouso garantido para sempre. O Arahat atingiu esse porto; vivo, ele transpôs o limiar do além de nossas visões e de nossas concepções e, embora vejamos mover-se, entre nós, com nossos gestos habituais, ele não pertence mais ao nosso mundo da ilusão e da impermanência, ele está no Imutável, no Incriado, no Eterno. Se o receio de parecer acrescentar à doutrina budista idéias de origem vedanta não nos obrigasse a uma prudente circunspecção, talvez devêssemos dizer que ele *é* o Imutável, o Incriado, o Eterno... Talvez seja essa, em resumo, a interpretação mais precisa do Nirvana.

Como que para dar relevo a esta teoria do Nirvana alcançada nesta vida, os budistas fazem distinção entre o *Nirvana* simples e o *Parinirvana*, que ocorre no momento da morte do sábio, quando ele deixa definitivamente sua forma visível. Esta distinção, sem dúvida, está longe de ser, para o clarividente pensamento de um Arahat, o que ela parece a nossos olhos iludidos pela fantasmagoria do *samsara*. O abismo que a dissolução de um organismo parece cavar não existe para aquele que conquistou o Conhecimento. As agregações de elementos, sua desagregação são percebidas, por ele, como as fases, indissoluvelmente ligadas entre si, de um incessante movimento de transformação que continua no infinito do tempo e do espaço. Na realidade, vida e morte representam, com relação à existência, aquilo que a inspiração e a expiração são para nossa vida[2]. Não existe aí nenhum cataclisma, mas unicamente um processo regular que o sábio adota, senão a origem e o fim, pelo menos a evolução para além dos limites da personalidade.

Não faltam especulações sobre a natureza do Nirvana nas obras budistas, entretanto elas estão longe de atingir a importância daquelas que inspiraram as questões da impermanência da personalidade e de sua não-realidade substancial. Por mais estranho que o fato possa parecer, os budistas preocuparam-se, em geral, muito menos com o Nirvana metafísico do que somos tentados a fazer no Ocidente. O Buda não foi um teólogo, nem um metafísico. As narrativas dos brâmanes de sua época, as teorias sutis que arquitetavam com uma arte perfeita, pareciam-lhe coisas inúteis e loucas: são as crianças que se inquietam para saber "se o mundo é eterno ou não, se ele é limitado ou infinito", diz ele a seus discípulos, e são também as crianças – a menos que sejam religiosos interessados na prosperidade das Igrejas – que falam da natureza de Brama que eles nunca viram[3]. O que importa, e é somente isso que importa, é a luta contra o sofrimento, a busca do caminho que conduz à libertação do sofrimento, a perseverança neste minucioso programa de cultura mental que constitui a Nobre Senda das oito Ramificações. O resto é especulação, adivinhação, recreação intelectual interessante, sem dúvida, mas na qual o sábio se abstém de ter uma fé intransigente. É aqui o terreno onde devem florir os "talvez" sorridentes, a dúvida tranqüila e a filosófica indiferença do homem liberto do

---

2. Esta comparação é comum na Índia. Os filósofos antigos do bramanismo falaram da respiração de Brama como personificando o ritmo da vida universal. Através da expiração os seres saíam e através da inspiração, recolhiam-se em Brama.
3. Os brâmanes versados no conhecimento dos três Vedas viram Brama? pergunta o Buda a Vâsettha, seus Mestres, viram eles Brama, seus discípulos o viram? – Vâsettha deve responder que nem um nem outro o viram. Como então, conclui o Buda, poderiam ensinar o caminho que conduz à união com Brama que eles não conhecem: "Assim como os cegos de um bando se amparam uns nos outros, nem os que estão na frente, tampouco os que estão no meio e aqueles que estão atrás vêem mais que os outros, também as declarações dos brâmanes versados nos três Vedas são apenas dizeres de cegos: o primeiro não vê nada, aquele que o segue não vê nada e o último não pode ver mais. As declarações dos brâmanes terminam por ser ridículas, simples palavras, uma coisa inútil e vazia *(Tevigga Sutta)*.

"desejo". E toca o limiar do Nirvana quem compreendeu que mais vale dar de comer a seu irmão que tem fome do que discutir sobre o incognoscível, que não se vincula obstinadamente a qualquer teoria, que não aspira a uma vida nova, nem neste mundo nem em um outro, que não está na dependência de nenhuma doutrina[4].

O budismo ensina formalmente o perigo moral das esperanças que concernem ao além da morte. Elas são um elo, uma cadeia e toda sujeição acarreta a dor. O discípulo não deve desejar uma continuidade de vida, nem o aniquilamento, e como poderia ele cair numa ou noutra dessas heresias, que nos parecem inevitáveis, se compreendeu verdadeiramente as noções gêmeas da impermanência e da não-personalidade?

O Nirvana é o repouso infinito; pensar nele, fazer dele um objeto de desejo, uma causa de agitação seria afastar-se dele. Assim, por mais espantoso que o fato possa parecer, numerosos são os budistas para os quais esta palavra, vagamente angustiante para nós em sua significação ambígua, passa no decorrer das leituras piedosas sem provocar inquietação, ansiedade, necessidade de investigação. De que serve dissertar sobre a natureza desta paz, desta serenidade inalterável, desta extinção de toda avidez que constitui o Nirvana quando, desde esse momento, como uma maré lenta, irresistível, cresce, em um ser, o sentimento profundo, o gozo antecipado daquilo que ele é.

O budismo não retarda de forma alguma, até no "além", a realização de suas promessas de salvação. Ele teve a audácia, talvez temerária, de colocar o prazo ao alcance de nosso controle e de enfrentar os experimentadores que pudessem denunciar sua falência. Conseqüentemente, a importância da salvação *post-mortem* diminui; esta pode ser somente o prolongamento da salvação já adquirida nesta vida. Resta, pensaremos, a questão da certeza desta persistência do estado de bem-aventurança, alcançado neste mundo; mas é o momento, ainda uma vez, de introduzir, no debate, idéias ocidentais baseadas na unidade do *ego* e na existência separada e individual, que não tiveram vez no budismo. A eternidade com a qual pode sonhar um discípulo do Tathagata, verdadeiramente imbuído de sua doutrina, não se enriquece com as mesmas imagens dos místicos cristãos.

---

4. Vários *suttas* foram consagrados a este assunto: O *Paramatthaka-sutta*, o *Suddhatthakka-sutta*, o *Dutthatthaka-sutta* no *Sutta-Nipata*.

Se o problema do Nirvana não ocupa, na filosofia budista, o lugar predominante que acreditamos dever atribuir-lhe, as teorias às quais ele deu ensejo merecem, todavia, prender nossa atenção. Prevenidos pelas explicações precedentes, estaremos melhor situados para fazer, com uma exata consciência das respostas que pode acarretar, a pergunta brutal e demasiado simplista para a sutileza hindu, que nossa ocidental necessidade de precisão e de definição nítida nos sugere: O que é o Nirvana?

— O Nada, responde a maior parte dos escritores de nosso país, transmitindo esta opinião entre si e, depois deles, muitas pessoas que jamais leram as obras budistas, nem mesmo, muitas vezes, nenhum dos orientalistas europeus.

A resposta é muito sumária, muito categórica e muito afastada do espírito hindu. O Nada faz parte de nosso estoque de idéias semíticas. Ele deriva em linha reta da interpretação bárbara que temos dado ao primeiro versículo do Gênese[5]. "No início Deus *criou* o céu e a terra" é uma frase cômoda, para crianças e para aqueles que se parecem com elas. Desse "início" saiu a teoria da criação *ex-nihilo,* o nada primordial que poderia "tornar a ser" pela destruição das coisas.

Cabe duvidar que o Nada, o Nada absoluto, nos seja compreensível, mas pelo menos o termo nos é familiar e atribuímos a ele uma significação superficial. Na Índia é bem diferente; a idéia do Nada é desconhecida. Um "início", mesmo nas mais requintadas narrativas metafísicas de origem hindu, é, sempre, o começo de alguma coisa, jamais um começo absoluto por detrás do qual existe apenas o vazio. Também um fim é o fim de alguma coisa e não um aniquilamento completo. Há muitos séculos os pensadores arianos repetem que tudo é transformação, que "aquilo que não é não pode chegar à existência" e que "aquilo que é não pode cessar de existir."

No que concerne ao budismo em particular, é colocar-se em contradição absoluta com as teorias essenciais pretender que nossa personalidade, nossa alma, se aniquilem no Nirvana. Ao negar existência de um *ego* permanente e fazendo desta negação sua doutrina fundamental,

---

5. O Gênese, como todos os relatos análogos, tanto dos xintoístas como dos brâmanes, tem em vista uma disposição de elementos existentes por uma divindade que ordena. O Deus do Gênese "condensa" os elementos fluídos, os Deuses da Índia "agitam" o mar de leite.

como poderia o budismo ensinar o aniquilamento *daquilo* que ele declara não existir? . . . Ele repudia também as afirmações e as negações demasiado distintas, que se ajustam mal, sobretudo a problemas deste gênero, com a mediocridade de nossos meios de investigação:

"A uma dualidade, ó Kaccana, este mundo tem costume de limitar-se ao "Isto é" e ao "Isto não é". Mas, ó Kaccana, aquele que percebe, em verdade e em sabedoria, como as coisas se produzem no mundo, para ele não existe "Isto não é" neste mundo. Aquele, ó Kaccâna, que percebe, em verdade e em sabedoria, como as coisas perecem no mundo, para ele, não existe "Isto é", neste mundo. . .
"Tudo é" eis aí um dos extremos, ó Kaccana, "Nada é", eis aí outro extremo. O Tathagata, ó Kaccana, mantém-se afastado desses dois extremos[6] . . .

Concluir em termos definitivos em semelhantes questões é estar não somente em oposição ao espírito do budismo mas também ao da filosofia hindu em geral. Tanto no passado como no futuro, ela busca o encadeamento dos raciocínios, das hipóteses e quando chega no limite onde a força de seu esforço enfraquece, ela deixa o ponto de interrogação dirigido para os confins do desconhecido:

"Quem sabe, quem pode nos dizer, de onde nasce, de onde vem a criação e se os deuses nasceram somente depois dela? – Quem sabe de onde ela veio?
"De onde esta criação veio, se ela foi criada ou não criada, aquele cujo olho vela por ela, do mais alto do céu, aquele, apenas ele, o sabe, e mesmo ele sabe-o?. . .[7]

O Buda pertence à raça dos antigos pensadores cuja dúvida se exprime deste modo, no antigo Veda e seu "Quem Sabe" aparece, mais de uma vez, em seu ensinamento.

---

6. *Samyutta-Nikâya*, citado por Oldenberg.
7. *Rig Veda*, X, 129, traduzido por Oldenberg, segundo Geldner e Kaegi.

166

Em absoluto não é como um eco do poema veda esta narração crítica do *Kevaddha sutta*, cujo resumo segue abaixo:

"Aconteceu que na mente de um certo sacerdote, esta questão surgiu: onde então os Quatro Elementos (a terra, a água, o fogo e o ar) cessam completamente?[8]

"Então este sacerdote dirigiu-se ao lugar onde se encontravam os Deuses pertencentes ao séquito dos Quatro Grandes Reis e lhes falou assim: – Meus amigos, onde os Quatro Elementos cessam completamente?

E como ele falou deste modo, os Deuses que pertencem ao séquito dos Quatro Grandes Reis responderam:
– Nós ignoramos, ó sacerdote, onde cessam os Quatro Elementos. Mas os Quatro Grandes Reis são muito mais gloriosos e muito mais sábios que nós; eles saberão onde os Quatro Elementos cessam completamente.

E o sacerdote continuou suas peregrinações, visitando, uma após as outras, todas as categorias de Divindades, não encontrando respostas em parte alguma e vendo-se, sem cessar, recambiado por seus interlocutores a um Deus "mais sábio e mais glorioso". Ei-lo finalmente diante dos Deuses do séquito de Brama e estes igualmente se recusam:

"Nós ignoramos, ó sacerdote, onde os Quatro Elementos terminam completamente. Mas, há Brama, o Grande Brama, o Ser supremo. Aquele que nada supera, o Onisciente, o Governador, o Senhor de todas as coisas, o Criador[9]*, o chefe, o Vitorioso, o Legislador, o Pai de todos os seres que existiram e que existirão. Aquele é muito mais glorioso e mais sábio do que nós, ele saberá onde os Quatro Elementos cessam completamente.*

– Onde então, meus amigos, o Grande Brama está neste momento?

---

8. Isto é, todas as coisas consideradas pelas teorias hindus como produtos da combinação dos Quatro Elementos – onde a matéria cessa de existir. Notar, de passagem, esta observação que me foi feita por um religioso budista, de que os "quatro elementos" podem ser considerados como figuras simbólicas representando forças ou leis naturais, tais como a coesão, a gravitação, etc.
9. "Criador" deve ser entendido no sentido restrito de artesão que fabricou, confeccionou com elementos existentes. Ver nota da pág. 151.

— Nós não sabemos, ó sacerdote, onde se encontra Brama, nem em qual direção ele está, neste momento, mas sinais se mostram, uma emanação de luz se percebe, Brama em pessoa aparecerá logo.
Pouco tempo depois Brama apareceu. Então o sacerdote, aproximando-se dele, falou assim:
— Meu amigo, onde os Quatro Elementos cessam completamente?
O Grande Brama respondeu:
— Eu sou Brama ó sacerdote, o grande Brama, o Ser supremo, Aquele que nada supera, o Onisciente, o Governador, o Senhor de todas as coisas, o Criador, o Chefe, o Vitorioso, o Legislador, o Pai de todos os seres que existiram e que existirão.
O sacerdote replicou:
— Meu amigo, eu não te perguntei: "És-tu Brama, o Grande Brama, o Ser supremo, Aquele que nada supera, o Onisciente, o Governador, o Senhor de todas as coisas, o Criador, o Chefe, o Vitorioso, o Legislador, o Pai de todos os seres que existiram e que existirão?" Eu te perguntei isto: Onde os Quatro Elementos terminam completamente?"

Por três vezes, o sacerdote recebe a mesma resposta e replica igualmente. Em seguida, Brama, tomando-o pelo braço, levando-o para o lado, fala-lhe deste modo:

"Ó sacerdote, estes Deuses que compõem meu séquito acreditam: Brama vê todas as coisas, Brama sabe todas as coisas, Brama compreendeu todas as coisas. Eu não podia, assim, responder-te em sua presença.
"Eu ignoro, ó sacerdote, onde os Quatro Elementos terminam completamente. Foi sem razão que tu deixastes o Bhagavad e fostes, em outra parte, procurar uma resposta à tua dúvida. Volte, ó sacerdote, vá ter com o Bhagavad, faz tua pergunta a ele e acredite naquilo que ele te responder."

O fim do relato tende, claramente, à glorificação do Buda, mas isso não interessa ao assunto que tratamos. Sigamos então o conselho do Grande Brama e façamos a pergunta ao Buda, ele nos responderá:

"Não tenha pensamentos do tipo: o mundo é eterno; o mundo não é eterno. O mundo é limitado, o mundo é infinito[10]."

---

10. *Samyutta-Nikâya.*

A estória de um questionador menos fantasioso que o sacerdote "entrevistador" de Deuses é também relatada nas Escrituras. Encontraremos aí, mais completa e mais diretamente aplicada ao nosso estudo, a resposta do Buda:

Malunkyaputta, um dos discípulos do Buda, espantou-se por que este não abordou de forma alguma, em seus discursos, os problemas das origens e dos limites do mundo e dos seres: "O mundo é eterno ou limitado no tempo; ele é infinito ou limitado no espaço?" E ele termina com esta pergunta: "O Buda (isto é, aquele que atingiu o Nirvana) continua a viver depois da morte?" A interrogação é precisa, categórica e ousada em sua expressão: eu vim procurar o Mestre para que ele esclareça minhas dúvidas, disse Malunkyaputta, que ele tenha a gentileza de me responder, se ele pode. "Mas se alguém não sabe, não conhece alguma coisa, então, um homem sincero diz: eu não sei, eu não conheço isso."

A esta intimação, o Buda não respondeu confessando sua ignorância, como o Grande Brama, no conto precedente. Os redatores dos Livros Santos não se conformam em colocar tal confissão nos lábios de seu Bem-aventurado Mestre. Acreditariam eles em sua onisciência? — Talvez, ainda que seja necessário, nessa matéria, ser prudente em suas afirmações. O budismo, não esqueçamos, não comporta dogma que atribua um caráter sobre-humano a seu fundador. Sem dúvida, ele é o Buda, isto é: Aquele que *sabe:* mas deve-se ver nesse título com o qual os budistas o reverenciam, um ato de fé formal em sua onisciência?[11] ... É difícil responder quanto aos doutores dos séculos passados; quanto aos budistas contemporâneos, os mais entusiastas entre os que pertencem aos meios letrados não se opõem em reconhecer que a iluminação que constitui o *Bodhi* ou Conhecimento perfeito dos Budas é um estado mental, um modo de percepção e de tomada de contato com o Universo que não conduz, obrigatoriamente, ao conhecimento da matemática superior, do cálculo infinitesimal, da química e, principalmente, ao dos problemas do meta-humano: "Acreditais que o Buda sabia que a Terra é

---

11. "Plenamente esclarecido", "Que possui o Conhecimento perfeito" são títulos que reaparecem nas mais usadas fórmulas repetidas pelos budistas, mas não é preciso sempre tomá-los num sentido restrito puramente material.

redonda?" dizia-me um dia um de seus discípulos modernos. De sua parte, embora pertencesse à Ordem dos religiosos, ele pensava que seu Mestre jamais tivera a mínima idéia da forma esférica de nosso globo. O redator do texto sagrado pôde, sem magoar ninguém, fazer o Buda responder: "Eu não sei". Mas, talvez, seja possível considerar de outra maneira sua atitude nesta circunstância.

O Buda não *sabe* realmente? — Não se teria formado, no decorrer de seus longos anos de meditação, com a ajuda de sensações, intuições, uma convicção mística experimentada, realizada, luminosa e tangível para ele, mas para ele somente, que o princípio estritamente racionalista de seu método de ensino lhe proibia comunicar aos outros? Não é nada impossível e até provável. Finalmente, o Tathagata não se colocou jamais como revelador dos mistérios do mundo, da vida e da morte. Ele preconizou a luta contra a dor por um sistema de buscas pessoais e de cultura mental destinado a desenvolver o poder e o campo de ação de nossas faculdades físicas e psíquicas; a resposta que ele deu a Malunkyaputta é, pois, lógica de todos os pontos de vista:

"Chamei-te, então, dizendo-te: "Seja meu discípulo, Malunkyaputta, ensinar-te-ei se o mundo é eterno ou se ele não é eterno, se o mundo é limitado ou se ele é infinito, se a alma é idêntica ao corpo ou se ela é diferente, se um Buda sobrevive depois da morte, ou se ele não sobrevive.

– Tu, absolutamente, não me falaste assim, Mestre..."

Experimentar o remédio que lhe é oferecido, o caminho que lhe é indicado, como aquele que leva à Libertação do Sofrimento; o discípulo não tem — pelo menos oficialmente — que se preocupar com outra coisa:

Um homem foi ferido por uma flecha envenenada e seus pais chamaram um médico competente para vê-lo. Que aconteceria se o ferido dissesse: "Não quero que seja retirada a flexa que está na minha ferida antes de saber qual homem me feriu e a qual casta ele pertence". Ou então se ele dissesse: "Eu não quero que seja retirada a flecha antes que eu conheça o nome daquele que me feriu, qual é sua família, se ele é grande, pequeno ou de tamanho médio e como era feita a arma com a qual ele me feriu. . ." Antes de ter conhecimento destas coisas o homem morreria por causa de sua ferida[12]. . .

As especulações metafísicas são ociosas e sem proveito, aí está a idéia do Buda e a do escritor que nos narra este relato:

"Por que o Tathagata não ensinou a seus discípulos se o mundo é finito ou infinito, se o Buda continua ou não a viver depois da morte? – *Porque a vida moral e mental do homem não se apóia em dogmas desta espécie. Que o mundo seja eterno ou não, que ele seja infinito ou limitado, um fato permanece: a existência, abrangendo o nascimento, a decrepitude, a morte, o sofrimento em todas suas formas, à qual eu indico o meio de pôr um fim."*

Uma outra passagem vem sustentar o que dissemos anteriormente, a propósito do conhecimento íntimo que o Buda pode possuir, mas sobre o qual ele mantém silêncio porque escapa ao domínio dos fatos precisos suscetíveis de uma demonstração através do raciocínio, e, sobretudo, porque as intuições conseguidas nos devaneios e os êxtases místicos são incomunicáveis por natureza:

"Um dia, o Bhagavad deteve-se em Kosambi, no bosque de sinsapas. O Bhagavad tomou em sua mão algumas folhas de sinsapa e disse aos discípulos: "Quais, pensais, ó discípulos, são as mais numerosas, estas poucas folhas de sinsapa que eu tomei em minha mão, ou as outras folhas que estão, acima de nós, no bosque de sinsapas?"
– *"Estas poucas folhas, ó Mestre, que o Bhagavad tomou em sua mão são pouco numerosas e pouco maior é o número daquelas que estão acima de nós no bosque de sinsapas.*
– *"Do mesmo modo, ó discípulos, as coisas que eu descobri e não vos revelei são mais numerosas que aquelas que eu revelei. E por que, ó discípulos, eu não as revelei a vós?* – *Porque estas coisas não trazem para vós nenhum proveito, não apressam a vossa santidade, não vos conduzem ao afastamento das coisas terrestres, à extinção de todo o desejo, à*

---

12. Resumo segundo o *Majjhima Nikâya*, citado por Warren: *Buddhism in translations.*

171

cessação do transitório, à paz, à ciência, ao conhecimento, ao Nirvana. O que eu vos revelei então, ó discípulos? O que é a dor, o que é a origem da dor, o que é a libertação da dor, qual o caminho que conduz à libertação da dor, eis aí, ó discípulos, o que eu vos revelei[13]."

Encontra-se nas *Dúvidas do Rei Milinda* um comentário da resposta do Buda a Malunkyaputta e vemos que, vários séculos depois da morte do Mestre, a opinião referente às questões que é preciso descartar da discussão permaneceria a mesma entre os budistas:

"Se o Bhagavad, diz Nagasena ao rei, não respondeu a Malunkyaputta, não foi por ignorância, nem porque ele queria esconder-lhe qualquer coisa.

"Há quatro maneiras de considerar os problemas segundo sua natureza: Existem problemas para os quais uma explicação direta e definitiva pode ser dada. Há problemas que podem ser explicados através do exame de seus pormenores. Existem problemas que podem ser explicados ao se colocar um outro[14]. E existem problemas que devem ser afastados.

"Os problemas que comportam uma explicação direta e definitiva são do seguinte gênero: "A forma é impermanente? A sensação é impermanente? A idéia é impermanente? Os sankharas são impermanentes? A consciência é impermanente?[15]

"Os problemas suscetíveis de serem explicados através do exame de seus pormenores são do seguinte gênero: De que maneira a forma é impermanente, etc.

Continuando assim, Nagasena chega ao nosso tema: É preciso afastar-se desses e de todos aqueles que tendem para a metafísica:

"Os problemas que se deve afastar são do seguinte gênero: O Universo é eterno? Não é eterno? É limitado? É infinito? É simultaneamente infinito e eterno? Não é nem um nem outro? O corpo e a alma são uma

---

13. *Samyutta-Nikâya*, citado por Oldenberg.
14. Isto é, de maneira a trazer a solução por meio de uma analogia.
15. São os cinco *skandhas* ou elementos constitutivos da personalidade. O problema colocado assim em cinco itens equivale a: A personalidade *(ego)* é permanente. Sabe-se que o budismo responde negativamente.

mesma coisa? A alma é diferente do corpo? Um Buda[16] existe depois da morte? Não existe? Existe e não existe, ao mesmo tempo[17]? Simultaneamente, ele existe e "não existe" depois da morte? "É a propósito de uma questão dessa natureza que o Buda não deu resposta a Malunkyaputta. E porque estes problemas devem ser afastados? Por que não há uma razão, nem um motivo para resolvê-los. Aí está a razão por que eles devem ser afastados. Os Bem-aventurados. Os Bem-aventurados Budas não elevam a voz sem uma razão, sem um objetivo[18]."

Talvez tenhamos insistido muito demoradamente na conclusão de não-receber que o budismo opõe a todas as questões concernentes ao além-nascimento como ao além-morte, às origens e aos limites do Universo e do homem e, particularmente, àquela que nós havíamos formulado anteriormente: "O que é o Nirvana?" Todavia, convém mostrar que o Nirvana não foi definido, por ele, como sendo o Nada e que aqueles que o apresentam como tal se precipitam provavelmente em resolver em termos muito precisos um problema que as Escrituras budistas afastam deliberadamente ou deixam no claro-escuro das frases vagas, das expressões voluntariamente indecisas.

Em lugar da fé cega, da inteira submissão habitualmente exigida pelas religiões, o budismo solicita a seus adeptos a tranqüila aceitação da incerteza diante dos problemas que estão fora do alcance de nossa mente. Ele não deseja, para apaziguar a inquietação de seus fiéis, recorrer às fábulas, por mais engenhosas que sejam. Estes fiéis são convidados a considerar, com serenidade, as trevas que encobrem a origem e o fim das coisas e dos seres e a se esforçar em desenvolver, metodicamente, seus meios de percepção, tendo em vista desenvolver por si mesmos a soma de seus conhecimentos.

---

16. Sendo o Buda o modelo perfeito daquele que conquistou o Nirvana, é a questão da transformação de todos os seres que o alcançaram que se coloca aqui; portanto, aquela da natureza do Nirvana.
17. Estas condições acopladas, de existência e de não-existência nos mostram que não se trata de forma alguma da existência no sentido absoluto, mas da forma de existência que é, hoje, a nossa e que nossa imaginação transporta através de paraísos e de infernos do além. A questão do Nirvana é inseparável da questão personalidade. Existência, nesta passagem, significa vida individual.
18. Resumo segundo o *Milindapañha*, IV, 4.

Se desejamos saber o que é o Nirvana, será necessário que nós mesmos o experimentemos, pois o Nirvana foge, por sua natureza, a toda definição que deva emprestar suas expressões de uma linguagem adaptada aos objetos impermanentes e limitados de um mundo dominado pela ilusão:

"O discípulo que renunciou ao prazer e ao desejo, rico em sabedoria, alcançou, ainda neste mundo, a Libertação da morte, a quietude, o Nirvana, a morada eterna."

"Aquele que escapou dos caminhos enganosos do Samsara, *aquele que passou para o outro lado e atingiu a margem, concentrado em si mesmo, sem fraquezas, sem dúvidas, aquele que, liberto das coisas terrenas, alcançou o Nirvana, aquele eu chamo um verdadeiro brâmane*[19].*"*

Embora a essência última da questão não possa ser definida poderemos todavia compilar, entre as obras antigas, certas passagens dignas de nosso interesse.

A etimologia da palavra Nirvana nos dá o sentido de extinção ou mais exatamente o de soprar uma luz para apagá-la[20]. A expressão é corrente em pali e as sílabas que soam a nossos ouvidos misteriosas e solenes são pronunciadas com uma voz indiferente pelos *Bhikkhus* do Ceilão ao falarem de uma lâmpada que se extingue *(padîpo nibbâyati*[21] *).*

Extinção, chama que um sopro faz desaparecer, sim, o Nirvana é bem isto; mas o que se apaga, qual é esta chama que um sopro, *nosso* sopro, faz desaparecer? Parece que as poucas palavras seguintes, atribuídas a Sariputta, sejam decisivas a esse respeito.

Um asceta brâmane interroga o discípulo do Buda:

"Nirvana, Nirvana, dizem eles, amigo Sariputta. O que é pois o Nirvana?
– O aniquilamento do desejo, o aniquilamento do ódio, o aniquilamento da alucinação, eis aí, ó amigo, o que chamamos Nirvana[22].*"*

Uma vez que não podemos encontrar uma definição dogmática e metafísica do Nirvana, deixemos pois o dilema, estranho ao pensamento

---

19. *Suttasangaha* (citado por Oldenberg).
20. É a origem, pelo que podemos supor, da interpretação de Nirvana por Nada.
21. *Nirvâna* em sânscrito = *Nibbâna* em pali.
22. *Samyutta Nikâya*, citado por Oldenberg.

oriental, da vida eterna de nossa individualidade presente ou de seu aniquilamento e retomemos de uma outra posição nossa questão inicial: O que é o Nirvana? Ou, melhor dizendo, já que a interrogação é pouco admissível, aqui, sob esta forma: Quais são aqueles que atingiram o Nirvana? As passagens seguintes no-lo descreverão:

"Neste mundo, muito se viu, ouviu e pensou; a destruição da paixão e do desejo pelos objetos que foram percebidos é este imperecível estado de Nirvana[23].

"Aqueles que compreenderam isso são ponderados e calmos porque viram a Lei; pacíficos e divinos, aqueles foram além do desejo neste mundo[24].

"Aqueles que se afastaram, neste mundo, daquilo que foi visto, ouvido ou pensado, de toda virtude ou exercício de piedade; que se afastaram das coisas de todas as naturezas, que, depois de terem compreendido a essência da cobiça, estão livres da paixão, eu chamo homens que atravessaram a corrente[25]."

Não se trata aqui, absolutamente, da inação corporal à maneira de certos ascetas hindus, que o budismo reprova, mas sim do desapego da mente proveniente do conhecimento do não-valor em si de todas as coisas impermanentes, da compreensão do caráter convencional e relativo da moral, tal como já indicamos, na inutilidade do culto, dos sacrifícios e de todos os exercícios religiosos.

"Por qual renúncia se produz o Nirvana?
– Pela renúncia do desejo se produz o Nirvana[26].

"Tendo em vista a não-realidade, tendo refletido através da meditação sobre a não-existência, tu atravessarás a corrente; tendo abandonado os prazeres dos sentidos, estando aliviado das dúvidas, tu contemplarás a extinção da cobiça (isto é, o Nirvana) dia e noite[27]."

---

23. *Samyutta Nikâya*, citado por Oldenberg.
24. *Hemakamânavakkhâ-Pârâyanavagga, Sutta Nipata.*
25. Nandamânavapukkhâ-Párâyanavagga, *Sutta Nipata.* "Atravessar a corrente", ganhar "a outra margem" são expressões clássicas na literatura budista e que significam atingir o Nirvana.
26. *Udayamânavakkhâ-Pârâyanavagga.*
27. *Upasîvamanavapukkhâ-Pârâyanavagga, Sutta Nipata.*

"O que não é perecível, o Nirvana, os homens nobres[28] o concebem como verdadeiro; pela compreensão desta verdade, eles se libertam do desejo e são perfeitamente felizes[29]."

Naquele que é caridoso a virtude crescerá.
Naquele que domina a si mesmo nenhuma cólera pode formar-se.
O homem justo rejeita toda maldade.
Com a extirpação da cobiça, da amargura, e de toda ilusão, tu alcançarás o Nirvana[30].

"Se um discípulo deseja, ó Irmãos, pela destruição dos Asavas[31]*, por si próprio, e ainda que neste mundo, conhecer, realizar e atingir o estado próprio aos Arahats[32], a emancipação do coração e a emancipação da mente, que ele seja de uma total retidão, que ele seja fiel a esta quietude do coração que brot do interior, que ele não resista ao êxtase da contemplação, que ele averigue as coisas, que ele viva muito solitário[33]."*

Uma certa luz nos chega destes diversos fragmentos das Escrituras. Efetivamente é num "além" que devemos procurar o Nirvana, mas este "além" não é, como somos levados a pensar, o além-morte. Ele está próximo de nós, nós o rodeamos a cada minuto; é o além de uma concepção falsa, de uma cegueira que estende um véu opaco entre a existência universal e nossa visão reduzida aos limites *de uma forma e de um nome* que é modificado a cada minuto que julgamos ser nosso "Eu".

A morte não desempenha nenhum papel no caminho que conduz ao Nirvana. Os agregados dissolvidos por uma ação física, quando cada uma das partículas que os constituem é dirigida para um desejo desenfreado da vida individual, criam novamente vida individual sob novas formas, e não se aproximam do Nirvana. O Homem vivo, cuja clarividência "desagregou, mentalmente, precocemente" o conjunto de elementos formadores de sua personalidade; aquele que, deste ponto de

---

28. Os *Arias (Aryas)*, homens de mentalidade elevada.
29. *Dvayatânupassanâsutta, Sutta Nipata.*
30. *Mahâ Pârinibbâna Sutta,* IV, 58.
31. Ver pág. 98.
32. Isto é, o Nirvana neste mundo.
33. *Akankheyya Sutta,* 19.

176

vista, diferente do nosso, não pode mais conceber desejo, apego, cobiça, amor ou ódio por todos os objetos que enfeitam o ambiente, que ele analisou e decompôs como se se analisasse a si mesmo, essa pessoa atingiu o Nirvana.

Não nos é permitido exceder, em nossas afirmações, a medida que nos foi determinada pelo próprio ensinamento budista; todavia, sem sair dos limites de um comentário prudente, talvez possamos repetir ainda que o *Parinirvana*, o Nirvana completo, sem remanescente, após a morte do Arahat, representa uma classificação estabelecida mais para o uso daqueles que ainda estão nas dependências da ilusão e da personalidade do que para os próprios Arahats. Existe uma diferença entre o estado em que se encontrava o Buda meditando na tranqüilidade do parque de Anathapindika e aquele em que *ele* pode encontrar-se agora?... Para nós há uma enorme diferença, que talvez lhe seja inócua. Mas para perceber esta identidade, seria preciso inicialmente poder raciocinar tirando de nosso pensamento o *ele* e o *lhe* que implicam numa individualidade e, conseqüentemente, na diferença produzida por sua supressão.

Não é a morte que "apaga a chama" da vida pessoal. Ela não pode. Esta tarefa pertence ao homem. Ele só está apto a "apagar sua chama", a extingui-la no Nirvana. Esta doutrina rigorosamente ortodoxa é professada pelos mais esclarecidos budistas contemporâneos.

Se, porém, nos detemos em considerar a questão do Nirvana sob um aspecto mais especulativo, poderemos meditar sobre a seguinte passagem de um discurso atribuído ao Buda:

"*Assim ouvi. Nessa época, o Bhagavad residia em Sravasti, no Jetavana, o parque de Anathapindika.*

"*E naquele momento o Bhagavad instruía, reconfortava e regozijava os discípulos com discursos religiosos sobre o Nirvana.*

"*E seus discípulos, fixando o significado da doutrina, meditando sobre ela e aceitando-a inteiramente em seu coração, ouviam atentamente.*

E, nessa ocasião, o Bhagavad pronunciou esta solene declaração:

"*Ele é, ó discípulos, um estado no qual não há terras, nem água, nem calor, nem ar; nem infinito de espaço, nem infinito da consciência, nem ausência completa de toda coisa, nem percepção, nem não-percepção, nem este mundo, nem aquele mundo, ao mesmo tempo Sol e Lua*[34].

---

34. Isto é, dia e noite, luz e trevas.

"Isso, ó discípulos, eu não chamo vir, nem ir embora, nem permanecer, nem morte, nem nascimento. Sem origem, sem "devir", sem fim; é o término da dor.

"É difícil realizar o essencial; a verdade não é facilmente percebida; o desejo é subjugado por aquele que sabe e por aquele que vê, todas as coisas não têm valor nenhum.

"Ele é, ó discípulos, um não-nascido, não-produto, não-criado, não-formado. Se não houvesse, ó discípulos, este não-nascido, não-produto, não-criado, não-formado, não haveria saída[35] *para o nascido, nem para o produto, o criado, o formado.*

"Mas, uma vez que, ó discípulos, ele é um não-nascido, não-produto, não-criado, não-formado, por causa disso existe uma saída para o nascido, para o produto, o criado, o formado[36]*."*

Estamos aqui, realmente, muito longe, senão dos termos exatos, pelo menos do tom de certos upanixades?. . .

São ainda concepções do mesmo gênero que Nagasena expõe ao rei Milinda:

"Há duas coisas, ó rei, que não provêm de uma causa: o espaço e o Nirvana. . .

". . . O Nirvana não é suscetível de ser produzido por uma causa e nenhuma causa foi declarada como sendo sua origem. . . e nenhuma causa pode ser declarada como tal. E por que não? – Porque o Nirvana não é um agrupamento de qualidades[37]*.*

". . . Ele é não-composto, não-feito de alguma coisa. Do Nirvana, ó rei, não se pode dizer que ele foi produzido ou não produzido, nem que ele pode ser produzido, que ele é o passado, o futuro ou o presente, que ele é perceptível pela visão, pela audição, pelo olfato, pelo paladar, ou pelo tato.

– Se é assim, Nagasena, então, tu te ocupas em demonstrar-nos como o Nirvana é uma condição que não existe. Não existe Nirvana.

---

35. Abertura que permite sair, ser libertado. Ou seja, possibilidade de o encadeamento das "origens ou condições" passar "em dependência de causas" cujo processo vimos no encadeamento das "origens ou condições" passar na existência não-causada, infinita, permanente, sem dependência, ou seja, a existência em si.

36. *Udâna*, VIII.

37. De qualidades da matéria, isto é, manifestações distintas e especiais que tornam sensível a nós.

– *O Nirvana existe, ó rei, e é perceptível à mente.* Por meio de um coração puro e reto, liberto dos obstáculos[38], liberto da vil cobiça, o discípulo do Bhagavad que chegou plenamente pode ver o Nirvana.

– *Então, Nagasena, o que é o Nirvana? Explique-o para mim por meio de uma analogia.*

– *Existe, ó rei, uma coisa que é vento?*

– *Certamente.*

– *Queira então mostrar-me o vento, eu vos rogo, ó rei, seja por sua cor, por sua forma, seja ele estreito ou espesso, ou comprido ou curto.*

– *O vento, Nagasena, não pode ser percebido desta maneira. Não é de sua natureza ser tomado na mão e preso. Não existe isso...*

– *Assim também, ó rei, o Nirvana existe, embora não se possa mostrá-lo através das cores e das formas*[39].

Encontramos ainda, na mesma obra, as passagens seguintes:

"*Este princípio do Nirvana, tão pleno de paz, de felicidade, tão sutil, existe, ó rei. E aquele que dispõe sua vida retamente, compreendendo a natureza das formações, seguindo os ensinamentos dos Budas, realiza-o por sua sabedoria, assim como um aprendiz, guiando-se pelas instruções de seu mestre, se faz, por si mesmo, mestre em uma arte.*

"*E se tu perguntas: "Como o Nirvana pode ser conhecido? É através da libertação da angústia e do perigo, através da paz, da calma, da felicidade, da satisfação, da pureza.*

"*Assim como, ó rei, um homem caído numa fornalha incandescente cheia de numerosos feixes de lenha seca, e que se liberta com um esforço muito forte e se põe num lugar fresco experimentaria uma suprema felicidade, também ocorre com quem dispõe sua vida retamente. Aquele, por sua meditação atenta, alcançará a felicidade suprema do Nirvana onde o calor abrasador do fogo triplo*[40] *extinguiu-se inteiramente. Por fornalha, deve-se entender o fogo triplo; o homem que nela se queimava e se salva é aquele que dispõe sua vida retamente e o lugar fresco é o Nirvana.*

"*Da mesma forma, um homem que tivesse caído numa vala cheia de cadáveres e de lixo, se conseguisse sair dela e alcançasse um lugar on-*

---

38. Os cinco obstáculos: sensualidade, maldade, orgulho, preguiça, dúvida.

39. Resumo do *Milindapañha*, IV, vii, 13-17.

40. Sensualidade-cobiça; ódio-maldade; ilusão-ininteligência.

de não houvesse cadáveres experimentaria uma extrema felicidade, também aquele que dispõe sua vida retamente. *Aquele, por sua reflexão atenta, alcançará a felicidade suprema do Nirvana, onde os cadáveres de todas as más tendências foram afastados. Por cadáver, ó rei, deve-se entender os quatro prazeres dos sentidos, o homem que escapa da vala é aquele que dispõe sua vida retamente, e o lugar livre de cadáveres é o Nirvana.*

"*Assim como, ainda, um homem que caia entre inimigos tremendo de pavor, o espírito transtornado, se, com esforço muito forte, se liberta deles e se põe a salvo num lugar onde sua segurança seja solidamente garantida, experimenta uma extrema felicidade, também aquele que dispõe sua vida retamente. Aquele, por sua meditação atenta, alcançará a suprema felicidade do Nirvana de onde são proscritos o medo e o pavor. Por pavor, ó rei, deve-se entender a ansiedade renovada sem cessar pelo efeito do nascimento, da decrepitude, da doença e da morte; o homem que escapa de seus inimigos é aquele que dispõe sua vida retamente e o lugar de refúgio é o Nirvana.*

"*Assim como, ainda, um homem caído num lugar cheio de imundícies, lodo e lama, se, com um esforço muito forte, se livra da lama e se põe a salvo num lugar limpo, sem máculas, experimentará uma extrema felicidade, também aquele que dispõe sua vida retamente, por sua meditação atenta, alcançará a suprema felicidade do Nirvana de onde as nódoas e a lama das más tendências foram rejeitadas. Por lama, ó rei, deve-se entender as vantagens, as honras, os elogios; o homem que se livra da lama é aquele que dispõe sua vida retamente e o lugar sem máculas é o Nirvana.*

"*E se ainda perguntarem: "Como aquele que dispõe sua vida retamente alcança o Nirvana?" Eu responderia: "Aquele, ó rei, compreende a verdade no que concerne ao desenvolvimento das formações (o desenvolvimento dos* sankharas)[41] *, e então percebe nesse desenvolvimento, o nascimento, a decrepitude, a doença, a morte. Mas ele não percebe, nesse desenvolvimento, nem a ventura, nem a felicidade, não percebe nada, nele, que seja suscetível de produzir uma satisfação duradoura, nada que mereça nosso interesse.*

---

41. O desenvolvimento das manifestações dos *sankharas:* "Desde que ele considerou a origem e a dissolução dos elementos constitutivos (os *skandhas,* entre os quais estão os *sankharas)* do corpo, ele encontra a alegria e a satisfação que pertencem àqueles que conhecem o Eterno (o Nirvana) *(Dhammapada,* 374).

Como um homem diante de uma massa de ferro aquecida durante um dia inteiro e toda incandescente não encontraria nela um único ponto por onde pudesse pegá-la, também aquele que captou a verdade no que concerne ao desenvolvimento das formações nada percebe nele que seja suscetível de produzir uma satisfação duradoura, nada que mereça nosso interesse.

E o descontentamento nasce em seu espírito, quando ele não encontra nada em que possa apoiar-se e que possa lhe assegurar uma satisfação duradoura. A febre apossa-se dele e, sem refúgio, sem proteção, sem esperança, ele se cansa desses recomeços de existência repetidos[42]*. Como um homem caído numa fornalha incandescente se desesperaria se não visse refúgio nem meio de salvar-se, também se desespera aquele que não pode encontrar nada em que se apoiar e que lhe possa assegurar uma satisfação duradoura. A febre apossa-se dele e sem refúgio, sem proteção, sem esperança, ele se cansa dos nascimentos renovados.*

"E no espírito daquele que percebe, deste modo, a insegurança da vida que recomeça sem cessar, nasce este pensamento: tudo está em fogo, queimando e flamejando[43] *nesse recomeço sem fim. Ele é cheio de so-*

---

42. Isto é, contínua sucessão das diferentes formas de vida individual, da torrente do *samsâra*, arrastando-o sem tréguas.

43. Esta imagem da chama é empregada freqüentemente nas Escrituras. Um célebre discurso atribuído ao Buda no-la apresenta assim: "Tudo está em chamas, ó discípulos, o olho está em chamas, as impressões mentais baseadas no olho estão em chamas, o contato do olho com as coisas visíveis está em chamas, a sensação produzida pelo contato do olho com as coisas visíveis, seja ela agradável, dolorosa ou indiferente, está em chamas. Com qual fogo isso incendiou-se? – Eu vos declaro: é com o fogo da cobiça, o fogo da cólera, o fogo da ignorância; isso incendiou-se pela ansiedade do nascimento, da decrepitude, da morte, das aflições, das lamentações, da dor, do desalento e do desespero." (A mesma coisa se repete a respeito do ouvido, do olfato, do paladar, do corpo representando o sentido do tato e da mente). E quando o discípulo experimentou as sensações sob este aspecto: "Ele se cansa das sensações, ele abandona a paixão, então ele se torna livre, ele se torna consciente de que é livre, ele compreende que o renascimento está esgotado, a santidade consumada, o dever realizado e que não há mais retorno neste mundo" *(Mahâvagga, I, 21)*.

Comparar, ainda, a seguinte passagem: "Assim como lá onde há calor encontra-se também frescor (só tomamos consciência de uma coisa porque seu oposto existe), também lá onde há o fogo triplo – o fogo do desejo, do ódio, da obstinação – deve-se buscar a extinção do fogo (o Nirvana). *Buddharamsa* III, 12, citado por Oldenberg.

frimento, cheio de desespero! Se se pudesse, pensa ele, atingir um estado em que não houvesse mais "devir", aí haveria calma, brandura, cessação dos sankharas, libertação dos upadhis, fim da cobiça, ausência da paixão, paz, o Nirvana[44]. E então seu espírito se projeta para esse estado onde não há "devir" e, então, ele encontrou a paz, então ele triunfa e regozija-se com este pensamento: Finalmente alcancei um refúgio!

"Assim como um homem que se aventurou numa região estranha e perdeu seu caminho, quando toma conhecimento de um caminho livre na floresta que o conduzirá até sua casa, lança-se nesse caminho, alegre no seu íntimo, exultante e regozijando-se com este pensamento: "Finalmente, eu encontrei o caminho!" Assim também, aquele que percebeu a insegurança da vida que recomeça sem cessar... (o texto se repete como no trecho acima)... ele triunfa e se regozija com o pensamento: "Finalmente, alcancei um refúgio." E ele luta com toda sua energia ao longo desse caminho, por este objetivo que ele mantém inabalável no esforço, por esse objetivo que ele conserva constante no amor para com todos os seres de todos os mundos e, assim, ele continua sempre a concentrar sua mente até que, passando para além do impermanente, atinja o Real, o mais alto fruto (colhido pelo Arahat). E quando ele atingiu isso, ó rei, o homem que dispôs sua vida retamente alcançou e se vê face a face com o Nirvana[45]."

Uma última resposta de Nagasena completará nosso esclarecimento:

"Venerável, Nagasena, pergunta o rei Milinda, existe um lugar, seja ao Leste, seja ao Sul, seja a Oeste, seja ao Norte, seja acima, seja abaixo, seja no horizonte, onde se situa o Nirvana?...

---

44. *Sankharas,* ver pág. 73. *Upadhis,* ver pág. 155. Comparar o trecho do *Mahâvagga* reproduzido na nota precedente e os termos empregados na passagem da obra já várias vezes citada, onde o Buda hesita em começar sua pregação: "Será muito difícil para os homens compreenderem a extinção dos *sankharas,* a rejeição dos *upadhis,* a destruição do desejo, a ausência da paixão, a paz do coração, o Nirvana *(Mahâvagga,* I, 5-2).

45. Resumo das *Dúvidas do Rei Milinda,* IV, vii, 77-84. Encontra-se uma tradução inglesa integral na obra do Prof. Rhys Davids: *Sacred Books of the East,* vol. XXVI.

182

– Não há lugar, ó rei, onde o Nirvana se situe e, no entanto, o Nirvana existe, e aquele que dispõe sua vida retamente, e se mantém em vigilância alcançará o Nirvana. Assim como o fogo, que existe sem que haja, todavia, um lugar onde esteja situado o fogo. Mas se um homem fricciona dois bastões um contra o outro, o fogo se produz; assim também o Nirvana existe, embora não haja nenhum lugar onde ele esteja situado e aquele que dispõe retamente sua vida, por meio de uma atenção vigilante, alcança o Nirvana.

– Venerável, Nagasena, se não há lugar onde o Nirvana se situe, existe algum lugar onde um homem possa, sem deixá-lo e vivendo nele com retidão, alcançar o Nirvana?

– Sim, ó rei, um lugar assim existe.

– Qual é então esse lugar, Nagasena?

– A virtude, ó rei, é esse lugar. Se ele se isola na virtude[46] e na atenção vigilante, esteja ele no país dos Citas ou dos Gregos, na China ou na Tartária, em Benares ou em Kosala, em Kashmir ou em Gandhâra, na morada dos Nagas, no cume de uma montanha ou no mais alto dos céus (o céu de Brama), não importa onde ele possa estar, o homem que disporá sua vida retamente alcançará o Nirvana.

Assim como o homem que tem olhos, não importa onde ele possa estar, é capaz de contemplar a extensão do céu e de ver o horizonte em sua frente, aquele que viver na retidão e for vigilante em sua atenção, em qualquer lugar que possa estar atingirá a realização do Nirvana[47].

É, sem dúvida, inútil prolongar estas citações; daqui para a frente, nos fixaremos na direção para a qual deverão orientar-se nossos pensamentos quando encontrarmos a palavra Nirvana. Se pode ser temerário declarar: o Nirvana *é* um estado mental, se ele está, por sua natureza, além de nossa percepção e de nossas definições, pelo menos é considerando-o como tal que nos aproximaremos ao máximo da verdade. A

---

46. Deve-se recordar o que foi exposto com relação às virtudes búdicas, diferentes, em sua essência e na ordem de importância que se lhe determina, daquelas que nos apresenta a moral vigente do Ocidente. A atenção vigilante e a meditação atenta são esta virtude *(Aprâmada)* sobre a qual se falou. Ver pág. 107.

47. Resumo do *Milindapañha* (Dúvidas do Rei Milinda).

questão do Nirvana, no budismo, não é a questão do nosso devir após a morte, como geralmente se pensa[48], elas não têm mesmo, ao que parece, nenhuma relação direta.

A morte, do ponto de vista budista, é a dissolução da forma, perceptível aos nossos sentidos, de um agrupamento de elementos que vão se reagregar em novas combinações. O Nirvana pode ser considerado como a percepção do elo que liga todas as manifestações que o fraco alcance de nossa visão nos faz parecer isolados e distintos[49]; por conseguinte, atingi-lo é ter rompido a barreira que nos impõe a ilusão da personalidade, é ver além da morte, além do nascimento, além de toda a agitação das combinações impermanentes, é alcançar o Imutável, a Unidade, o Real: *Aquilo que é* (Sat) diz a velha filosofia hindu. Esta última expressão, o budismo não pronuncia, mas não a substitui por outras equivalentes, deixando-a transparecer?. . . Por mais distantes que possam parecer um do outro, e que o sejam, na realidade, na aparência, todos os sistemas que tiveram origem no território da Índia conservam, no fundo de seu ensinamento, o elo comum que os une à grande doutrina da Identidade, da Vida-Una.

Não convém, contudo, insistir nessa idéia, podemos apenas esboçar, de passagem, um gesto indicativo em direção a ela e, para permanecer fiel ao espírito búdico, afastarmo-nos logo, pois existem aí, segundo a palavra do Tathâgata, especulação e devaneios sem proveito para nosso aperfeiçoamento e o bem-estar de nossos irmãos:

---

48. Embora nos tenhamos empenhado, neste estudo, em ocupar-nos somente do budismo da Escola do Hinaiana, como representante das teorias mais próximas da doutrina original, convém observar que mesmo nas seitas pertencentes à Escola do Maaiana, onde a importância outorgada ao Paraíso de Amitabha, o Céu Sukhavâti, pode nos induzir em erro, a idéia fundamental do Nirvana permanece semelhante àquela que acaba de ser exposta. Em um estudo sobre o Nirvana dos budistas do Norte, J. Edkins relembra várias conversações que ele teve com religiosos budistas de Pequim. Um deles disse-lhe que preocupar-se com o estado que segue a morte é sinal de apego à "forma", isto é, segundo a fraseologia budista, à personalidade. Outras respostas que lhe foram dadas traduzem-se da seguinte maneira: "O Nirvana não é a morte, mas um estado de não-existência, de absoluta libertação da vida e da morte". "O Nirvana não é a vida, nem a destruição" (J. Edkins: *The Nirvana of the Northern Buddhist).*

49. Esta idéia que aparece neste trecho: ". . . Aquele que conhece suas antigas moradas (as personalidades que precederam sua personalidade presente) cuja vista abrange o céu e o inferno, aquele eu chamo um brâmane." *(Dhammapada,* 423).

184

"O Bodhi *(o conhecimento perfeito que determina a realização do Nirvana) não tem marcas ou sinais que o distinguem; o que se pode saber a seu respeito não tem nenhuma utilidade, mas o cuidado dispensado ao exercício de seu espírito é da mais alta importância. É como se fosse um espelho limpo e polido, tornado claro e brilhante, de sorte que as imagens se reproduzem com brilho e nitidez* [50].

Uma conclusão resulta do estudo das Escrituras canônicas, assim como das declarações dos budistas modernos: o Nirvana não pode, de nenhuma maneira, ser comparado a um Paraíso onde as almas dos eleitos continuam vivendo uma vida individual do gênero daquela que é atualmente a nossa e, por outro lado, não tem nenhuma relação com as concepções que nos são sugeridas pelos termos aniquilamento e nada [51]. A extinção à qual a significação da palavra Nirvana se refere é aquela do

---

50. *Sutra em quarenta e dois artigos,* XII.

51. Num artigo de tom um pouco áspero, onde se percebe a irritação causada pela contínua má interpretação da doutrina no que concerne ao Nirvana, a revista da *Mahâ-Bodhi Society,* publicada no Ceilão, responde da seguinte maneira às opiniões emitidas por um sanscritista estrangeiro: ". . . A Doutrina do meio opõe-se tanto às teorias animistas como às teorias niilistas. Mas esta Doutrina não pode ser compreendida por materialistas sensualistas e teólogos. A filologia e a erudição podem ajudar a dissecar raízes gramaticais, mas elas não farão de um homem um analista dotado de sabedoria superior. O estado transcendente que está além do reino onde os anjos esvoaçam com asas de ganso ultrapassa a compreensão dos materialistas sensualistas. . . O professor X. . . evidentemente não leu os numerosos *suttas* que, no *Majjhima Nikâya,* já explicam o imortal atingido pelo coração liberto que destruiu todos os desejos sensuais, libertou-se de todas as crenças absurdas e aniquilou a ignorância. . . Dizer que o Nirvana é "o aniquilamento completo, a morte eterna" é dar prova de uma ignorância total. É pena que eruditos de valor caiam nessas inúteis e ridículas bisbilhotices, induzindo em erro aqueles que são tão ignorantes como eles. É o caso de falar do cego que conduz outro cego. É como pedir a um operário da fábrica de bolachas de Reading, que só experimentou migalhas de côco seco, para escrever uma tese sobre a cultura dos coqueiros. Recomendamos ao professor X. . . a leitura do 64º *sutta* do *Majjhima Nikâya.*

O *sutta* ao qual nos remete o artigo é intitulado *Mahâ Malunkyovada sutta.* Ele trata dos *Sanyojana* ou "vínculos" e conclui com esta declaração: "Quando o espírito percebe a impermanência, o sofrimento e que não existe absolutamente personalidade duradoura que possa ser chamada *ego,* então ele se une com o elemento imortal do Nirvana absoluto". Esta percepção é a das "Três características", Impermanência, Sofrimento, Não-realidade substancial da personalidade. Eis-nos aqui de volta ao ponto de partida, ao Discurso do Parque das Gazelas. Na verdade, todo o budismo está contido aí.

apego à existência individual, a "chama" que temos que "soprar" é a ilusão do "Eu". Nada mais foi declarado explicitamente e todo budista tem o direito de acreditar tanto na inconsciência final como num estado transcendente de consciência universal. Contudo, sem renunciar à restrição que proíbe, a racionalistas, o caminho das hipóteses sem fundamento, os budistas vêem na destruição da ilusão do "Eu" o equivalente da operação que daria a visão a um cego de nascença e lhe destinam, como conseqüência, um estado mental que conduz para além da vida e da morte, que pode ser realizado, mas não explicado, tanto quanto poderia ser comunicado ao cego de nascença — antes que uma operação lhe permita contemplar por si mesmo — a idéia do universo visível a nossos olhos[52].

A real significação do Nirvana, escreveu Max Muller, é inteiramente ética (nem metafísica, nem animista):

"Os homens podem, pelo degrau de suas personalidades mortas, elevar-se às mais altas coisas[53]*"*

Temos boas razões para ver nesta última frase a expressão exata do verdadeiro pensamento budista no que concerne ao Nirvana.

---

52. Encontra-se esta comparação no *Saddharma-Pundarika* (Lótus da verdadeira Lei), V, 44.
53. *Sacred Books of the East*, vol. XXXI, pág. 191

CAPÍTULO VI

A COMUNIDADE

Eles param de desejar filhos, de desejar riqueza,
de desejar prosperidade mundana, pois, tanto
num caso como noutro, é sempre desejar...

Çatapatha Brâhmpna

Sendo que a finalidade desta obra é simplesmente expor, de maneira sucinta, as teorias filosóficas do budismo, não vamos abordar assuntos de ordem histórica, nem aí considerar as aplicações materiais, mais ou menos fiéis ao espírito da doutrina, através das quais se distinguiram as diferentes Escolas que reivindicam o ensinamento do Buda. Contudo, no budismo, seria difícil afastar completamente o terceiro termo da trilogia clássica: Buda – Darma – Sangha (o Buda – a Lei – a Comunidade).

O Sangha (comunidade) desempenhou um papel considerável na história do budismo, embora tenha sido sempre personificado por seus *bhikshus*[1] e nos apareça como uma glorificação intensa do monasticismo. Absolutamente não se trata de negar fatos estabelecidos e evidentes; não obstante, pode-se perguntar, no final de um estudo da doutrina budista, se o prodigioso desenvolvimento da Ordem dos monges é dela uma conseqüência direta, ou se devemos procurar as causas em circunstâncias externas.

---

1. *Bhikshu* em sânscrito, *bhikkhu* em pali, significa mendigo. É o nome dos religiosos budistas que, a princípio, devem viver de esmolas, sem nada possuir. Esta denominação não foi criada por eles, emprestaram-na dos ascetas errantes do bramanismo, seus predecessores.

O budismo não inventou a forma da vida religiosa que consiste na renúncia ao mundo. A sua prática era corrente na Índia, muito antes da pregação do Buda. Lembremos que os brâmanes e muitos chátrias e vaicias desejosos de se instruírem no conhecimento dos Vedas consagravam uma dezena de anos de sua juventude à vida religiosa e, muitas vezes, após haver satisfeito os deveres de um chefe de família, terminavam seus dias na solidão e na meditação.

Entretanto, afora aqueles que se conformavam com esse tema clássico da piedade brâmane, hindus, que foram sempre consideráveis, excedendo a austeridade do programa consagrado, devotavam-se a um ascetismo perpétuo, cujas formas, muitas vezes extravagantes, variavam conforme as Escolas e os indivíduos, mas invariavelmente compreendiam a pobreza, a renúncia aos vínculos do mundo e a castidade.

Para fundamentar as considerações que deveremos examinar mais adiante, voltemos, a propósito da vida religiosa pré-búdica, ao resumo muito preciso feito pelo professor Kern[2].

"A vida de estudante de um Ária começa por uma cerimônia chamada upanayana, que, de acordo com a regra habitual, realiza-se no oitavo, décimo-primeiro ou décimo-segundo ano, conforme o jovem pertença a uma família de brâmanes, de príncipes ou de vaicias. No entanto, a upanayana pode ainda se realizar quando o brâmane não atingiu dezesseis anos, o cavaleiro vinte e dois, o vaicia vinte e quatro. O discípulo deve alojar-se na casa do mestre: deve obedecê-lo e servi-lo. Um de seus deveres mais rigorosos é o de permanecer absolutamente casto: é proibido tocar, olhar uma mulher se existir perigo para sua castidade. Deve esforçar-se, seriamente, em dominar continuamente seu paladar, seu estômago e suas mãos. O jogo, os trabalhos servis, a apropriação de objetos que não lhe foram oferecidos, os maus tratos infligidos a seres vivos, as palavras injuriosas, tudo isso lhe é absolutamente proibido: do mesmo modo o uso de bebidas fortes e do vinho, pelo menos se se tratar de brâmane. Ele deve abster-se de sal, de mel, de carne, especiarias, não deve dormir durante o dia, nem perfumar-se, nem adornar-se ou usar ungüentos; ele deve em geral evitar tudo aquilo que possa favorecer sua indolência, assim como a dança, o canto e a música instrumental. Que ele evite cuidadosamente tudo o que é inconveniente, maus modos que indiquem falta de res-

---

2. H. Kern, *Histoire du Bouddhisme dans l'Inde.*

peito, tais como escarrar, bocejar, rir ruidosamente, etc. Se seus superiores lhe dirigem a palavra, ele deve levantar-se antes de responder. Ele deve colocar-se num banco menos elevado que o de seu mestre, levantar-se mais cedo, deitar-se mais tarde. . . Quanto à sua aparência, deve trazer os cabelos trançados ou então raspá-los completamente, menos um chumaço no alto da cabeça. Sua roupa externa consiste em uma pele de antílope, de veado salpicada ou de bode; a roupa íntima é de cânhamo, de linho, de casca de árvore, de lã, de algodão sem tingimento ou de uma cor curtida, isto é, tingida com uma tinta vermelha tirada de uma árvore quando se trata de um brâmane; com a garança quando se trata de chátrias; com o açafrão da Índia quando se trata de um vaicia.

Um dos deveres mais característicos do estudante é que ele deve mendigar todo dia sua subsistência. Aquilo que ele recolhe desta maneira é oferecido a seu mestre; ele mesmo come somente após ter recebido a permissão do mestre... Ele deve comer silenciosamente e sem voracidade.

Em geral, consideravam-se necessários doze anos para o estudo de cada Veda. Como não era obrigatório estudar mais que um Veda, um jovem da casta brâmane podia terminar seus estudos aos vinte e cinco anos, e voltar para casa para se casar imediatamente e entrar, assim, no segundo período da vida. . .

Para aquele que desejava continuar sendo bramacari* por toda a vida, os preceitos relacionados acima permaneciam válidos. O monge mendicante propriamente dito, bhiksu, diferia do bramacari principalmente porque não era obrigado a obedecer a um mestre pelo resto da vida.

As regras de conduta do bhiksu podiam ser resumidas da seguinte forma[3] : ele não tem casa, nem bens, nem móveis; leva uma vida errante, salvo durante a estação das chuvas, quando deve ter um domicílio fixo; mendiga seu alimento nas aldeias, uma vez por dia; deve abandonar todo desejo, dominar seu paladar, seus olhos, suas ações e observar a mais absoluta continência; veste uma roupa para cobrir sua nudez ou então trapos abandonados que ele lavou antes; deve raspar a cabeça ou usar somente um chumaço no alto; deve evitar danificar as sementes ou fazer mal a um ser qualquer, bondoso ou hostil, e abster-se de toda ação que

---

* Bramacari é o estudante das Escrituras, celibatário, sob a orientação de um mestre espiritual autêntico, e que pratica a Brahmacarya (ou Brahmacharya), ou seja, o voto de estrita abstinência sexual. (N. da T.)

3. Gautama, III; Apastamba, II, 9, 21, 9-17; Manu, 6, 41-86.

tenha um fim determinado, sem prender-se àquilo que é verdadeiro ou falso, ao prazer ou à dor, aos Vedas, a este mundo ou ao mundo futuro onde ele busca o Espírito."

O Bhiksu budista é uma cópia, quase idêntica, de seu predecessor brâmane. Encontraremos nele as mesmas observâncias externas, o mesmo modo de vida e até a cor característica de suas vestimentas. Resulta que se deve, sem sair do limite das suposições razoáveis, perguntar, assim como fizemos ao começar, se a doutrina budista é a causa direta da fundação e do desenvolvimento da Ordem dos monges ou se o budismo apenas sofreu influências que não pôde dominar.

Seria temerário pensar em resolver a questão. As influências das origens budistas que estiveram em jogo na sociedade contemporânea, o resultado dos costumes estabelecidos sobre a comunidade incipiente dos discípulos do Buda e sobre o próprio Buda na verdade jamais serão conhecidos. O jovem filósofo, depois de haver superado o desânimo prematuro que o levava a desfrutar, na tranqüilidade, a sabedoria conquistada, ao iniciar sua pregação, deve ter-se preparado para todas as incompreensões que pudessem mascarar seu pensamento.

O budismo é, no fundo, um sistema no qual entra uma boa dose de "renanismo"*. Aqueles que o compreendem melhor não acreditam no valor, em si, dos gestos humanos e por isso mostram-se tão indulgentes para com todas as aberrações dos homens. Qualquer forma que revele intenção de amor e de ajuda fraternal para com todos os seres; a vontade, por mais fraca e mais cega que seja, de desenvolver sua inteligência, o budismo a acolhe, fechando os olhos para as infantilidades que aí se confundem. Nessa comiseração, onde não entra nenhum desprezo pela fraqueza dos simples, reconheceremos o sorriso bondoso com o qual um sábio considera os esforços e os pensamentos das crianças, para quem não é chegado ainda o momento da sabedoria e esta mansidão que nada aborrece é o próprio cerne do ensinamento do Tathagata.

O entusiasmo religioso que suscita a pregação do Buda se traduz de acordo com um ritmo familiar à Índia, mas este responderia à idéia inicial do mestre, à sua concepção pessoal, àquilo que se revela para nós, pelo menos, através deste primeiro sermão do Parque das Gazelas tal como no-lo relata a tradição?

---

* "Renanismo": referência ao ceticismo de Ernest Renan, historiador e filólogo francês (1823-1892) (N. da T.).

"Uma vida de mortificações é penosa, indigna e vã[4]..."

A frase soa, parece, como uma condenação antecipada que atinge aqueles que, no futuro, transformarão o livre discípulo indagador da verdade em monge.

O próprio Buda tinha experimentado o valor do ascetismo durante o período de suas buscas inúteis, ele havia renunciado assim a uma prática decepcionante, assim como havia renunciado à vida de obediência de bramacari, permanecendo junto a um mestre. E quando a Comunidade dos Bhiksus experimenta, por sua vez, a necessidade de lutar contra as tendências ascéticas de alguns de seus membros influenciados pelo exemplo dos monges jainistas ou outros fanáticos, é com a lembrança das tendências largamente individualistas e laicas do Buda que eles invocam no relato, talvez forjado em sua totalidade, onde Devadatta incita seu glorioso primo a impor regras mais severas a seus discípulos. Aí se vê o Tathagata repelindo o pedido de seu parente responder a propósito de cada uma das observâncias que lhe são submetidas concernentes às vestimentas, ao costume de mendigar de porta em porta, ao de dormir ao pé de uma árvore, etc.: – Que cada um faça como julgar melhor. "Deixai habitar nos bosques aqueles que o desejarem e deixai morar perto das aldeias aqueles que o desejarem; deixai mendigar aqueles que o desejarem e deixai sentar-se à mesa aqueles que o julgarem conveniente, deixai aqueles que o desejarem vestir-se com andrajos e deixai vestir as vestimentas habituais aqueles que as preferirem[5]."

Um outro episódio nos mostra as mulheres, também seduzidas pelo contágio deste frenesi de ascetismo e apresentando-se ao Buda para lhe pedir a consagração oficial de sua renúncia ao mundo. Longe de se mostrar receptivo a seu desejo, o Mestre recusa claramente a dar seu consentimento. Deve-se ver nisso um sinal de desprezo por seu sexo? – Muitos pensaram assim, mas nada foi provado.

Sem dúvida, os redatores das velhas obras budistas muitas vezes deixaram transparecer, com relação às mulheres, a má vontade, feita do te-

---

4. *Mahavagga*, I, 6, 17.
5. *Kulavagga*, VII, 3, 14. Uma outra manifestação contra a invasão do espírito monástico aparece na estória onde o Buda, a pedido do médico Jivaka, autoriza os bhiksus a usarem roupas leigas, sob a condição de elas serem do tipo mais simples.

mor daqueles – libertinos ou fanáticos de castidade – que a obsessão da carne atormenta, mas a Índia védica não professava esse desdém contra elas. Apesar da tendência à sua submissão que se manifestou em seguida nas leis de Manu, nenhum brâmane, chefe de família, podia celebrar o sacrifício cotidiano sem a assistência de sua esposa, oficiando com ele no altar. As mulheres acompanhavam seus maridos no retiro, e depois de haver educado seus filhos, retomavam as meditações filosóficas começadas durante seu estágio de estudante e as mulheres de casta brâmane discutiam sobre a essência do Atmân e do Braman supremo; assim como mais tarde, no budismo, doutas religiosas deviam dissertar sobre a impermanência das formações e da personalidade. O Buda era casado e pai. Ele não fugia da sociedade das mulheres. Ele freqüentava, habitualmente, a casa de Viçakhâ, a veneranda matrona "mãe e avó de inúmeras crianças". Ele sentava-se à mesa de Ambapali, a bela e opulenta cortesã, musicista e dançarina sem rival, "glória da cidade de Vaiçali[6]", com a tranqüilidade de um pensador que pôde denunciar o perigo da volúpia ao homem em busca de liberdade intelectual e moral, mas não cogita em fazer disso um vício degradante e uma desonra para aquela que a concede.

Não se deve ver na sua recusa em aprovar a resolução das mulheres, de se consagrarem à vida religiosa, o desejo de evitar que a loucura do ascetismo e das observâncias materiais se estenda a elas? Mas a tenacidade das reivindicantes volta à carga. Elas cortam seus cabelos, vestem-se com a túnica amarela tradicional, empreendem uma viagem penosa para encontrar o Mestre e vêm, extenuadas e obstinadas, ter a seus pés. Entre elas estão a tia que lhe servira de mãe, sua própria mulher, mãe de seu filho Râhula, parentes, contra-parentes ou amigas de infância. . . O velho delírio da Índia, sua sede de misticismo eleva-se numa vaga mais alta que a resistência do Buda, ela o submerge. Ananda, seu primo e dis-

---

6. Ambapali não tem nenhuma semelhança com Maria de Magdala. Ela ia "vestida com simplicidade como uma mulher de boa família cumprindo suas devoções" convidar o Buda e seus discípulos para tomar uma refeição em sua casa. Ela ouvia, como mulher instruída que era, os discursos do Mestre, tornou-se uma discípula leiga, mas não foi mencionado que ela tenha se lamentado sobre sua vida de cortesã ou mesmo que tenha renunciado a ela, pelo menos imediatamente. Os costumes da Índia não viam nisso nada de escandaloso. Conseqüentemente ela juntou-se ao Sangha como religiosa e alcançou o mais alto grau de santidade, o estado de *Arahat*.

cípulo favorito, faz-se de advogado das suplicantes em busca de um Mestre para venerar, em busca da obediência mais cômoda que o esforço solitário, e o filósofo consente contrariado, prostrado... Que elas sejam bhiksunis!*...

A congregação budista não tinha, no tempo do Buda, a importância numérica que atingiu em seguida[7]. A fórmula do "Triplo Refúgio[8]", expressão clássica da adesão ao budismo, consagrando a importância do Sangha, só foi, na verdade, empregada após a morte do Mestre, quando os discípulos tornaram-se depositários e representantes da doutrina. O Buda era um chefe de Escola filosófica, qualquer pessoa que tivesse escutado seus discursos e desejasse estudar e seguir, sob sua direção, o adestramento de cultura mental, de conformidade com os princípios da "Senda das oito Ramificações", podia pedir-lhe para ser admitido entre seus discípulos. Contrariamente ao que acontece atualmente, a admissão não comportaria nenhuma cerimônia: "Aproxima-te, dizia o Buda, a doutrina é bem pregada, vive como bramacari para pôr um fim à dor". Esta frase se repete inúmeras vezes, ao longo dos antigos livros, ela encerra a maior parte dos relatos de conversão.

Os discípulos haviam adotado o modo de vida geralmente seguido pelos bramacaris e consagrado pelo uso sem que o Buda, inimigo das formas externas, interviesse para inovar. Todas as regras para uso dos religiosos que encontramos no *Vinaya* foram evidentemente estabelecidas numa época em que o Sangha já se revestira de uma forma mais verdadeiramente monástica[9]. Se o Buda é considerado como seu autor, é por um subterfúgio, ao qual é duvidoso que se tenha dado muito crédito, mesmo nas Comunidades.

---

* *Bhiksunis:* monjas mendicantes. (N. da T.)

7. Convém evitar cuidadosamente tomar ao pé da letra os relatos onde o Buda é representado arrastando, atrás de si, um exército de muitos milhares de religiosos.

8. "Eu me refugio no Buda – Eu me refugio na Lei – Eu me refugio na Comunidade." Esta fórmula é pronunciada por todo recém-convertido ao budismo.

9. Embora *Vinaya* seja, na verdade, a parte mais antiga das Escrituras budistas. Mas pode-se acreditar que esta prioridade de data refira-se somente à redação e não à antiguidade da tradução propriamente dita.

Não se pode pensar em negar que as Escrituras são fecundas em trechos que celebram os frutos favoráveis da renúncia ao mundo, e os termos muito simples através dos quais se exprime a mais antiga tradição a respeito da renúncia do Buda nos mostram o tom exato do espírito que estimula o budismo:

"É uma estreita sujeição essa da vida na casa; a liberdade está no abandono da casa..."

Mas este "abandono da casa", isto é, preocupações com lucros, ambições inerentes à "vida no mundo", o Buda compreende segundo a forma individualista, clássica em seu país: é o recolhimento na solidão, propício às meditações que conduzem à sabedoria; é, além disso, de acordo com seu exemplo, o retorno desinteressado ao mundo dos homens, uma vez conquistada a sabedoria e é, a despeito do isolamento íntimo sem dúvida conservado no meio deles, atividade de uma existência dedicada a mostrar aos seres submersos na dor o Caminho que conduz à Libertação.

É com este espírito que a tradição nos mostra o Buda dirigindo seus primeiros discípulos.

Os cinco antigos companheiros de buscas do Mestre, encontrados por ele em seu eremitério do Parque das Gazelas e um certo número de outros discípulos, que dizem elevar-se a sessenta e um, aderiram aos princípios que ele lhes expôs. Através de suas reflexões pessoais eles compreenderam e realizaram a tríplice noção da impermanência, da dor e da não-realidade substancial da personalidade e o princípio das "Quatro Verdades". A partir de então, eles estão prontos para a ação e assim como o Buda não permaneceu em seu retiro, eles não se encerrarão num monastério.

Eu estou livre, ó Bhikkhus, de todos os vínculos humanos e divinos e como eu, vós estais libertos de todos os vínculos humanos e divinos. Ide, ó Bhikkhus, caminhai para a salvação, para o bem de muitos, cheios de compaixão pelo mundo, pelo bem, pela salvação, pela felicidade dos deuses e dos homens. Não trilhai em dois a mesma estrada. Ensinai a doutrina gloriosa em profundidade e em rigor. Proclamai a vida realiza-

da, perfeita e pura, a vida santa. Existem seres cujo olho espiritual só está encoberto por uma leve poeira, mas se a doutrina não lhes é pregada eles não alcançarão a salvação. Estes compreenderão a doutrina[10].

Assim, o modelo ideal proposto pelo budismo não é o anacoreta, o eremita ou o religioso encerrado numa clausura e alheio ao mundo, mas o livre missionário que vai só pelas estradas e só através da vida, divulgar para as multidões a palavra de salvação. E na verdade o budismo conta com um número enorme de apóstolos que realizaram, numa época em que as vias de comunicação encontravam-se no mais rudimentar estado e os meios de transporte eram quase inexistentes, viagens que superam em audácia as dos nossos mais famosos exploradores. Este entusiasmo pela divulgação e este desejo em procurar a luz sobreviveram muito tempo depois que a idéia filosófica original tivesse se perdido na superstição. Tais páginas de arrebatamento se conservaram nas memórias dos chineses Hiuen—Tsang e I-Tsing. Este último escreveu a respeito no relato de sua viagem à Índia:

"Difundir a religião, este é o momento de fazê-lo; a cada geração há homens para transmitir a bela doutrina.

No rio de areia e nas montanhas nevadas não distinguimos onde devemos passar a manhã, no imenso mar e perto das costas escarpadas, nos perdemos nas águas atravessadas à noite. Se nos expomos a dez mil mortes para salvar uma única vida. . . Não procuramos, com efeito, o prazer para nossa pessoa atual, não pedimos aos céus a glória junto à posteridade. Fizemos juramento de sacrificar este corpo exposto aos perigos a fim de aprimorar a doutrina vitoriosa; todos nós esperamos satisfazer nossa paixão em difundir a luz[11]*."*

Entretanto, ao lado dos missionários, livres pregadores da doutrina, solitários dedicados à meditação, sábios lingüistas e filósofos da famosa universidade de Nalanda, afluía um número considerável de devotos simples, pessoas boas de mente limitada e também hipócritas em busca de vantagens, que não têm nenhum ponto de contato com o real espírito budista.

---

10. *Mahavagga*, I, 11.
11. I-Tsing: *Les religieux éminent qui allèrent chercher la loi dans les pays d'Occident.* Traduzido do chinês por Edouard Chavannes.

Na época em que foi escrito o *Milindapañha*, não se mantinha nenhuma ilusão sobre esse ponto entre os fiéis e não se dissimulava ao declará-lo:

"O rei disse a Nagasena: "Qual motivo vos fez renunciar ao mundo, vós monges, e qual objetivo buscais?"
– Por que perguntar isso?. . . Nossa renúncia tem por objetivo destruir o sofrimento presente e não deixar nascer outro novo. Nosso objetivo mais elevado é a morte completa[12].
– É por essa elevada razão, Reverendo, que todos aqueles que são dos vossos reuniram-se na Ordem?
– Certamente que não, Senhor. Alguns obedeceram essa razão, mas outros deixaram o mundo por causa do medo que lhes inspirava a tirania dos reis. Alguns juntaram-se a nós para evitar serem despojados de seus bens, alguns porque estavam cheios de dívidas e outros, talvez, viram nisso um meio de prover a sua subsistência[13]."

Há nessas últimas linhas um esboço vivo e vivido de humanidade.

Assim, misturadas, compreendendo mais elementos inferiores do que elementos de alto valor, seguindo a dimensão habitual de tudo o que pertence a nosso mundo, as comunidades budistas continuaram sua existência ao lado das comunidades jainistas e das comunidades de bramacaris brâmanes. O que sobreviveu após as perseguições dos brâmanes e os massacres da invasão árabe conservou as mesmas características. Ainda existem, entre os bhiksus, alguns sábios versados nas Escrituras, filósofos de espírito desobrigado, sábios que encontraram o caminho da quietude, mas a massa, mergulhada na ignorância, na superstição e na indolência, apenas mantém o direito de reivindicar Sidarta Gautama e sua doutrina. Daquele que levantou mais alto a bandeira da razão humana, fizeram um ídolo, uma Divindade à maneira dos Deuses brâmanes, queimando incenso e acumulando flores diante das estátuas do Mestre que denunciou a loucura dos ritos religiosos!. . .

---

12. Deve-se lembrar o que a mesma obra diz sobre a extinção, com relação ao Nirvana (ver pág. 178) e deve-se atribuir a esta expressão o sentido clássico de morte ou extinção da personalidade.
13. *Milindapañha*, II, 1, 5.

Os modernistas, mesmo aqueles que pertencem à Ordem, pois aí também estão presentes, não negam a tristeza que lhes causa esta situação, e as dificuldades que enfrentarão aqueles que tentarem sacudir e purificar este mundo entorpecido por uma superstição secular mostram-se claramente.

Entretanto, convém observar que em geral os velhos budistas não se insurgem contra as pretensões de seus correligionários modernistas desejosos de uma reforma fundada no ensinamento filosófico primitivo:

"Tanto quanto me é possível constatar, escreve o Dr. Suzuki, a propósito do budismo japonês, as antigas seitas budistas não opõem nenhuma resistência à propaganda dos modernistas racionalistas. A esse respeito eles agem de maneira inteiramente diferente daquelas dos cristãos católicos, que resistiam com violência ao advento de uma nova crença. Isto se deve, penso eu, ao fato de o budismo ser mais liberal de espírito e mais intelectual e que suas doutrinas fundamentais são baseadas na realidade da constituição espiritual do homem mais do que em dados históricos[14]*."*

O mesmo acontece em outros países budistas e não é um espetáculo banal para nós, habituados às divergências, às ásperas altercações, às perseguições sangrentas com as quais todas as nossas seitas religiosas sobrecarregaram sua história, ver homens, muitos dos quais têm uma mentalidade bastante medíocre, conservar sua calma e até, muitas vezes, estender a mão cordialmente àqueles que se dispõem a subverter o domínio de seus velhos costumes; e também é um quadro inteiramente novo para nós o de reformadores que absolutamente não usam palavras violentas contra aqueles cujas crenças e superstições atacam.

Não existe aqui o "zelo pela casa do Eterno" que domina os heróis religiosos da Bíblia e tinge suas mãos com o sangue dos infiéis ou dos profanadores. O budismo ignora a violência. Exceção notável entre to-

---

14. Trecho de uma carta pessoal sobre a situação do budismo no Japão.

das as religiões e seitas que se sucederam na Terra, jamais, sequer nos momentos de sua maior força, ele se fez perseguidor e é com um legítimo orgulho que um autor contemporâneo, H. Dharmapala, pode escrever:

"Nunca, em nossas pesquisas através de nossa história, encontramos o repugnante espetáculo de feiticeiros ou de homens de ciência como Giordano Bruno e Latimer[15] queimados em fogueiras[16]."

Nenhuma "Inquisição" pesa, com efeito, sobre as lembranças dos *bhiksus* budistas e este fato é de natureza a compensar muitos erros em que eles puderam cair.

Esta não é a única diferença entre eles e os monges do Ocidente. Por mais degenerado que seja o budismo professado pela grande maioria deles, a doutrina primitiva deixou nele uma marca indelével. Uma palavra será suficiente para assinalar o abismo que separa o religioso da Igreja romana ou da Igreja grega, do *bhiksu* budista: este não está preso a nenhum voto de obediência; ele permanece um livre investigador da verdade moral e filosófica e o único senhor de sua pessoa e de sua atividade. Nenhum superior de monastério tem o direito de ordenar seja o que for a um monge, seja no que concerne a suas crenças, seja a respeito de seus atos externos, contanto que o monge não transgrida as regras da disciplina geral que se apóia nos dois votos de pobreza e de castidade. Se o *bhiksu* transgride este código, os Decanos o advertirão. Um homem manifestamente não-qualificado para a vida religiosa será convidado a afastar-se da Ordem e a retornar à vida no mundo. Será exortado a comportar-se como leigo virtuoso, mas nenhuma reprovação o atingirá e ninguém o considerará "culpado" ou pecador. O mesmo se aplica ao monge que não mais desejar a vida religiosa e que, por si mesmo, se separará em termos cordiais de seus antigos companheiros, com os quais lhe será permitido manter relações de amizade, se lhe aprouver.

Uma prática bastante corrente em certos países budistas, especialmente na Birmânia, consiste em dedicar alguns anos da juventude à vida religiosa, antes do casamento. Encontra-se neste costume um eco dos costumes brâmanes. A condição dos jovens que realizam esta espécie de

---

15. Latimer era bispo de Worcester, um dos primeiros, na Inglaterra, a aderir ao protestantismo e foi queimado vivo em 1555.
16. H. Dharmapala: *What is the Arya Dharma.*

estágio difere um pouco da dos monges ordenados e esta diferença consiste em que eles são obrigados a estudos regulares e o monastério desempenha, de algum modo, para eles, o papel de colégio ou de universidade.

Quanto ao monge, uma vez ordenado, ele é completamente livre para dirigir sua vida como entender. Pede hospitalidade no convento que lhe agrada e o deixa por um outro quando julgar conveniente. Não é, todavia, obrigado a viver em comunidade, ele pode, a seu gosto, morar sozinho ou com outros monges, no campo, nos bosques, ou até numa cidade, contanto que não infrinja seu voto de pobreza e se contente com um tipo de vida muito modesto. Entre os ocidentais que, nestes últimos tempos, entraram na Ordem, a maioria só se alojou de maneira permanente nos monastérios durante seus estudos lingüísticos de pali ou sânscrito.

Os monges budistas, assim como os fiéis leigos, pertencem a diferentes Escolas ou seitas, de acordo com as teorias particulares que professam, mas não há várias ordens religiosas; todos aqueles que vestiram a veste amarela fazem, pelo menos teoricamente, parte da Comunidade universal.

A propósito desta túnica amarela, tão freqüentemente mencionada nas Escrituras, digamos, de passagem, que ela é antes uma expressão simbólica que um uniforme real. A "veste amarela" abrange muitas formas e reproduz cores muito variadas. Os gorros pontudos, as vestes acolchoadas, as botas de feltro dos lamas tibetanos, as túnicas vermelhas dos monges das regiões do Himalaia, os *keus* acastanhados dos bonzos anamitas têm pouca ligação com os tecidos à moda antiga dos *bhiksus* do Ceilão e os tecidos amarelo-ouro nos quais se enrolam os birmaneses. Não se deve esquecer, tampouco, que o religioso não é absolutamente obrigado, como vimos acima, a usar um costume diferenciado.

Várias seitas do Nepal e do Japão autorizam o casamento dos religiosos, que formam assim uma espécie de clero; alguns abades de monastérios japoneses têm aproximadamente a posição e a função dos bispos e arcebispos anglicanos e usam até títulos nobiliários como o Conde Otani, abade do Nishi Honganji, templo da Shin-shu.

Alguns budistas europeus, depois de terem permanecido muito tempo no Oriente, formularam a idéia de instalar *bhiksus* no Ocidente. Não se pode acreditar muito no sucesso de um empreendimento desse gênero e os budistas reformistas não tiveram motivos para desejá-lo.

As concepções filosóficas da Índia são menos propícias que as nossas para transformar o religioso em sacerdote e a ordem em clero, mas apesar disso não se pode afirmar de maneira absoluta que os bhiksus não tenham contribuído, numa certa medida, para a degeneração do budismo no Oriente. A vida monástica, por mais aperfeiçoada que se possa conceber, carrega consigo um defeito: ela é um parasita para a sociedade leiga. Rapidamente levada para as regiões onde não se apresenta o problema da alimentação, onde o clima permite abrigar-se numa cabana de folhagem, sabemos por experiência o que isso representa em nosso país e somos contrários a isso.

O pregador errante que podia, na Índia de há vinte e cinco séculos atrás, aceitar sem comprometimentos que prejudicassem sua dignidade a tigela de arroz necessária à sua subsistência diária viria a se transformar, entre nós, em um sacerdote, ou num conferencista obrigado a mendigar com habilidade e docilidade as inúmeras coisas necessárias à subsistência em nossas sociedades modernas. Ora, mesmo que não se queira aceitar, em sua brutalidade, a definição do velho filósofo Yangtchu: "A docilidade é a baixeza[17]", todavia é preciso convir que uma situação continuamente dependente acarreta uma diminuição da dignidade e concessões de toda ordem que não é mais possível evitar.

Sem dúvida, "o operário é digno de seu salário" e nós podemos nos interessar em ouvir as lições de um filósofo, mas repugna os espíritos delicados considerar a divulgação das idéias religiosas ou filosóficas uma profissão e ver o missionário receber um salário como o professor de gramática ou de matemática. A conduta do apóstolo Paulo ao trabalhar com os tapeceiros na confecção de tendas para não estar às custas dos fiéis, como fez em Corinto[18], é um exemplo que ganha nosso apoio. Mesmo que seja um óbolo, uma migalha de pão recebida, será demasiada a sombra sobre a palavra de verdade que se pronuncia.

As tendências dos modernistas, a influência do caráter fortemente individualista da doutrina antiga para a qual eles se voltam, ao mesmo tempo que seu desejo de imprimir às manifestações do espírito búdico formas materiais em harmonia com as necessidades da civilização atual, os conduzirão inevitavelmente a uma concepção mais ampla do Sangha

---

17. Alexandra David: *Les théories individualistes dans la Philosophie chinoise – Yang-tchu.*
18. Atos dos Apóstolos, XVIII, 3.

e a abolição de toda ordenação ritual, de toda marca externa que lembre aquilo que o Buda constantemente combateu, a casta sacerdotal, o clero. Eles retomarão dessa maneira a idéia, bem budista, do "Sangha dos dez Mundos", isto é, a comunhão de todos aqueles cuja compaixão comum pela dor dos seres reaproxima – da mais elevada das moradas dos Deuses, aos habitantes mais inferiores – e que, a exemplo do Buda, sem outro mandado senão aquele que outorgaram a si próprios, sem outra consagração senão aquela que pronunciaram para si mesmos, dedicam-se à luta contra o sofrimento, contra a ignorância.

CAPÍTULO VII

DOIS PROBLEMAS CONTEMPORÂNEOS NO BUDISMO MODERNO

O contato com a civilização ocidental, as mudanças que ela acarreta nos costumes de seu país fazem surgir diante dos modernistas do Oriente problemas que não se colocavam ou se apresentavam de maneira muito diferente a seus antepassados espirituais. Quanto aos budistas ocidentais, o espetáculo dos conflitos sociais que ocorrem do seio de nossas sociedades e nas quais eles são forçados a tomar posição os obriga a confrontar o espírito da doutrina à qual aderiram com as tendências da evolução em nossa época. Talvez fosse necessário afastar rigorosamente deste estudo questões que escapam um pouco ao contexto de uma exposição filosófica; contudo, como o objetivo proposto não é o de reeditar, diminuindo-os, os trabalhos de nossos grandes orientalistas sobre o budismo antigo, mas dar um apanhado do budismo vivo tal qual no-lo apresentam os militantes do movimento atual de renascimento e de reforma, é inevitável que abordemos, com eles, duas questões de ordem social cuja preocupação se revela na maioria de suas obras.

Uma destas questões é a da posição ocupada pela mulher na vida social e na vida espiritual.

Ao contrário do que se passa em nosso país, a religião, no Oriente, sempre foi considerada como um domínio masculino. As mulheres não são sistematicamente excluídas da vida pia, mas os costumes fazem com que, de uma maneira geral, a piedade se manifeste entre os homens e a indiferença religiosa entre as mulheres. Isto não impede as exceções. Existem santas muçulmanas, doutas filósofas entre as bramines* e ilustres servas do Eterno têm seus nomes registrados na história de Israel,

---

* Mulher pertencente à casta dos brâmanes. (N. da T.)

202

mas se alguém entrar nas mesquitas, nos templos hindus, nas sinagogas, encontrará aí sempre uma maioria respeitável de fiéis masculinos. Às vezes, mesmo entre os maometanos, a presença de crentes mulheres não foi prevista e nenhum lugar lhes foi reservado no edifício religioso[1]. Não é no Oriente que se poderia empregar o lugar-comum repetido pelos nossos descrentes: "A religião é coisa de mulheres".

O budismo encontrou-se assim em presença de uma situação prévia, para a qual o desenvolvimento da vida monástica pôde contribuir apenas para acentuar.

Quanto ao Buda, ou pelo menos quanto à impressão que nos deixam de suas idéias pessoais os numerosos discursos que lhe atribuem as Escrituras, que podemos na verdade tomar mais por eco de palavras realmente pronunciadas, ele nunca impôs regras dogmáticas em nenhuma matéria. Limitou-se, com uma sabedoria que não podemos deixar de admirar, a indicar um método: a livre busca da verdade, o raciocínio, a experimentação, a moralidade que consiste na retidão. O discípulo deve aplicar este método a todos os casos e resolvê-los, através dele, de acordo com sua natureza e as condições atuais de seu meio.

Parece que os budistas modernistas, muitos dos quais, senão militantes do feminismo, pelo menos praticantes de sua melhor doutrina por seus esforços em favor da instrução das jovens e pela acolhida fraternal que dão às mulheres, em suas posições, deveriam ater-se à constatação deste fato. Alguns tentam, contudo, justificar o velho budismo em sua atitude para com as mulheres. Ora, não há como negar que essa atitude foi muitas vezes tão deplorável, do ponto de vista do bom senso, quanto a de tantos de nossos Padres da Igreja. Os sermões de Jesus, tanto quanto os discursos do Buda, não podem ser responsabilizados por uma aberração devida, tanto de uma parte como de outra, ao estado de espírito anormal criado pelo celibato monástico.

Um fato notável, contudo, é que, apesar do tom razoavelmente desdenhoso de algumas apreciações a respeito das mulheres, estas ocuparam, na vida social dos países budistas, um lugar às vezes superior ao que ocupam nas nações européias. A liberdade e a capacidade civil que desfrutam certas mulheres do Extremo Oriente excedem as das francesas. Existem pois motivos para não se dar um crédito exagerado a alguns repentes de monges exasperados por desejos mal extintos; tanto quanto

---

1. Especialmente na Tunísia.

não se deve, por outro lado, pensar em extrair do budismo argumentos improvisados para sustentar reivindicações feministas. "Buscai aquilo que é razoável, conveniente ao vosso bem e ao dos outros". O uso judicioso deste preceito é deixado a cargo da sabedoria de cada um de nós.

A frase, freqüentemente em destaque, que fala da "inteligência das mulheres, do tamanho de apenas dois dedos[2] ", é atribuída, nas obras que utilizamos em geral[3], a Mara, o Malvado, o Tentador que tenta perturbar uma religiosa. A idéia que ela exprime não tem nada em comum com a doutrina ortodoxa e a sábia *bhiksuni* a repele vitoriosamente.

Conta-se que Soma estava sentada ao pé de uma árvore na hora da sesta e, enquanto ela cochilava, Mara procurou despertar-lhe a inquietu de e a dúvida, quanto ao êxito de seus esforços espirituais, esperando, assim, levá-la a desistir.

Por trás desta metáfora podemos encontrar a expressão de uma luta de idéia sustentada, antigamente, por uma facção de budistas esclarecidos, contra aqueles que consideravam as mulheres incapazes de alcançar a suprema sabedoria, o *Bodhi*, o estado de *Arahat*. A partir destes trechos e de outros onde se revela uma preocupação análoga, registrados nas Escrituras canônicas, pode-se concluir que o budismo está longe de ser hostil àquelas que sabem pensar com dignidade e coloca na mesma posição os seres de inteligência e de virtude iguais, sem se preocupar com seu sexo.

"As alturas espirituais às quais podem chegar os sábios são difíceis de atingir, insinua o Demônio. A mulher, com sua inteligência do tamanho de dois dedos, é incapaz de chegar lá."

Nesses pensamentos, Soma reconheceu a inspiração, a voz secreta do Inimigo e replicou:

"No que esta questão de sexo concerne àqueles que, possuindo um coração destemido, que desenvolvem continuamente seu saber, caminham sem cessar na dianteira da Nobre Senda. Que importância pode ela ter para o discípulo que compreende a Lei (a lei das características,

---

2. Alusão a uma espécie de anedota sobre o hábito de as mulheres esmagarem um grão de arroz entre dois dedos para avaliar seu grau de cozimento. Dizem que depois de tantos séculos, cozinhando arroz, as mulheres, no entanto, ainda não aprenderam a perceber quando ele está cozido e devem sempre certificar-se com seus dedos.

3. *Samyutta-Nikaya* e *Theri-gatha.* (Tradução inglesa desta última obra pela Sra. Caroline Augusta Foley Rhys Davids, com o título de *Psalms of the Sisters)*.

impermanência e não-realidade substancial da personalidade). Dirige-te, Mara, àquele que confunde um tal assunto com o seguinte pensamento: "Eu sou um homem" ou "Eu sou uma mulher", que ele te compreenderá."

E o Tentador, ao ver-se descoberto, retira-se confuso.

Todo espírito tão fortemente empenhado em empreender a conquista do Nirvana pode aspirar a vitória; esta é a lição deste episódio.

Percebe-se que este trecho dos Livros canônicos está longe de ser desfavorável às ambições espirituais femininas.

É correto afirmar que o budismo não faz julgamento sobre as mulheres e só atribui, ao Buda, uma atitude sistematicamente desfavorável a elas nas obras compostas séculos após a pregação do Mestre e nas quais se refletem, como já vimos, não o espírito da filosofia primitiva, mas os sentimentos monásticos com a deformação mental, a deformação profissional, poder-se-ia dizer, que engendram em todas as latitudes.

Devemos, todavia, notar que, por seu lado, as mulheres manifestaram pouca inclinação pelo budismo filosófico. Não parece que o Buda, ao longo de sua carreira, tenha encontrado uma única discípula mulher que fosse mais que uma devota. A tradição menciona, contudo, após sua morte, algumas intelectuais entre as *bhiksunis* e até filósofas ensinando a Doutrina com autoridade, mas é fácil compreender após a exposição das teorias budistas que acabamos de fazer, por mais incompleta que seja, que elas se adaptam mal às necessidades e aspirações de mulheres iletradas, cuja maioria conhece apenas a vida indolente, inconsciente e vazia das orientais.

A compreensão do budismo, na sua totalidade e na sua austera simplicidade, exige de antemão um desenvolvimento mental considerável. É a razão por que as multidões jamais tiveram acesso a ele e constituíram-se nos budismos fantasiosos que abrigam todas as suas superstições e seu materialismo religioso.

A ausência de cultura científica e intelectual entre as mulheres as prepara mal para abraçar uma filosofia tão severa como a do Buda; também, atualmente, entre os modernistas, embora estes não testemunhem, em geral, nenhuma prevenção a seu respeito, o número de mulheres é restrito. Embora melhor preparados por seus estudos e pelo caráter convencional que os costumes vigentes criam respectivamente, para cada um dos dois sexos, tampouco os homens aptos a se comprazerem com a rigidez do estoicismo budista atingiram grande número. Um escritor alemão, Paul Dahlke[4], embora com prudentes restrições, parece inclinar-se para as idéias misóginas dos antigos bhiksus: não deveria esquecer-se que a espantosa decadência moral do budismo no Oriente é obra masculina.

Em resumo, o budismo-religião, se emitiu, a propósito das mulheres, opiniões pouco perspicazes, está longe de ter alcançado, neste caminho, as teorias exorbitantes de muitos cristãos e muçulmanos.

Observamos ainda que, afora a infantilidade de tais discussões, os autores budistas que discorreram sobre a impossibilidade ou sobre a dificuldade maior que as mulheres teriam para atingir o *Bodhi*, o Nirvana, se contradizem com relação a uma das doutrinas principais do budismo, a da impermanência das formações e da não-realidade de um *ego* imutável. Como decretar aquilo de que é capaz *isto* que é impossível de captar, impossível de estabelecer em um minuto de quietude para determinar seu poder de esforço, de clarividência, de compreensão. Como saber, considerando este turbilhão de átomos que formam uma personalidade momentânea, quais elementos serão eliminados no minuto seguinte, quais elementos novos entrarão, capazes de modificar seu equilíbrio e suas potencialidades? Falar de homens, de mulheres, classificar suas aptidões recíprocas, declará-las paradas, estáveis, imutáveis não é uma linguagem budista. Aqueles que a mantiveram deixaram-se apanhar na armadilha da fé na personalidade. Como poderia haver características masculinas e femininas permanentes e existindo "em si" quando não há "Eu" ao qual possam se prender, mas somente agregados perpetuamente instáveis e variáveis, cuja *identidade* dura "o tempo de uma respiração", "o tempo de um pensamento".

Poder-se-ia alegar que se as características externas do sexo persistem durante toda a duração da vida do indivíduo, as características sexuais mentais poderiam também persistir. Convém lembrar, no entanto, que o budismo concebe os fenômenos constituintes da mentalidade como infinitamente mais instáveis e menos estáveis que aqueles que asseguram a duração de nosso físico: "O corpo parece subsistir alguns anos, mas aquilo que chamamos espírito se produz e desaparece em uma transformação incessante e perpétua[5]."

---

4. Paul Dahlke: *Buddhist Essays.*
5. *Samyutta-Nikaya.*

O budismo não editou nenhuma regra no que concerne à vida social das mulheres. A elas, como a todos, é dirigida a norma: "Buscai por vós mesmos, e considerai como verdadeiro aquilo que é razoável, aquilo que pode servir para o vosso bem e para o dos outros". Quanto à sua vida espiritual, sua situação frente à Doutrina, à Libertação, à Sabedoria, ao Nirvana, esta frase do *Mahavagga*, já citada várias vezes, nos dá o valor justo e a resposta bem ortodoxamente budista às discussões infantis no que toca a suas aptidões.

Tendo o Buda considerado o quanto a compreensão das teorias e do sistema mental que queria ensinar seria difícil para a humanidade e tendo decidido, todavia, empreender esta tarefa árdua em favor do pequeno número de inteligências suscetíveis de compreendê-lo, ele exclama:

"Que seja escancarada para todos a porta do Eterno[6], aquele que tem ouvidos que ouça!"

Aquele ou aquela *"que tem ouvidos ouvirá"*. Todas as dissertações acerca deste fato simples são ociosas. Esta é a conclusão racional à qual se atêm, de bom grado, os mais esclarecidos modernistas.

Um segundo ponto, muito mais importante e que engloba, aliás, o precedente, chama a atenção dos modernistas budistas. Trata-se do conjunto complexo de problemas designados coletiva e correntemente de "questão social".

Não estamos mais na época — se alguma vez semelhante época existiu — em que uma religião, uma filosofia podia isolar-se no domínio espiritual e ignorar desdenhosamente os sofrimentos materiais dos seres. Exige-se, em nossos dias, que os discursos convertam-se em prática tangível e que, quaisquer que sejam as satisfações místicas que uma doutrina possa conceder, ela se lembre que nós temos um corpo e se interesse pelo nosso bem-estar.

---

6. O Eterno – o Nirvana.

O budismo, menos que qualquer outro sistema, poderia fugir a esta exigência. Não é parte constituinte dele, em nome de suas teorias fundamentais, uma insurreição do homem contra o sofrimento?... Será necessário retomar aqui as objeções já estudadas anteriormente[7]? A dor que o Buda considerou não tem nada em comum com os sofrimentos muito materiais de nossos proletários contemporâneos. — Evidentemente, ele teria sido um filósofo mesquinho se, ao considerar as misérias humanas, não tivesse suspeitado nelas origens mais profundas como a concentração de capitais ou qualquer outra das causas imediatas que espoliam em todos os tempos o povo de espírito ingênuo. Ademais, as condições sociais do mundo onde se desenrolou sua vida não tinham nenhuma relação com as nossas. A desigualdade social de então resumia-se à casta, lei inflexível diante da qual todos se curvavam.

Alguns tentaram representar o Buda, com os traços, senão de um revolucionário, ao menos de um líder das reivindicações sociais. Isto seria imprudente, pois é bem pouco provável que existisse, em sua época, reivindicações tais como as conhecemos. Semelhante empresa equivale àquela que pretende fazer de Jesus um socialista agitador das massas populares.

Perante as castas, o Buda teve a única atitude que podia convir ao seu caráter: ele as ignora, convocando, também, seus discípulos a ignorá-las por sua vez.

O lado moral da distinção das castas é o único considerado nos discursos, relatados pelas Escrituras: "Aquele que eu chamo brâmane não é aquele que nasceu de uma determinada mãe ou de um determinado pai, mas aquele que é sábio, íntegro, caridoso, cheio de retidão. E aquele que eu tomo por um pária é o impuro, não por seu nascimento ou qualquer transgressão ritual, mas porque nele habitam a deslealdade, a cólera, a avareza, o ódio, a ignorância. Brâmane ou sudra, cada um se realiza como tal pelas suas obras. Como conseqüência deste ensinamento, o discípulo podia deduzir que o respeito exigido pela lei ao brâmane é devido ao homem que se conduzia como brâmane, não importando qual fosse a família que o tivesse gerado e que o distanciamento no qual os costu-

---

7. V. pág. 51

208

mes preconizavam que fosse mantido o fora-da-lei por nascimento podia ser testemunhado àquele que se colocou fora da lei moral da justiça e da retidão.

A anedota seguinte, cujo alcance e audácia não podemos captar bem, revela, na Índia, um caráter verdadeiramente revolucionário:

Um dia, Ananda, o primo do Buda, ao passar ao lado de um poço, viu uma jovem da casta dos Matanga que enchia um cântaro. Como ele tinha sede, pediu-lhe água para beber: "Como podes pedir água a mim, uma banida de casta cujo único contato te contaminaria?" respondeu-lhe a moça. Ananda replicou: "Minha irmã, de maneira alguma eu te pergunto a que casta pertences; peço-te de beber." A jovem chandala foi tomada de uma surpresa agradável com palavras tão novas para ela e estendeu-lhe o cântaro. Ananda agradeceu-lhe e continuou seu caminho; mas a jovem, sabendo que ele era um dos discípulos do Buda, dirigiu-se para o local onde se encontrava o Bem-aventurado Mestre. Então, este, compreendendo os sentimentos de reconhecimento que ela nutria por Ananda, serviu-se dele para abrir-lhe os olhos para a verdade e ela foi recebida entre os religiosos.

Tomando conhecimento de que uma chandala fora admitida entre as bhiksunis, o rei Prasenajit, os brâmanes e os nobres da cidade de Srâvasti ficaram terrivelmente escandalizados e foram até o Buda para fazer-lhe advertências. Este respondeu-lhes demonstrando a futilidade das distinções de castas através do seguinte raciocínio: "Existe uma diferença acentuada entre as cinzas e o ouro, mas nada semelhante separa um brâmane de um chandala. Um brâmane não nasce como o fogo do sacrifício, ele não desce milagrosamente do céu, ele não chega trazido pelo vento, ele não surge da terra entreaberta. O brâmane sai do útero de uma mulher absolutamente da mesma maneira que o chandala. Todos os seres humanos possuem os mesmos órgãos, não há nenhuma diferença entre eles. Como podem considerá-los de outra essência tanto um como outro? A natureza não reconhece nenhuma diferença deste gênero."

O budismo, ao declarar categoricamente que a salvação (a libertação do sofrimento) é obra individual, que ela é conseguida através do desenvolvimento da inteligência, da elevação da mente, não pode, sem se contradizer, pretender salvar a humanidade, tanto no ponto de vista material quanto do ponto de vista espiritual. Segundo a Doutrina das Escrituras, é à humanidade que compete fazer o esforço necessário[8]. Cada um deve se libertar por si só. O Buda nos propôs um método de salvação, mas jamais se apresentou como um salvador.

É não compreender bem o espírito do budismo pensar que a doutrina do Tathagata considere apenas a dor moral. A separação entre o domínio espiritual e o domínio material não revela o caráter nítido que ocupa nas religiões ocidentais. Busca-se a libertação espiritual através de meios, muitos dos quais são francamente baseados no funcionamento de nosso organismo material. Ademais, se a preocupação com o sofrimento físico não tivesse obcecado o budismo, não encontraríamos nele o tema sempre repetido, relativo à vida dos seres, a injunção repetida à saciedade, de absolutamente não prejudicá-los, de não lhes causar mal e, de acordo com a bela idéia do *Mahavamsa,* de respeitar seu sonho de felicidade e de contribuir para sua realização.

Essa felicidade é uma felicidade humana, menos ainda, uma humilde felicidade de animal. O budismo, cuja dimensão aristocrática freqüentemente se censurou, não crê — ao contrário do cristianismo — que seja possível reunir, amanhã, numa mesma Jerusalém celeste, seres de mentalidades tão variadas que comporta a nossa Terra. O sonho de felicidade de uns está longe do sonho de felicidade de outros, mas se todos esses sonhos, absolutamente, não se inclinam para fins superiores, todos aqueles que não prejudicam a realização das justas aspirações de outrem são legítimos. O budismo sabe que a individualidade momentânea do homem vem de longe, é feita de elementos cuja origem se perde no infinito dos séculos. Ele sabe que este homem é um resultado, o produto de uma soma incalculável de vidas, de influências, de ações e de reações e que se pode tentar despertar nele tendências, energias latentes, esforçar-se em excitar células adormecidas, tentar a assimilação de novos elementos a este agregado instável destinado às perpétuas trocas com o mundo ambiental; entretanto, seria loucura querer julgar todos os seres pelo padrão de um ideal qualquer.

Sem dúvida, é uma figura das mais comoventes a de Francisco de Assis pregando o Evangelho aos pássaros e aos peixes, mas existe aí a alienação ingênua de um coração terno e não obra de lógico e de sábio.

---

8. "Vós mesmos deveis fazer o esforço, os Budas podem somente ensinar." *(Dhammapada).*

210

Se o budismo aconselha, a todos, o esforço em direção à inteligência libertadora, ele tem consciência que o esforço de alguns é de alcance medíocre e que a realização do Nirvana é remota para a maioria e é quando intervém, em sua atividade, o respeito pelo sonho de felicidade, mesmo o mais infantil.

O budismo, que não crê no valor educativo ou moral do ascetismo voluntário, não acreditará mais no valor do ascetismo forçado ao qual a miséria condena tantos homens. Para ele, toda dor é má, todo sofrimento deve ser destruído.

Constrangidos, pela doutrina na qual têm fé, em anunciar uma salvação que é, não um dom feito ao devoto piedoso, como resposta por suas orações, mas uma conquista árdua do espírito humano, os budistas modernistas não puderam deixar de constatar, não somente o quanto as condições de vida nas nossas sociedades modernas esmagam humildes "sonhos de felicidade", mas também como a miséria, o cansaço, a transformação do homem em instrumento vivo reduzem o nível mental dos povos, embaraçam seu caminho para a inteligência, para a salvação. Desta constatação ao socialismo é só um passo. Muitos modernistas transpuseram-no ou prepararam-se para transpô-lo, enquanto outros, sem abordar a questão das reformas sociais propriamente ditas, dedicam-se ao desenvolvimento da instrução, que deve pôr os interessados em condições de trabalhar inteligente e eficazmente por sua própria causa.

Encontram-se nas obras modernistas eloqüentes e vibrantes comentários em torno do preceito: "Não furtarás nem roubarás, mas ajudarás cada um a possuir os frutos do seu trabalho[9]." O pensamento que os inspira é realmente muito fiel ao sentido da doutrina do Tathagata tal qual ele se revela, não àqueles que dissecam a letra morta, mas para aqueles que se esforçam em viver o seu espírito.

---

9. Eis um desses comentários de origem hindu: "O espírito do budismo é essencialmente socialista, isto é, ele ensina a união da ação combinada com vista a um fim social. Ele é totalmente oposto ao industrialismo com sua luta sem perdão, sem escrúpulo e sem piedade, pela riqueza, considerada como o objetivo supremo do esforço humano, que corrói as nações supostamente desenvolvidas. . . A acumulação do capital nas mãos de um pequeno número de pessoas não pode ter nenhuma justificação moral. O capital não é, como certos economistas pretendem, o resultado da poupança pessoal, mas resulta da acumulação de parcelas de lucro subtraídas aos produtores, grande número dos quais são reduzidos à condição de escravos, para o conforto e o prazer de alguns. Em que isto difere do roubo?. . . O budismo proíbe o roubo em todas as suas formas, qualquer que seja o eufemismo sob o qual se possa designá-lo. (P. Laksmi Narasu: *The Essence of Buddhism).*

A esta religião sem dogmas que ordena a seus fiéis que não acreditem cegamente nem nas Escrituras sagradas, nem na própria palavra do Buda, não podemos, com efeito, pedir nada além de uma inspiração que envolva a consciência do discípulo, que o guie, numa civilização completamente estranha à época em que viveu o Mestre, para atos que este não poderia imaginar, mas que traduzem fielmente, na linguagem de nosso século, o pensamento que outrora ele revelou de uma forma muito diversa.

Conforme o movimento que já se delineia e as conseqüências que logicamente acarretam as teorias que professam, pode-se supor que os modernistas budistas serão homens de vanguarda.

APÊNDICE

Qualquer que seja o desejo de fidelidade incorporado na exposição de uma doutrina, há sempre motivos para temer que as tendências pes soais do autor e a deformação, quase inevitável, que sofrem nas línguas européias as teorias oriundas do pensamento oriental, contribuam para apresentá-las a nós de uma perspectiva especial, involuntariamente parcial ou incompreensível, com termos impróprios para reproduzir a idéia original que eles têm para expressar. Assim, pode ser útil acrescentar aos capítulos precedentes uma série de fragmentos, extraídos das Escrituras canônicas, que completarão as explicações dadas nestes capítulos, retificarão, quando necessário, as impressões que terão deixado e permitirão, em todos os casos, compreender melhor o espírito que anima o ensinamento budista.

No mesmo pensamento de desconfiança da influência que tendências pessoais possam exercer sobre a escolha dos trechos citados, uma grande parte deles foi reproduzida, segundo uma seleção de textos traduzidos, numa brochura de divulgação, por um membro da *Buddhaasasana Samagana* (Sociedade Budista Internacional) de Rangum, na Birmânia. A escolha dos outros foi guiada pelas citações mais freqüentemente encontradas nas revistas e obras budistas.

A literatura budista é de uma riqueza prodigiosa. Convém lembrar que os volumes que compõem uma única obra tibetana constituíram, conta-se, quando se efetuou a sua mudança, a carga de oitenta camelos. Mesmo limitando-se às Escrituras da Igreja do Sul, é fácil encontrar nelas, além das teorias essenciais, a expressão de opiniões muito diversas. A estória dessas opiniões, embora muitas vezes interessante, escapa à finalidade deste estudo, do qual não cogitamos em mostrar todas as variantes derivadas do budismo. Ao reproduzir alguns dos fragmentos

213

mais antigos e mais amiúde publicados pelos autores budistas, obteremos, de um lado, noções relativas aos pontos de vista mais marcantes do período mais próximo à pregação do Buda, o eco de discursos talvez proferidos pelo próprio Mestre e, por outro lado, a indicação das tendências filosóficas e religiosas do budismo contemporâneo e moderno, o que constitui o tema real e a finalidade desta obra.

Não há fogo igual à cobiça, pecado igual ao ódio, dor igual à dor da existência. Nenhuma felicidade é tão grande quanto a paz de espírito.

Dhammapada.

Longa é a noite para aquele que vela, longa a estrada para quem está cansado, longa a sucessão de existências para os seres cegos e que não conhecem a Lei.

Dhammapada.

Meus esforços tendem a aliviar a carga de sofrimentos e a rejeitá-la para sempre. É por isso que eu busco o caminho da libertação final e completa.

Fo-sho-hing-tsan-king.

Aquele que está aprisionado entre quatro paredes não pode escapar. Assim, este mundo está aprisionado entre as paredes de pedra do nascimento, da decrepitude, da doença e da morte. Aqueles poucos que compreenderam a Lei e agem em conformidade com ela escaparão desta prisão da dor.

Fo-sho-hing-tsan-king.

Eu não procuro nenhuma recompensa, nem mesmo renascer no Céu, mas procuro o bem dos homens, procuro reconduzir aqueles que se perderam, esclarecer aqueles que vivem nas trevas do erro, banir do mundo toda dor e todo sofrimento.

Fo-sho-hing-tsan-king.

Qual, pensais vós, ó discípulos, que seja maior, as águas do vasto oceano ou os prantos que haveis derramado enquanto vagais nesta longa peregrinação, precipitando novos nascimentos em novas mortes, unidos naquilo que odiais, separados daquilo que amais?. . . A morte de uma mãe, a morte de um pai, a morte de uma irmã, a morte de um irmão, a

214

morte de um filho, a morte de uma filha, a perda dos parentes, a perda dos bens, tudo isso, através dos séculos, vós experimentastes. Sem começo e sem fim é o *Samsara*. Impossível de conhecer o começo dos seres envolvidos pela ignorância, que, acorrentados pelo desejo da existência, são conduzidos a nascimentos sempre renovados e continuam a roda das transformações. Assim, durante longas eras, haveis sofrido as aflições, o infortúnio, a dor e haveis cevado o solo dos cemitérios, tempo bastante, na verdade, para estar cansado da existência, tempo bastante para se desviar da existência, tempo bastante para fugir de tudo isso.

Samyutta Nikaya.

Da cobiça nasce a dor, da cobiça nasce o medo. Aquele que é inteiramente livre de cobiça não conhece nem a dor nem o medo.

Dhammapada.

Aquele que se liberta do jugo difícil de sacudir da cobiça, a aflição se desliga dele pouco a pouco, como as gotas de água que deslizam sobre uma folha de lótus.

Dhammapada.

Desejo descobrir uma nobre verdade, um objetivo diferente dos objetivos comuns dos homens: eu desejo acabar com as dores que nascem da existência.

Fo-sho-hing-tsan-king.

Nenhum ser animado, possuído pelo desejo, pode escapar à dor. Aqueles que compreenderam isso plenamente passam a ter raiva do desejo.

Fo-sho-hing-tsan-king.

Impelido pela cobiça, o homem comum corre de um lado para o outro como uma lebre perseguida. Uma vez preso e subjugado por ela, o sofrimento, durante muito tempo, pesa sobre ele. Que afaste a cobiça o discípulo que deseja levar uma vida santa.

Dhammapada.

Qual é a raiz do Mal? — A cobiça, o ódio, a ilusão são as raízes do Mal. E quais são as raízes do Bem? — Estar livre da cobiça, do ódio, da ilusão são as origens do bem.

Majjhima Nikaya.

Bom é o domínio do corpo, bom o domínio da linguagem, bom o domínio da mente, bom é o perfeito domínio de si mesmo. O discípulo que é senhor de si mesmo se libertará de toda dor.

Dhammapada.

O dom da Lei[1] supera qualquer outro dom, a doçura da Lei supera qualquer outra doçura, o prazer causado pela Lei supera qualquer outro prazer, a extinção da cobiça vence toda dor.

Dhammapada.

Eis, amigos, as três grandes paixões: a sede do amor, o apego à existência, a cegueira da ignorância. Com a ignorância nascem todas as paixões. Com a destruição da ignorância, todas as paixões são igualmente destruídas. É a Senda das oito ramificações que conduz à destruição da paixão.

Majjhima Nikaya.

Eis os quatro impulsos para a existência: o apego ao desejo, à especulação[2], aos ritos religiosos e à doutrina da imortalidade do *ego*. Com o nascimento do desejo nasce, também, o impulso para a existência[3]. Com a supressão do desejo o impulso para a existência é igualmente suprimido. É a Senda das oito ramificações que conduz à supressão do impulso para a existência.[4]

Majjhima Nikaya.

Uma conduta benévola mantém o coração em paz. Com a falta de benevolência a semente de todas as virtudes perece.

Fo-sho-hing-tsan-king.

A cortesia é a mais preciosa das jóias. A beleza que não é completada pela cortesia é como um jardim sem flores.

Buddhacarita.

---

1. A Lei: *Dharma*, significando a Doutrina budista; os autores modernos interpretam esta passagem, traduzindo-a assim: o dom da Verdade, a doçura da Verdade, o prazer causado pela Verdade. . .
2. Especulação filosófica, metafísica, etc.
3. Para a existência que é o meio de realizar o desejo, de atingir seu objetivo.
4. Lembrar-se do que foi dito ao longo da obra. Deve-se entender existência no sentido de existência da personalidade, da idéia de "Eu".

Evitar a companhia dos tolos, estar em comunhão com os sábios, honrar aquele que merece é uma grande bênção.

Mahaparinibbana Sutta.

Subjugue a cólera com a benevolência, vença o mal com o bem, conquiste aquele que é ávido pela generosidade e aquele que mente com palavras verdadeiras.

Dhammapada.

Sede irredutíveis no cumprimento de vossos deveres grandes e pequenos. Levai uma vida ao resguardo do vitupério, de acordo com os preceitos e que vossas palavras, igualmente, sejam irrepreensíveis.

Mahaparinibbana Sutta.

Não existe felicidade fora da retidão.

Attanagaluvimsa.

O que é um verdadeiro dom? — Um dom em troca do qual nenhuma espécie de recompensa é esperada.

Prasnottaramalika.

Um homem que tem autoridade sobre os outros deve ser brando para com os fracos.

Udanavarga.

Assim como aos alimentos misturados com veneno, eu abomino a felicidade maculada pela injustiça.

Jatakamala

As características distintivas da verdadeira religião são: a boa vontade, o amor, a veracidade, a pureza, a nobreza dos sentimentos e a bondade.

Inscrição de Asoka.

Aquele que caminha na estrada da retidão está sempre perto de mim, mesmo quando está afastado.

Fo-sho-hing-tsan-king.

Eu quero agir para com os outros com um coração puro, cheio de amor, exatamente como eu gostaria que eles agissem comigo.

Lalita Vistara.

As ações que realizamos no passado seguem-nos como nossa sombra: para o bem ou para o mal, conforme sua natureza.

Fo-sho-hing-tsan-king.

Fugir de todos os vícios, praticar todas as virtudes, purificar seu coração, esta é a religião dos Budas.

Dhammapada.

Aquele que está inteiramente puro de todo mal, como o céu é puro de manchas e a Lua de máculas, eu chamo um religioso.

Udanavarga.

O Buda não aprecia os presentes que lhe são oferecidos, mas somente as esmolas distribuídas àqueles que estão necessitados.

Milindapañha.

Depois que tiverdes estudado a doutrina, que vossos corações purificados encontrem sua alegria ao realizar atos de acordo com ela.

Fo-sho-hing-tsan-king.

Mais vale, para mim, morrer na batalha contra o mal do que ser vencido por ele permanecendo vivo.

Padhama Sutta.

Ser caridoso, viver de acordo com os preceitos, cuidar de sua família, ser irrepreensível nas suas ações é uma grande bênção.

Mahamangala Sutta.

As boas coisas deste mundo passam, mas os tesouros ganhos com uma vida de retidão são imperecíveis.

Fo-sho-hing-tsan-king.

Assim como se lava a mão com a mão, o pé com o pé, também a retidão é purificada pela sabedoria e a sabedoria é purificada pela retidão. Onde há retidão há sabedoria, onde há sabedoria há retidão e a sabedoria do homem reto, a retidão do homem sábio são, de toda retidão e de toda sabedoria, aquelas que têm, neste mundo, o mais alto valor.

Sonadanda Sutta[5].

---

5. No *Digha Nikaya*, já citado na pág. 106, conforme a citação de Oldenberg.

Aqueles são meus semelhantes. Eu sou seu semelhante. Identificando-se, assim, como outrem, o homem sábio não mata e não é motivo para que se o mate.

Sutta Nipata.

Tu não procedes bem ao incitar-me a cometer más ações. Mesmo se tu dizes: "Ninguém o saberá", a ação será por isso menos má?

Jatakamala.

Aquele que não faz mal a nenhum ser, seja forte, seja fraco; aquele que não mata, que não permite matar, eu chamo um religioso.

Dhammapada.

Não é fazendo belos discursos que alguém se torna um sábio. Aquele que é pacífico, benevolente e sem medo, eis o verdadeiro sábio.

Dhammapada.

Não é comer carne que torna impuro, é ser rude, difamador, desleal, sem compaixão, arrogante, avaro, não dividindo seus bens com ninguém.

Amagandha Sutta.

Uma bela linguagem que não é seguida por atos em harmonia ela é como uma flor magnífica com cores brilhantes, mas sem perfume.

Dhammapada.

Minhas obras são meus bens. Minhas obras são minha herança. Minhas obras são o útero que me trouxe. Minhas obras são a raça à qual pertenço. Minhas obras são meu refúgio.

Anguttara Nikaya.

Não sou eu, ó discípulos, quem ataca o mundo, mas o mundo que me ataca. Um apóstolo da verdade não deve ter disputas com ninguém no mundo.

Samyutta Nikaya.

Dar de comer a um simples homem honesto (na necessidade) vale infinitamente mais que dedicar-se ao estudo das questões relativas aos espíritos do céu e aos demônios que ocupam tantas pessoas.

Sutra em 42 artigos[6].

No que consiste a religião? — Ela consiste em praticar tão pouco o mal quanto possível, a praticar o bem fartamente. Ela consiste na prática do amor, da compaixão, da veracidade, da pureza em todos os âmbitos da vida.

Inscrição de Asoka.

Não é comer carne que torna impuro, é a cólera, o excesso, o egoísmo, a hipocrisia, a deslealdade, a inveja, a ostentação, a vacuidade, o orgulho, é comprazer-se na sociedade daqueles que cometem injustiça.

Amagandha Sutta.

Não é o nascimento que faz do homem um "fora-de-casta". Não é o nascimento que faz do homem um brâmane.
Por suas ações, o homem torna-se um "fora-de-casta". Por suas ações, o homem torna-se um brâmane.

Vasala Sutta.

Que vossa conduta, vossa linguagem, vosso espírito, vosso corpo sejam puros, sede francos, abertos, honrados, não dissimulados. Contudo, não vos assoberbeis, não olheis os outros com altivez por causa de vossa pureza.

Majjhima Nikaya.

Nem a abstinência da carne ou do peixe, nem a nudez[7], nem a cabeça raspada, nem a mutilação do corpo, nem as roupas de cores especiais, nem a adoração de um Deus podem purificar um homem que não está liberto da ilusão.

Amagandha Sutta.

---

6. A indicação da origem é dada pela brochura que publica esta série de citações. Não encontramos este trecho na edição do *Sutra em 42 artigos,* traduzida por L. Feer.
7. Alusão aos ascetas que se obrigavam a viver nus em todas as estações.

O leigo que segue a doutrina não deve entregar-se às bebidas inebriantes. Ele não deve convidar alguém para beber, nem aprovar aquele que bebe porque ele sabe que a conseqüência da intemperança é a loucura. Com o hábito da bebida, os loucos sucumbem ao mal e arrastam os outros à intemperança. Os homens devem fugir deste antro de todos os males, desse delírio, dessa loucura nos quais, sós, os seres despojados de espírito encontram sua alegria.

Dhammika Sutta.

Quando falais a uma mulher, fazei-o com toda pureza de coração. Se ela é velha, considerai-a como uma avó; se ela é mais velha que vós, considerai-a como u'a mãe; se ela é mais jovem, considerai-a como uma irmã; se ela é ainda criança, tratai-a com bondade e respeito.

Sutra em 42 artigos.

Qualquer que seja a causa de vosso sofrimento, não magoai um outro.

Udanavarga.

Segue o caminho do dever; demonstra bondade para com teus irmãos e não os faça cair no sofrimento.

Avadana Sutta.

Considerei como "fora-de-casta" aqueles que fazem o mal e magoam as criaturas vivas, aqueles que são despojados de simpatia pelos seres.

Vasala Sutta.

Aquele que se esforça em atingir sua felicidade pessoal maltratando ou fazendo perecer, por causa disso, seres que também aspiram à felicidade, não encontrará a felicidade.

Dhammapada.

Não é pelo amor de meu próprio bem que eu pratico a benevolência, mas eu amo a benevolência porque meu desejo é contribuir para a felicidade dos seres.

Jatakamala.

O homem verdadeiramente virtuoso ajuda aqueles que passam necessidade por puro sentimento de compaixão, sem nenhuma esperança de vantagem pessoal, cuidando pouco que suas boas ações sejam ou não conhecidas por alguém.

Jatakamala.

O discípulo vive como conciliador daqueles que estão divididos, unindo mais estreitamente aqueles que são amigos, estabelecendo a paz, preparando a paz, rico de paz, pronunciando sempre palavras de paz.

Tevijja Sutta.

Não são ritos supersticiosos que é preciso realizar. A bondade para com os servidores e os inferiores, o respeito para com aqueles que merecem o respeito, o controle de si mesmo unido à benevolência nas relações com os seres vivos, estas coisas e os atos virtuosos análogos são, na verdade, os ritos que devem ser realizados em todos os lugares.

Inscrição de Asoka.

A mais necessária das coisas é ter um coração compassivo Não deveríamos maltratar nem oprimir ninguém Deveríamos nos desviar do erro e caminhar na estrada reta. Para consolá-los e ajudá-los, deveríamos nos aproximar daqueles que padecem nas prisões.

Fo-sho-hing-tsan-king.

Feliz é o homem cujos sentidos estão purificados e plenamente sob seu controle.

Udanavarga.

Acima de todas as coisas, evitai a irreflexão. A irreflexao é a inimiga de todas as virtudes.

Fo-sho-hing-tsan-king.

Lutai com todas as vossas forças. Não deixai a preguiça alojar-se em vosso coração.

Fo-sho-hing-tsan-king.

Eu considero a felicidade dos seres como um fim pelo qual devo lutar sem tréguas.

Inscrição de Asoka.

Quando aquele que pratica o bem deixa de se preocupar com o resultado de seu ato, a ambição e a cólera se extinguem nele[8].

Lalita Vistara.

Todos os seres anseiam pela felicidade, que tua compaixão se estenda pois sobre todos eles.

Mahavamsa.

Acorde! De pé! Existe sono para aqueles que estão enfermos e transpassados pelas flechas do sofrimento?

Utthana Sutta.

A confiança num socorro externo traz a angústia; só a confiança em si mesmo produz a força e a alegria.

Fo-sho-hing-tsan-king.

Ao vencer vosso inimigo pela força, vós aumentareis seu ódio, mas vós não colhereis dor ao vencê-lo pelo amor.

Fo-sho-hing-tsan-king.

O justo julga sua aflição como uma vantagem quando esta pode aumentar a felicidade de outrem.

Jatakamala.

Que interesse tem para ti, que alguém seja culpado ou não? Venha, amigo, e olhe para seu próprio caminho.

Amagandha Sutta.

Assim como em uma casa cujo telhado é bom não penetra chuva, também num espírito dedicado à meditação não penetra a paixão.

Dhammapada.

O sábio não fica imóvel, ele caminha sem cessar na dianteira em direção a uma luz maior.

Fo-sho-hing-tsan-king.

---

8. É a doutrina do esforço desinteressado, que encontramos no decorrer desta obra, o: *"esteja atento ao cumprimento da obra, nunca a seus frutos"*, que encontramos tanto no Vedanta como no budismo.

Ah! vivamos felizes, sem ódio àqueles que nos odeiam. Em meio a homens cheios de ódio, habitemos sem odiá-los. Ah! vivamos felizes sem ser enfermos em meio àqueles que o são. Entre os enfermos habitemos sem sê-lo. Ah! vivamos felizes sem desejo, entre aqueles que se entregam à cobiça! Em meio a homens cheios de desejos, habitemos sem desejo. Ah! vivamos felizes, nós que a nada chamamos de *nosso.* Seremos semelhantes aos Deuses de luz, alimentando-nos como eles, de felicidade.

Dhammapada.

Assim como o duro capim *kuça** dilacera a mão que não sabe como apanhá-lo, também o ascetismo mal praticado oportunamente conduz ao caminho inferior.

Dhammapada.

Levante-se; não seja indolente! Siga o caminho reto! Aquele que caminha assim vive feliz neste mundo e em todos os outros.

Dhammapada.

Estimula a ti mesmo; guia a ti mesmo; assim, por ti mesmo protegido e cheio de clarividência, viverás feliz.

Dhammapada.

Aqueles que enfrentam a má vontade com a má vontade jamais se tornarão puros. Aqueles que, ao contrário, despertam, em si, a boa vontade, apaziguam aqueles cujo coração está cheio de ódio.

Udanavarga.

Através da atividade viril, do esforço vigilante, do domínio sobre si mesmo, da moderação, o sábio pode tornar-se uma ilha que as ondas não submergem.

Dhammapada.

Cabe a vós mesmos fazer o esforço, os Tathagatas (os Budas) podem somente ensinar.

Dhammapada.

---

* Kuça = erva usada em cerimônias religiosas (N. da T.).

Não vos desvieis de vosso projeto (a busca da libertação) por amor a outrem, por maior que possa ser. Quando tiverdes visto vosso objetivo, firmes e inabaláveis.

Dhammapada.

O verdadeiro culto não consiste em oferecer incenso, flores e outras coisas materiais, mas em se esforçar por seguir o mesmo caminho que aquele que se reverencia.

Jatakamala.

A vigilância é o caminho da imortalidade, a indolência o caminho da morte. Aqueles que persistem na vigilância não morrerão, os indolentes já são como mortos.

Dhammapada.

Não olhe os erros de teu próximo, o que ele fez ou deixou de fazer. Antes, volte os olhos para seus próprios erros, suas omissões e suas negligências.

Dhammapada.

A indolência é uma enfermidade, a preguiça perpétua, mácula. Com um vigoroso esforço, ajudado pela clarividência, vós arrancareis esta flecha envenenada que é a indolência.

Uttana Sutta.

Um homem não é um mestre porque submete, despoticamente, seres vivos ao sofrimento; pode ser chamado um mestre aquele que tem compaixão por tudo o que vive.

Dhammapada.

Atento em meio aos tontos, despertado em meio aos adormecidos, o homem inteligente caminha, deixando os outros tão longe atrás de si quanto um corredor passa na frente dos animais de carga.

Dhammapada.

Vigiemos as portas de nossos sentidos. Sejamos moderados no que se refere à alimentação. Dediquemo-nos à vigilância e armemo-nos com uma inteligência não encoberta por nuvens.

Majjhima Nikaya.

Aliviai, ó discípulo, esta barca pesada; vazia, ela navegará ligeiramente. Quando estiverdes livre dos ódios e dos desejos, alcançarás o Nirvana.

Dhammapada.

Luta energicamente, atravessa a corrente. Quando tu tiveres compreendido como se dissolvem as formações (os *sankharas*), compreenderás *aquilo* que não é formado (o Incriado, o Nirvana). ´

Dhammapada.

O verdadeiro discípulo rejeitou o abatimento e a preguiça, libertou-se da indolente prostração. Amando a luz, inteligente e clarividente, ele purifica seu coração de toda indolência e preguiça.

Majjhima Nikaya.

Faz de ti mesmo uma ilha, trabalha duramente, sê sábio. Quando tuas máculas tiverem desaparecido e fores livre de erros, não estarás mais submetido à decrepitude e à morte[9].

Dhammapada.

Assim como fala, o Perfeito age. Como age, o Perfeito fala. E porque fala quando age e age quando fala, ele é chamado o Perfeito.

Itivattaka.

Eu vos conjuro, ó discípulos, pelo amor de vós mesmos, sede diligentes. Consagrai-vos à purificação de vosso próprio espírito. Sede vigilantes, sede perseverantes, sede atentos, sede refletidos, para vossa própria salvação.

Mahaparinibbana Sutta.

Uma atenção parcial prepara o caminho para novos erros, novas ilusões, e permite que as antigas cresçam. Com uma atenção persistente, não permiti o nascimento de novos erros e destruí os antigos.

Majjhima Nikaya.

---

9. A decrepitude e a morte, que são o séquito fatal dos renascimentos aos quais tende aquele que está sob o domínio da ilusão e do desejo da vida pessoal.

A impermanência, a dor, a não-realidade substancial de todas as coisas impressionam meus olhos por todos os lados; que eu possa então empregar a hora presente, imbuído da convicção de que agora é o momento conveniente para buscar a sabedoria.

Fo-sho-hing-tsan-king.

Sede vossa própria luz e vosso próprio refúgio. Considerai a verdade como luz. Considerai a verdade como refúgio. Não busqueis um refúgio em nada além de vós mesmos.

Mahaparinibbana Sutta.

Vença o desejo ao qual os Deuses e os homens estão submetidos. Não deixe o momento propício escapar. Aqueles que permitem que a hora favorável passe sem ser usada terão uma justa causa para lamentações quando se encontrarem no caminho inferior[10].

Uttana Sutta.

Nem o costume de caminhar nu, nem os cabelos trançados, nem o uso de argila[11], nem a escolha de certos tipos de alimentos, nem o hábito de deitar diretamente sobre a terra, nem a poeira, nem a sujeira, nem a intenção de não se abrigar sob um teto serão capazes de destruir a inquietação na qual nos lançam os desejos não satisfeitos; mas se um homem senhor dos seus sentidos, calmo, compenetrado, casto, que evita fazer mal a qualquer ser, realiza a Lei, embora enfeitado com ornamentos, ele será um brâmane, um Çramana*, um religioso.

Divyavadana¹.

---

10. O caminho inferior deve ser compreendido como modos de existência inferiores, dos quais a imaginação popular fez o Inferno.
11. Alusão aos desenhos simbólicos que os hindus e especialmente os ascetas fazem, com argila, no rosto e no corpo. Este trecho é dirigido contra os ascetas e as observâncias rituais externas. Encontram-se as mesmas idéias no *Dhammapada*. 142, no *Fo-sho-hing-tsan-king*, no *Sutta Nipata* 248 e em muitas outras obras.
* *Çramana*, literalmente *obediente;* pessoa que segue os preceitos estabelecidos de qualquer ordem (N. da T.).

Bem poucos homens atingem a outra margem (o Nirvana). O comum dos mortais apenas vagueia ao longo desta margem. Aqueles que se consagram à verdade e vivem de acordo com a Doutrina, lutando por um objetivo único, alcançarão a outra margem nadando através do rio impetuoso da morte.

Dhammapada[12].

O tesouro verdadeiro é aquele que consiste na caridade, na compaixão, na temperança, no domínio de si mesmo. Este tesouro escondido e sólido não perece. Mesmo que abandone as riquezas passageiras do mundo, o homem leva o tesouro verdadeiro como uma riqueza cuja posse não prejudica a outrem e que nenhum ladrão pode subtrair.

Nidhikanda Sutta.

Não desacrediteis as outras seitas, não as depricieis, mas, ao contrário, honreis aquilo que nelas é digno de ser honrado.

Inscrição de Asoka.

Guerreiros! guerreiros, chamamos a nós mesmos. De que maneira, Mestre, somos guerreiros?

— Nós combatemos, ó discípulos, por isso nos chamamos guerreiros.

— Por que combatemos, Mestre?

— Pela virtude elevada, pela alta dedicação, pela sublime sabedoria, por isso nos chamamos guerreiros.

Anguttara Nikaya.

Note bem isto, Gotami, uma doutrina, venha ela de onde vier, se conduz à paixão e não à paz, ao orgulho e não à modéstia, ao desenvolvimento do desejo e não ao comedimento, ao mundano e não ao amor à solidão, a um espírito violento e não a um espírito pacífico, esta doutrina não é o Dhamma, não é o Vinaya, não é o ensinamento do Mestre.

Vinaya Pitaka[13].

A benevolência para com todos os seres é a verdadeira religião.

Buddhacarita.

---

12. Citado por Burnouf.
13. O *Dhamma* (em sânscrito, *Dharma*) é a doutrina budista. O *Vinaya* compreende as regras para uso dos religiosos.

Nutri em vosso coração uma benevolência sem limites por tudo aquilo que vive.

Metta Sutta.

Aquele que é vilipendiado pelo mundo não guarda sentimentos de inimizade contra ele.

Sammaparibbajaniya Sutta.

Aquele que, ao ser ultrajado, não deixa o ressentimento ocupar seu coração, obteve uma brilhante vitória.

Udanavarga.

Não portando espada, nem cajado, simpático e benevolente, o discípulo sente amor e compaixão por todos os seres.

Majjhima Nikaya.

Se desejais mostrar vosso respeito pela memória do Buda, segui o exemplo que ele vos deu, de paciência e de indulgência.

Fo-sho-hing-tsan-king.

Assim como as altas cadeias de montanhas permanecem imóveis em meio à tempestade, também o verdadeiro sábio permanece inabalável entre o louvor e a censura.

Dhammapada.

O néscio que acredita triunfar pronunciando palavras de cólera será sempre dominado por aquele que é suave em sua linguagem.

Udanavarga.

Os cegos não consideram nunca que cada um de nós deve morrer um dia. Para aqueles que pensam nisso todos os conflitos transformam-se em paz.

Dhammapada.

Aquele cujos sentidos não se apegam mais ao nome e à forma[14], que não é mais perturbado pelas coisas transitórias, pode, realmente, ser chamado um discípulo.

Dhammapada.

---

14. *Nama-rupa*, ver págs. 74 e 148.

Quando as pessoas são injuriadas, não é em sua própria aflição que elas pensam mais, mas na perda da felicidade que seus insultantes infligiram a eles próprios.

Jatakamala.

Mesmo quando os que não são dos nossos se manifestam com palavras ofensivas a respeito de minha doutrina ou de mim mesmo, ainda assim não há razão para ceder à cólera.

Brahamajâla Sutta.

Domine o arrebatamento. Não ceda ao impulso de um coração turbulento. Aquele que é capaz de acalmar seu coração quando, repentinamente, a paixão o inflama, pode, na verdade, ser chamado um hábil condutor de carro.

Fo-sho-hing-tsan-king.

O sábio só teme a leviandade e a vulgaridade. Estas conduzem ao sofrimento o homem que, cego pelo desejo momentâneo, não percebe o precipício enorme a seus pés.

Fo-sho-hing-tsan-king.

Que se fortaleça primeiramente a si mesmo no que é bom e verdadeiro e só após se empreenda a instrução de outrem.

Dhammapada.

"A paciência é a austeridade por excelência, a indulgência, o Nirvana supremo", dizem os Budas. Não é um religioso quem faz mal a outrem. Não é um discípulo quem causa aflição a outrem.

Dhammapada.

Encontrando a si mesmo em toda parte e em todas as coisas, o discípulo abraça o mundo inteiro com um sentimento de paz, de compaixão, de amor imenso, profundo e sem limite, livre de toda cólera e de todo ódio.

Majjhima Nikaya.

Um homem não é venerável simplesmente porque tem cabelos brancos. Aquele que ama a verdade e cumpre sua obrigação, em quem habitam a bondade, a paciência e o domínio de si mesmo, que é firme e isento de erros, pode, com razão, ser chamado venerável.

Dhammapada.

Se trilhamos o caminho da verdadeira sabedoria, evitando os dois erros (o ascetismo, as mortificações e a vida sensual), alcançaremos a mais elevada perfeição. Se a religião consistisse unicamente nas mortificações e no ascetismo, ela jamais poderia nos conduzir à paz.

Fo-sho-hing-tsan-king.

Aquele que vive plena e fielmente de acordo com a Doutrina, que, pela sabedoria, superou aquilo que o mundo chama o Bem e o Mal, que vive na clarividência pode verdadeiramente ser chamado um asceta.

Dhammapada.

Quando, por um vigilante esforço, o sábio venceu a negligência, se eleva à torre de vigília da clarividência e, de lá, livre do sofrimento, como aquele que está numa montanha vê os que estão na planície, vê a multidão angustiada e néscia.

Dhammapada.

Embora vestido o corpo com roupas leigas, o espírito pode se elevar às mais altas perfeições. O homem do mundo e o eremita não diferem entre si se venceram, ambos, o egoísmo. Quando por muito tempo o coração é subjugado pelos vínculos da sensualidade, qualquer sinal externo de ascetismo é coisa vã.

Fo-sho-hing-tsan-king.

Mesmo que ladrões ou assassinos separassem vossos membros com uma serra, se vos abandonásseis à cólera, não estaríeis seguindo meu ensinamento. Aqui está, de preferência, ó discípulos, qual deveria ser vossa conduta (nesta circunstância): vosso espírito não se abalaria, nenhuma palavra má escaparia de vossos lábios, permaneceríeis benevolentes, o coração cheio de amor e despojado de recôndita maldade, envolveríeis estes homens (os malfeitores) em pensamentos amorosos, grandes, profundos e sem limites, isentos de toda cólera e de todo ódio. Assim deveis vos conduzir, ó discípulos.

Majjhima Nikaya.

Acima de tudo, bane o pensamento do "Eu".

Fo-sho-hing-tsan-king.

Pôr fim ao cuidado consigo mesmo é uma grande felicidade.

Udanavarga.

Todas as manifestações, na natureza, estão sujeitas à lei da causalidade.

Fo-sho-hing-tsan-king.

Aquele que distingue a verdade como verdade e a ilusão como ilusão, atinge a verdade e segue no caminho reto.

Dhammapada.

Pensando continuamente na velhice, qual alegria pode caber a mim, cujos anos passam como o vento?

Fo-sho-hing-tsan-king.

A morte e a decrepitude são inerentes ao mundo. O sábio que conhece a natureza das coisas não se aflige.

Salla Sutta.

Assim como nosso corpo se dirige rapidamente para a decrepitude, também os prazeres mundanos chegam depressa a seu declínio. Aquele que, tendo este fato presente, cede à cobiça, se comporta como um ser privado de razão.

Fo-sho-hing-tsan-king.

Aquele que olha o corpo como uma miragem, como um floco de espuma sobre as vagas conseguirá não ver mais a morte.

Dhammapada.

Quando o sábio reconheceu que as qualidades características deste mundo são a impermanência, a não-realidade substancial e a dor, como poderia, ainda, comprazer-se nele?

Fo-sho-hing-tsan-king.

Eu me esforço por atingir a felicidade que não passa nem perece, que não tem sua origem na riqueza ou na beleza e delas não depende.

Fo-sho-hing-tsan-king.

Assim como o grande oceano é impregnado por um único sabor, o do sal, também minha doutrina é impregnada por um único sabor: o da libertação.

Kullavagga.

Nem no ar, nem no meio do oceano, nem nas profundezas das montanhas, nem em qualquer parte do imenso mundo existe lugar onde o homem possa escapar das conseqüências de seus atos.

Dhammapada.

Considera o mundo como se olha uma bolha d'água, como se considera uma miragem. Aquele que olha, assim, do alto para o mundo, o rei da morte absolutamente não o vê.

Dhammapada.

Olhe este mundo como uma coisa vazia, ó Mogharagan; sendo sempre ponderado, tendo destruído a crença na personalidade (na permanência do *ego),* sobrepujarás a morte. O rei da morte não vê aqueles que olham assim o mundo.

Mogharagamanavapukkha Sutta Nipata.

Dizei a verdade; não vos abandoneis à cólera; dai o pouco que possuís àquele que vos implora. Por estes três passos vos aproximareis dos Deuses.

Dhammapada.

Corta, em ti, o amor por ti mesmo, assim como se corta, no outono, um lótus com a mão. Caminhe no caminho da quietude que conduz ao Nirvana indicado pelo Sugata (o Buda).

Dhammapada.

O mundo é arrastado pela torrente da cobiça, nos seus turbilhões não existe salvação; apenas a sabedoria é um navio sólido e a meditação[15] um firme apoio.

Fo-sho-hing-tsan-king.

Sede os herdeiros da verdade, ó discípulos, não os das coisas mundanas.

Majjhima Nikaya.

---

15. Trata-se da meditação perfeita, racional, aplicada a objetivos convenientes, que forma uma das seções do óctuplo caminho.

Existe uma mácula pior que todas as máculas; a mácula por excelência é a ignorância. Purificai-vos desta mácula, ó discípulos, e tornai-vos imaculados.

Dhammapada.

Aquele que se dedica a meditações racionais encontra prontamente a alegria em tudo o que é bom. Ele vê que as riquezas e a beleza são impermanentes e que a sabedoria é a mais preciosa das jóias.

Fo-sho-hing-tsan-king.

Guiado por sua clarividência entre a impermanência das coisas, o sábio rejeita energicamente toda a preguiça. Estimulado pelo temor da morte e do renascimento, ele não vagueia no caminho.

Fo-sho-hing-tsan-king.

O inferno não foi criado por ninguém. O fogo de um espírito que se entrega à cólera produz o fogo do inferno e consome seu detentor. Quando um homem faz o mal, ele acende o fogo do inferno e se queima em seu próprio fogo.

Mulamuli.

Comprometidos nas malhas da rede da especulação, os filhos inexperientes da terra jamais se libertarão dos vínculos da velhice, da morte, da dor, das queixas e do desespero; jamais eles se libertarão do sofrimento.

Majjhima Nikaya.

Aquele que compreendeu este mundo até sua base e percebeu a mais alta verdade; aquele que atravessou o rio sempre fluente da existência e, liberto de todos os vínculos, dominou a paixão, um homem assim é chamado sábio por aqueles que têm compreensão.

Muni Sutta.

Com a compreensão da natureza impermanente, despojada da realidade em si e sujeita à dor, de todas as coisas emana o sol da verdadeira sabedoria. Sem esta compreensão não pode haver verdadeira luz. Ela sozinha constitui o fim. Aquele que não se esforça para atingi-la será despedaçado pela morte.

Fo-sho-hing-tsan-king.

A noção do "Eu" tem acesso apenas ao pensamento dos tolos. O sábio sabe que não existe base para apoiar uma tal crença. Explorando o mundo com clarividência, ele chega à conclusão de que tudo é vazio[16] e sujeito a um rápido declínio. Uma única coisa permanece inatacável: a Lei Quando um homem chegou a esta clarividência, então ele vê a verdade.

Fo-sho-hing-tsan-king.

Estritamente falando, a duração da vida de um ser não ultrapassa a duração de um pensamento. Assim como a roda de uma carroça, ao rodar, roda apenas um ponto da sua cinta e parada apóia-se somente num ponto desta cinta, assim também é a vida dos seres vivos, que dura somente o tempo de um pensamento. Assim que o pensamento tenha cessado, o ser pode ser considerado como tendo cessado[17].

Visuddhi Magga.

O Bem-aventurado (o Buda) disse aos discípulos: "Qual é a duração da vida humana?" Um discípulo respondeu: "Ela é de dez dias." O Bem-aventurado continuou: "Meu filho, ainda não avançastes na Senda."

Ele disse ainda a um outro: "Qual é a duração da vida humana?" O discípulo respondeu: "O tempo de tomar sua refeição matinal". O Bem-aventurado continuou: "Vai, tu, tampouco, avançastes na Senda."

Ele disse ainda a um outro: "Qual é a duração da vida humana?" Este respondeu: "O tempo de um movimento de inspiração e de expiração." Então, o Bem-aventurado disse: "Muito bem, meu filho, pode-se dizer que tu avançastes na Senda."

Sutra em 42 artigos.

---

16. Ver *ego* permanente.
17. O ser cessou porque ele mudou, transformou-se. Alguns elementos que entravam em sua composição formavam a personalidade momentânea que teve o pensamento, o abandonaram, outros se juntaram a ele; ele não é mais idêntico ao que era no minuto precedente. O agregado primordial tornou-se um agregado diferente e pode-se, com esse sentido, dizer que sua existência terminou. As comparações desse gênero, muito freqüentes entre os budistas, são engendradas pela noção do perpétuo movimento da matéria e da inexistência, em nosso mundo, da estabilidade, da permanência.

É difícil recorrer só a procedimentos absolutamente racionais.

Sutra em 42 artigos[18].

Que Budas se manifestem ou não, um fato se mantém; é que a impermanência é inerente aos elementos que constituem os seres. Este fato, um Buda descobre e capta, e quando ele o descobriu e captou, revela-o e o público o proclama, o explica minuciosamente e torna-o claro.

Anguttara Nikaya.

Existem dois falsos caminhos que aquele que se esforça em alcançar a salvação deve igualmente evitar. Um é o dos prazeres sensuais e satisfação das paixões; esse é baixo, vulgar, degradante e pernicioso: é a via das crianças do mundo. O outro é o das torturas infligidas a si próprio e as mortificações; este é triste, doloroso e inútil. O Caminho do Meio mostrado pelo Tathagata evita esses dois erros, abre os olhos, dota de discernimento (aqueles que o seguem) e conduz à salvação, à sabedoria, à perfeição, ao Nirvana.

Dhammacakkapavattana Sutta[19].

Não acredites numa coisa simplesmente pelos boatos. Não creias apoiado na fé das tradições porque elas são valorizadas há grande número de gerações. Não acredites numa coisa porque a opinião geral a tem por verdadeira ou porque as pessoas dela falem muito. Não acredites numa coisa apoiado no testemunho de um ou outro sábio da antiguidade. Não acredites numa coisa porque as probabilidades estão a seu favor, ou porque um longo hábito leva a tê-la por verdadeira. Não acredites naquilo que imaginaste pensando que uma Força superior te tenha revelado. Não acredites em nada apoiado na autoridade isolada de teus mestres ou dos sacerdotes.

Naquilo que tens experimentado por ti mesmo, experimentado e reconhecido como verdadeiro, que esteja conforme teu bem e dos outros, acredita e adequa-o à tua conduta.

Anguttara Nikaya.

---

18. *Sutra em 42 artigos*, traduzido do tibetano por L. Feer.
19. Este Sutta reproduz, nesta passagem, as declarações do Buda no discurso do Parque das Gazelas.

Ide com o coração transbordando de compaixão; neste mundo que a dor dilacera, sede os instrutores e em qualquer lugar onde reinem as trevas da ignorancia, acendei uma luz.

Fo-sho-hing-tsan-king.

DHANIYA SUTTA

POEMA PALI

Durante uma noite de tempestade, durante a estação das chuvas, Dhaniya, rico proprietário de rebanho, encerrado em seu quarto bem fechado se regozija, em seu coração, com a sua prosperidade. O Buda lhe aparece e um diálogo se trava entre eles, em estrofes alternadas.

Dhaniya — O arroz da tarde está cozido e as vacas estão ordenhadas. Nas margens do Mali, eu moro rodeado de inúmeros amigos. Minha morada é sólida e bem coberta. Chove, pois, ó céu, se isto te dá prazer!

O Buda — Livre da cólera, liberto da obstinação, por uma única noite eu me detenho nas margens do Mali. Sem teto é minha morada e meu fogo está apagado[20]. Chove, pois, ó céu, se isto te dá prazer!

Dhaniya — Aqui, nenhum mosquito me perturba. Entre as ricas pastagens, os rebanhos erram e podem, sem perigo, suportar a chuva que cai. Chove, pois, ó céu, se isto te dá prazer!

O Buda — Eu mesmo construí uma sólida jangada e nela passei para a outra margem. Vencendo a corrente, alcancei a outra margem[21] e para mim, doravante, não há mais necessidade de jangada. Chove, pois, ó céu, se isto te dá prazer.

Dhaniya — Obediente, fiel, cheia de encanto e de graça, há longos anos, minha esposa vive ao meu lado. Jamais ouvi dela uma palavra má. Chove, pois, ó céu, se isto te dá prazer!

---

20. O fogo dos desejos e das paixões.
21. "O outro lado", "a outra margem" significam o Nirvana.

O Buda — Meu espírito livre submeteu-se a mim. Durante longos anos ele foi aperfeiçoado com sabedoria. Não existe mais nada de mal em mim. Chove, pois, ó céu, se isto te dá prazer!

Dhaniya — Com meus próprios ganhos todas minhas necessidades são satisfeitas. Meus filhos, saudáveis, rodeiam meu lar. Jamais eles proferiram palavras desagradáveis. Chove, pois, ó céu, se isto te dá prazer!

O Buda — Eu não sou meu próprio criado: com o que eu ganhei, caminho em todos os mundos. Para mim, não há mais nenhuma necessidade de servir. Chove, pois, ó céu, se isto te dá prazer!

Dhaniya — Possuo vacas, bezerros e novilhas; são meus os touros, senhores entre as vacas. Chove, pois, ó céu, se isto te dá prazer!

O Buda — Eu não tenho vacas, nem bezerros nem novilhas, nem touros, senhores de rebanhos. Chove, pois, ó céu, se isto te dá prazer!

Dhaniya — Os piedosos são profundamente obstinados e inabaláveis, as vacas não poderiam romper as cordas de *muñga** novas e bem trançadas. Chove, pois, ó céu, se isto te dá prazer!

O Buda — Tendo, como um touro, rompido meus vínculos ou, como um elefante, na floresta, rompido a rede dos cipós-trepadeiras, para mim não existe mais renascimento. Chove, pois, ó céu, se isto te dá prazer!

Enquanto ouve a tempestade que redobra e a chuva açoitando sua casa, Dhaniya, convertido, dirigiu-se ao Buda:

Dhaniya — Afortunados somos, nós que te vimos, ó Bem-aventurado. Sê nosso Mestre, ó grande Muni[22], tu que possuis o olho da sabedoria. Minha esposa e eu refugiamo-nos em ti. Seguindo o caminho da santidade venceremos o nascimento e a morte, e acabaremos com o sofrimento.

---

* Muñga: planta muito comum na Índia, utilizada na fabricação de cordas (N. da T.).
22. *Muni:* asceta.

Mara — Em seus filhos encontra seu prazer aquele que tem filhos. Em seus rebanhos se compraz aquele que possui rebanhos. A alegria tem sua origem nos *upadhis* e aquele que não tem *upadhis*[23] não tem alegria.

O Buda — Em seus filhos encontra uma causa de preocupações aquele que tem filhos; em seus rebanhos, uma causa de inquietação aquele que possui rebanhos. A inquietação tem sua origem nos *upadhis;* aquele que está livre da angústia não tem *upadhis*.

SALLASUTTA

Sem causa conhecida, agitada, breve e cheia de dores é a vida dos mortais neste mundo. Após a velhice sobrevém a morte: esta é a natureza dos seres vivos.

Assim como os frutos maduros estão continuamente ameaçados de cair da árvore, também o que nasceu está continuamente sob a ameaça da morte.

Assim como o fim de todo vaso de barro saído das mãos do oleiro é ser sempre quebrado, também é a vida dos seres.

Os jovens, os adultos, os loucos e os sábios, todos estão sob o poder da morte, todos estão submetidos à morte.

Aqueles que, vencidos pela morte, partem para outro mundo, ninguém pode salvar. O pai não pode salvar seu filho, nem os pais, seus pais.

Enquanto seus parentes os olham e se lamentam ruidosamente, os homens são levados um a um, como bois esperando para serem abatidos.

Assim, o mundo está mergulhado na aflição pela morte e a velhice; no entanto, conhecendo o fim do mundo, o sábio não se aflige.

Para aquele cujo caminho ignoras, seja quando chega, seja quando parte, não vendo fim em nenhuma dessas coisas, tua aflição é inútil.

---

23. Os *upadhis* são o substrato da personalidade. É na existência da sua personalidade, dos contatos e das sensações nascidos delas que o homem tira sua alegria. Se não há mais personalidade não haverá mais causa de alegria. Esta objeção herética é feita, aqui, por Mara, que personifica o tentador, o mal.

Não é chorando, nem se angustiando que se consegue a paz do espírito. No aflito, ao contrário, a dor aumenta e o sofrimento oprimirá seu corpo.

Ele tornar-se-á magro e pálido, torturando a si mesmo, mas os mortos que ele lamenta não voltarão à vida. Vãs e inúteis são as lamúrias. Aquele que não afasta a angústia de si conseguirá afundar-se mais profundamente na dor. Chorando os mortos, ele se torna presa do sofrimento.

Olhai os que desaparecem, os homens que partem conforme seus atos, seres que já aqui tremem à idéia de cair no poder da morte.

Que um homem viva cem anos ou mesmo mais, ele já está, afinal, separado de seus parentes e abandona a vida neste mundo.

Que aquele que ouve a palavra do Bhagavad supere pois suas lágrimas e, ao considerar aquele que desapareceu e está morto, que diga a si próprio: "Jamais o reencontrarei."

Como o incêndio que devora uma casa é apagado com a água, também o sábio, sensível, esclarecido como homem sagaz, expulsa para longe a dor que nasceu, como o vento destrói um tufo de algodão.

Aquele que busca sua felicidade deve arrancar de si mesmo a flecha de suas lamentações, de suas queixas, de seus desgostos.

Aquele que arrancou esta flecha e rejeitou toda dependência, aquele que conseguiu a paz do espírito e subjugou toda dor, será liberto do sofrimento e bem-aventurado.

SIGALOVADA SUTTA

Assim eu ouvi.

Neste momento o Buda vivia perto de Rajagaha, no parque chamado Veluvana.

Um dia, o jovem chefe de família Sigala, tendo se levantado de madrugada, saiu da cidade e de pé, cabelos e roupas molhados, elevando suas mãos juntas acima da cabeça, prestou uma homenagem aos pontos cardeais: ao Leste, ao Sul, ao Oeste, ao Norte, ao Nadir e ao Zênite.

Entretanto, tendo o Buda se levantado de madrugada, vestiu-se e, munido com sua tigela de esmolas, dirigiu-se a Rajagaha para mendigar seu alimento. Percebendo Sigala em seu caminho, com suas roupas e cabelos molhados, elevando suas mãos juntas para o céu e prosternando-se na direção dos pontos cardeais, o Bem-aventurado o interrogou.

— Por que, ó jovem, te levantastes a esta hora da manhã e, deixando Rajagaha, ficas aqui, com as roupas e os cabelos molhados, reverenciando os pontos cardeais?

— Mestre, meu pai, em seu leito de morte, me disse: "Meu filho, não descuide de prestar culto aos pontos cardeais". Assim, com muito respeito e veneração por suas palavras, considerando-as sagradas, saio da cidade muito cedo para adorar o Leste, o Sul, o Oeste, o Norte, o Nadir e o Zênite.

— Não é desta maneira, ó jovem, que os sábios ensinam a reverenciar os pontos cardeais.

— Como então, ó Mestre, se deve reverenciá-los? Queira me esclarecer a fim de que eu conheça o ensinamento dos sábios.

— Escuta então, ó jovem, presta atenção às minhas palavras, te instruirei.

— Que assim seja, respondeu Sigala.

E o Buda falou:

— Jovem, o discípulo dos sábios rejeitou as quatro máculas, as quatro tendências que levam ao mal cessaram de ter influência sobre ele, ele evitou as seis maneiras de dissipar seus bens e assim, liberto dos quatorze males e velando os pontos cardeais, ele caminha vitorioso através dos mundos. Para ele, este mundo e os outros são igualmente abençoados e ele renascerá numa moradia celeste.

Quais são as quatro máculas?
Tirar a vida é mácula.
Tomar o que não foi dado é mácula.
A impureza dos costumes é mácula.
A mentira é mácula.

Estas quatro máculas são rejeitadas por aquele que leva uma vida santa.

Quais são as tendências nefastas que levam os homens a cometerem o mal?

A parcialidade leva os homens a cometerem o mal.
A cólera leva os homens a cometerem o mal.
A ignorância leva os homens a cometerem o mal.
O medo leva os homens a cometerem o mal.

Quando a parcialidade, a cólera, a ignorância e o medo deixam de exercer sua ação sobre o discípulo dos sábios, essas tendências nefastas não podem mais arrastá-lo para o mal.

O nome daquele que por parcialidade, cólera, ignorância ou medo se afasta da justiça passará e se extinguirá como a Lua em quarto minguante, mas a glória daquele que libertando-se destes obstáculos permanece fiel à justiça, crescerá como o esplendor da Lua crescente.

Quais são as seis maneiras de dissipar seus bens?

A intemperança.

O amor ao teatro e às festas.

Os maus companheiros.

O jogo.

A preguiça.

O hábito de passar as noites a vagar pela cidade.

Estas seis coisas conduzem um homem à miséria.

Seis males, ó jovem, estão ligados à intemperança: a pobreza, as disputas, as doenças, o aviltamento do caráter, o escândalo, o enfraquecimento das faculdades.

Seis males esperam aquele que vagueia durante a noite pela cidade: sua vida está em perigo, sua mulher e seus filhos ficam sem proteção, seus bens não estão preservados, ele merece a suspeita de freqüentar lugares escusos, rumores funestos circulam a seu respeito, o desgosto e o remorso o seguem.

Seis males são o quinhão daquele a quem a paixão dos prazeres mundanos domina. Sua vida é toda absorvida pela preocupação de saber onde se dançará, onde se cantará, onde se tocará música, onde se declamará, onde haverá passeios, onde haverá qualquer coisa para ver.

Seis males esperam o jogador: se ganha, está exposto à animosidade; se perde, o desgosto o ataca. Ele dilapida sua fortuna. Sua palavra não tem valor diante dos magistrados. Seus amigos e seus parentes o desprezam. É considerado inapto para o casamento porque, conforme expressão comum: "O jogador é incapaz de prover o sustento de uma esposa".

Seis males são o quinhão daquele que freqüenta maus companheiros: ele tem por amigos somente jogadores, devassos, trapaceiros, velhacos, foras-da-lei.

Seis males esperam os preguiçosos, pois ele diz: faz muito frio para trabalhar, faz muito calor para trabalhar, é muido cedo para trabalhar, é muito tarde para trabalhar, tenho fome e não posso trabalhar, eu comi muito e não posso trabalhar, e enquanto sua vida passa deste modo, negligenciando seus deveres, ele não adquire novos bens e perde aqueles que possuía.

Certos amigos são apenas alegres companheiros, outros são falsos amigos. O verdadeiro amigo é aquele que permanece fiel a nós, quando precisamos dele.

Continuar dormindo depois que o sol nasceu, cometer adultério, ser vingativo, malevolente, avaro, manter más relações, estas seis coisas conduzem o homem à sua perda.

Aquele que toma por companheiros homens propensos ao mal, que pratica más ações, perde a si mesmo, neste mundo e nos outros.

O jogo, a devassidão, a paixão pela dança, pelo canto (festas), dormir durante o dia e andar sem destino durante a noite, as más companhias e a avareza, estas seis coisas levam um homem à sua ruína.

Infeliz o jogador, aquele que se embriaga, que tem relações culposas com a mulher do próximo, que segue os maus e não honra os sábios, pois se extinguirá como a Lua em quarto minguante.

Aquele que se entrega às bebidas inebriantes torna-se carente e miserável; sempre assolado por uma sede insaciável, ele se afunda em dívidas como quem se afoga na água, e mergulha sua família na miséria.

Aquele que dorme durante o dia e vagueia durante a noite pela cidade, que está sempre bêbado e entregue à devassidão, é incapaz de sustentar uma família.

A pobreza se apoderará daquele que diz: faz muito calor, faz muito frio e assim negligencia seu trabalho diário, mas aquele que cumpre com seu dever de homem, não se preocupando mais com uma insignificância, com o frio e com o calor, assegurará sua felicidade.

De quatro tipos são os que, embora parecendo nossos amigos, não são mais que inimigos disfarçados. Estes são amigos interesseiros, pessoas que não servem para nada, aduladores e devassos.

De quatro maneiras o homem interesseiro se mostra um falso amigo: ele enriquece às suas custas: ele exige muito e dá pouco em troca; ele só se conduz com retidão quando é coagido pelo medo e só vos obsequia por um motivo egoísta.

De quatro maneiras o homem inútil se mostra um falso amigo. Ele se vangloria daquilo que quis fazer por vós; ele se vangloria daquilo que quereria fazer por vós; ele se manifesta com abundantes cumprimentos, mas quando requisitais seus favores ele se escusa, pretextando impossibilidade de vos ajudar.

De quatro maneiras o adulador se mostra um falso amigo: ele vos aprova quando praticais o mal, ele vos aprova quando praticais o bem; ele vos elogia em vossa presença e fala mal de vós quando estais ausente.

De quatro maneiras o devasso se mostra um falso amigo: ele é vosso companheiro quando se trata de beber, de perambular durante a noite pela cidade, de ir a locais de prazer ou casas de jogo.

Conhecendo os amigos interesseiros pelo que são, desleais, aduladores e aqueles que são apenas companheiros de devassidão, o homem sábio se afasta deles como se afasta de uma estrada cheia de armadilhas.

Os verdadeiros amigos, ó jovem, são o amigo atento, aquele cujos sentimentos para convosco permanecem os mesmos na prosperidade e na adversidade, aquele que vos dá bons conselhos, aquele que vos envolve com sua simpatia.

De quatro maneiras o amigo atento se mostra um verdadeiro amigo: ele vos protege quando estais sem defesa; ele zela pelos vossos bens quando sois negligente; ele vos oferece abrigo no momento de perigo e quando pode, ele vos arranja um meio de fazer crescer vossa fortuna.

De quatro maneiras aquele cujos sentimentos para convosco permanecem os mesmos na prosperidade e na adversidade se mostra um verdadeiro amigo: ele vos confia seus segredos e guarda fielmente os vossos; ele não vos abandona nas adversidades e sacrificaria sua vida pela vossa salvação.

De quatro maneiras o bom conselheiro se mostra um verdadeiro amigo; ele combate vossos vícios, ele vos encoraja à virtude; ele vos instrui; ele vos indica a senda que conduz aos mundos superiores.

De quatro maneiras aquele que vos envolve com sua simpatia se mostra um verdadeiro amigo: ele se apieda de vossas aflições; ele se compraz com vossa felicidade; ele intervém para deter aqueles que falam mal de vós; ele aplaude aqueles que falam bem de vós.

Discernindo os verdadeiros amigos: o amigo atento, o amigo fiel, o bom conselheiro e aquele que vos envolve com sua simpatia, o sábio se une a eles como a mãe se une a seu filho.

Com um brilho semelhante ao do fogo ardente, brilha o sábio ligado à justiça.

Assim como pouco a pouco se constrói o formigueiro, também se acumulam as riquezas daquele que reúne seus bens como as abelhas reúnem seu mel. Conseguindo assim sua riqueza, ele não atrairá a reprovação sobre sua família.

Que ele reparta o que lhe pertence em quatro partes. Uma parte servirá para seu sustento, as duas outras serão dedicadas a seus negócios; que ele poupe, a quarta, a fim de buscá-la em caso de má sorte.

De que maneira o discípulo dos sábios reverencia os pontos cardeais? — Saiba primeiro, ó jovem, o que representam os pontos cardeais: o Leste representa os pais; o Sul, os educadores; o Oeste, a mulher e os filhos; o Norte, os amigos; o Zênite, os mestres espirituais; o Nadir, os servidores e aqueles que dependem de nós.

Um filho testemunha de cinco maneiras sua veneração por seus pais: provê às suas necessidades como proveram às suas; os substitui nos deveres que lhes compete; se torna digno de vir a ser seu herdeiro; supervisiona aquilo que eles possuem e quando seus pais morrem, conserva respeitosamente sua memória.

Os pais manifestam de cinco maneiras seu amor pelos filhos: preservam-nos do vício, proporcionam-lhes uma boa educação, casam-nos honradamente e, em momento oportuno, cedem-lhes a herança da família.

O aluno honra a seus educadores de cinco maneiras: erguendo-se diante deles, servindo-os, obedecendo-os, proporcionando-lhes o que necessitam, estando atento às suas lições.

O mestre mostra de cinco maneiras sua afeição por seus alunos: pratica tudo o que é justo, ensina a amarem o saber, os instrui nas ciências e nos diversos conhecimentos, os elogia e os protege em caso de perigo.

O marido manifesta de cinco maneiras seu amor pela esposa: trata-a com respeito, com bondade, lhe é fiel, cuida para que ela seja respeitada por outrem, provê o seu sustento de maneira conveniente.

A esposa mostra de cinco maneiras seu amor pelo marido: dirige sua casa com ordem; recebe com hospitalidade a família e os amigos de seu esposo; sua conduta é pura; é uma hábil dona-de-casa e desempenha com devoção e destreza deveres que lhe competem.

Um homem mostra seus sentimentos de amizade de cinco maneiras: sendo generoso, cortês, benevolente, agindo para com os outros como gostaria que agissem para com ele, dividindo com seus amigos as coisas de que desfruta.

De cinco maneiras também deve-se responder a esta conduta de seu amigo: velando por ele quando estiver desprotegido, supervisionando seus bens quando ele os negligencia, oferecendo-lhe um abrigo em caso de perigo, não o desamparando no infortúnio, demonstrando interesse e benevolência por sua família.

O patrão deve prover de cinco maneiras o bem-estar de seus criados: proporcionando-lhes trabalho para suas forças, dando-lhes uma alimenta-

245

ção e um salário condizentes, tratando-os quando doentes, compartilhando com eles as guloseimas ou os momentos de lazer extraordinários no andamento da vida da casa, concedendo-lhes folgas.

De cinco maneiras também os criados devem responder a este procedimento de seu patrão: levantando-se antes dele, deitando-se depois dele, ficando satisfeitos com o que lhes é concedido, realizando seu trabalho com integridade e falando bem dele.

O homem virtuoso servirá seus mestres espirituais com atos, palavras e pensamentos marcados pela afeição, acolhendo-os com solicitude, provendo suas necessidades materiais.

De cinco maneiras, também, estes responderão ao procedimento de seu discípulo: protegê-lo-ão contra o vício, encorajarão sua virtude, serão benevolentes e afetuosos para com ele, ensinar-lhe-ão verdades espirituais, esclarecerão suas dúvidas e indicar-lhe-ão a senda que conduz aos mundos superiores.

Será louvado aquele que é sábio e vive virtuosamente, tranqüilo, prudente, modesto, sempre disposto a se instruir. Será elogiado aquele que é enérgico e vigilante, inabalável na adversidade, perseverante e sábio. Será respeitado aquele que é benevolente, amável, reconhecido, generoso, que serve de guia, de instrutor, de condutor aos homens.

A generosidade, a cortesia, a benevolência, praticadas em todas as circunstâncias e em relação a todos, são para o mundo o que o eixo é para o carro. Porque mantêm e divulgam estas virtudes, os sábios são dignos de louvores.

Depois que o Buda falara assim, Sigala exclamou:

— Tuas palavras são maravilhosas, ó Mestre. É como se aquilo que foi destruído fosse consertado, como se aquilo que estava oculto fosse revelado, como se o viajante perdido fosse reconduzido ao bom caminho, como se uma luz fosse acesa nas trevas, de modo que aqueles que têm olhos, subitamente, pudessem ver. Assim, o Bem-aventurado, por inúmeras comparações, me fez conhecer a verdade.

Eu confio em ti, Senhor, na Lei e na Comunidade, recebe-me como teu discípulo a partir deste dia até o fim de minha vida.

NAS LIVRARIAS

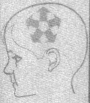

Impressao e acabamento:

infinitygrafica.com.br/